우리는 모두
돌보는 사람입니다

우리는 모두
돌보는 사람입니다

페니 윈서 지음 | 이현 옮김

위즈덤하우스

딸이 당신의 경험에서 교훈을 얻기를 바랐던

나의 어머니 크리스틴 윈서

그리고 매일 끊임없이 가르침을 주는

아서와 아그네스에게 이 책을 바친다.

차례

들어가며

2020년 4월 5일.

이 책의 최종 원고를 검토하는 사이 세상이 바뀌었다. 모두가 우리에게 닥친 이 극단적인 상황이 일시적이길 바라지만 그렇다고 가볍게 여길 순 없다. 3주 전, 수많은 돌봄자, 장애인들과 마찬가지로 나 역시 받고 있던 거의 모든 지원을 하루아침에 잃었다. 수년간 면담, 논쟁, 서류 작업을 해내며 희망을 붙들고 어렵사리 구축한 지원의 탑이 한순간에 무너졌다. 책에 등장하는 인터뷰 응답자 가운데 몇몇은 당분간 유급 돌봄자의 도움을 계속 받을 수 있지만, 많은 사람들이 거의 모든 지원을 잃고 하루 24시간 가족을 돌보게 되었다.

무급으로 가족을 돌보는 이들에게 지워진 과도한 책임보다 더 걱정스러운 것은 장애인들이 이번 위기를 경험하는 방식이다. 영국의학협회는 인공호흡기가 부족할 경우 노쇠frailty(신체 내외부적 스트레스에 대항하는 생리적 여력이 줄어들었음을 의미하는 말로, 나이에 따른 노화와 구분된다—옮긴이) 평가 점수가 판단의 근거로 사용될 것이며, 이는 어려운 결정을 내려야 할 때 회복 가능성이 높은 사람들을 최우선으로 치료하게 된다는 뜻이라고 경고했다. 의회에 제출된 코로나 바이러스 법안이 통과되면 현재 자격이 있는 모든 사람에게 사회적 돌봄을 지원하는 지방정부들은 향후 2년간 '합리적으로' 가능한 경우에만 지원을 제공하게 될 것이다. 교육보건계획Education and Healthcare Plans(0세에서 25세 사이 장애인들을 대상으로 한 영국 정부의 특수교육 지원—옮긴이)도 마찬가지다. 이미 도움이 가장 절실한 사람들만이 사회적 돌봄과 교육보건계획의 지원을 받고 있지만, 이 법안이 통과되면 그들의 간절한 요구는 외면당할 것이다. 영국 주요 장애인 단체 관계자들은 "장애인들의 권리 보호 장치를 철회하는 이 법안이 가장 도움이 필요한 사람들을 가장 큰 위험에 노출시킬까 우려된다"고 말했다.[1] 이러한 조치들이 적용되든 안 되든, 위기가 닥쳤을 때면 장애인들은 언제나 권리를 위협받아왔다.

　오랜 시간 고립과 뜻대로 되지 않는 상황에 익숙해진 많은 돌봄자와 장애인들은 이번 위기에서 비롯된 정서적 여파에도 잘 대처할 수 있을 것이다. 이들은 어려운 상황에서도 정신력을 발휘하는 데 익숙하다. 이 책을 쓰면서 수많은 돌봄자와 장애인들이 매일 어떤 어려움을 겪는지, 그들이 그런 어려움에 얼마나 잘 대응하는지 다시금 깨달았다. 그런 한편, 지금 우리 모두를 짓누르는 압박감을 인정하지 않고서는 이 책을 마무리할 수 없다고 느꼈다. 우리는 역경을 이겨낼 수 있고, 이미 그 사실을 잘 알고 있다. 그러나 우리에게 그 어느 때보다 폭넓은 공동체의 지원이 필요하다는 사실도 잊어서는 안 된다.

코로나 위기가 끝나면 예전에 고립을 겪은 적이 없는 사람들, 즉 과거에 공동체에 크게 의존한 적이 없고 이동, 직업, 교육에 접근할 수 있으며 다시 일상으로 돌아갈 사람들 모두가 그들이 당연하게 누리는 것들에 접근하기조차 어려운 사람들이 있다는 점을 기억하길 바란다. 또 사회가 어느 정도의 공감 능력을 유지하길 바란다. 우리가 다음 선거 때 국민보건서비스NHS, National Health Service(영국의 보건의료 제도. 종합적 보건의료 서비스를 전 국민에 대해 무료·무차별로 제공한다―옮긴이)의 노고를 얼마나 칭송했는지 기억하고, 집에 갇힌 채 생필품조차 다른 사람의 도움을 받아 얻어야 할 때 어떤 기분이었는지 기억하고, 유연근무제가 어려운 시기에 일자리를 유지하는 데 어떻게 도움이 되었는지 기억하길 바란다. 많은 장애인과 돌봄자가 늘 이런 삶을 살기 때문이다. 부디 이번 위기가 긍정적인 변화를 가져오길 기대해본다.

돌봄자가 되다

이제 열 살이 된 아들 아서가 다른 아이들과 다르다는 걸 깨닫기까지 오랜 시간이 걸렸다. 자잘한 일들이 서서히 맞아떨어졌고 나는 불안해했다. 편집증이라도 생긴 기분이었다. 아서가 18개월경이던 어느 날 나는 오스트레일리아에 사는 친구와 통화하고 있었다. 친구는 내 아들이 요즘 무엇에 관심을 갖는지 들뜬 목소리로 물었다. 아무것도 떠오르지 않았다. '뭔가 이상한 것 아닌가?' 하는 생각이 들었지만 역시 대답할 게 없었다. 잠시 뒤, 아서는 놀이터에 가는 걸 좋아해, 라고 말했다. 하지만 속으론 생각했다. '놀이터를 좋아했었지. 그런데 지금은?' 계속 미끄럼틀만 타지 말고 다른 것도 해보자는 내 말에 아서가 소리를 질러대던 날이 떠올랐다. 과학 박물관에서 수조에 떠 있는 장난감 보트를 '올바르게' 가지고 놀지 않고 계속해서 꺼내려는 바람에 주변 사람들이 이상하게 쳐다봤던 때도 떠올랐다. 당시 나는 다른 부모들이 유난스럽게 아이들 놀이에 간섭이 심하다고 생각했다. 일거수일투족에 관여하지 않는다면 그 아이들도 다른 방식으로 놀 거라고 생각했다. 그러고 나서 처음으로 분명히 드러난 멜트다운sensory meltdown(감각적·정서적 정보의 과부하 또는 예측하지 못한 상황에 반응하는 감정의 폭주 현상. 심리탈진이라고도 한다. 울며 생떼 부리는 것과 흡사해 보이지만 원인과 대처 방법이 다르다—옮긴이)이 떠올랐다. 그 일로 아서와 나는 무더위에 북적이는 놀이터에서 울면서 유아차를 찾아 헤매야 했다.

모든 징후가 조금씩 천천히 나타나고 있었다. 그래서 아서가 세 살에 공식적으로 자폐 진단을 받았을 때, 나는 우리의 삶이 다르게 흘러갈 거라는 걸 이미 알고 있었다. 아서의 동생 아그네스가 태어난 후 1년간 두 아이를 함께 태우고 운전할 수 없었다. 당시 막 두 돌이 된 아서는 아그네스가 조금이라도 소리를 내면 차 안에 같이 있는 걸 견디지 못해 고함을 지르며 요동쳤고, 아그네스가 놀라 우는 일이 끝없이 반복되었다. 그래서 차를 포기했다. 아서는 하루에 반나절을 어린이집에서 보내기 시작했는데, 그곳 선생님들에게 차를 포기하기로 했다고 말하자 그들은 내게 피하고만 살 수는 없다고 했다. 나는 그때도 이미 그들이 뭘 모르고 하는 소리라고 생각했다. 지금 우리 가족의 삶은 아서를 위해 조정하고 피하는 것들로 가득 차 있다.

무슨 도움이든 받으려는 절실한 심정으로 자폐 진단을 수용하고자 마음의 준비를 했지만, 진단에 뒤따르는 수많은 의문은 나를 압도했다. 어떤 면에서 아서는 감각 세상을 만끽하며 즐거워하는 것처럼 보였고, 내가 상상할 수 있는 가장 사랑스럽고 다정한 아이였다(그렇다. 자폐인들도 매우 다정할 수 있다). 하지만 동시에 아서는 자주 심하게 우울해하고, 쉽게 감정이 격해지고, 말은커녕 비언어적 방식으로조차 소통하기 어려웠으며 극도로 활동적인 놀이 말곤 어떤 놀이에도 참여하지 못했다. 세 살 때 아서는 오페라 놀이라며 부엌에서 춤추고 뛰어다니기를 좋아했다. 우리는 아서와 함께하는 건 극적인 드라마와 격한 감정으로 가득한 오페라 속에 사는 것과 같다고 농담하곤 했다. 절제나 중간은 없었다. 조용히 차분하게 놀이에 참여하는 일도 없었다. 기뻐서 소리를 지르거나 괴로워서 울부짖는 게 전부였다.

아서가 자폐 진단을 받을 시점에 아그네스는 태어난 지 1년 반이 되었지만, 나는 잠시도 둘을 한방에 둘 수 없었다. 나는 아서가 아그네스 주변에 있는 걸 불안해했다. 적어도 아그네스가 여차하면 도망갈 수 있을 만한 나이가 될 때까지 그랬다. 샤워할 때조차 딸의 그네 의자를 욕실로 끌고 들어가 지켜보거나 아이들이 잠들 때까지 기다렸다 씻곤 했다. 아이들에게 방을 따로 주었던 터라 재우는 시간도 요령껏 조정했다. 아그네스가 항상 뒷전으로 밀렸다.

우리는 우리 가족만의 삶의 방식에 적응하는 법을 익히고 있었다. 나는 일상을 보내는 데 필요한 수백 가지 전략을 짜기 시작했다. 어린아이를 둔 부모가 대개 그렇듯이 나는 처음부터 끝까지 철저했고, 초주검이 되어 잠자리에 들어서면 비로소 모든 생각이 물밀듯 밀려들었다. 장애 아동. 나에게만 의존하는 말 못하는 아이. 조언을 구할 곳도 없는 초보 엄마, 나. 나는 무엇을 해야 할지, 어떻게 대처할지 다 알고 있어야만 했다. 하지만 나는 지금 뭘 하고 있는지조차 전혀 알 수 없었다.

사실 나는 이미 돌봄자였던 적이 있었다. 밤마다 밀려드는 밀실 공포증의 느낌은 내가 부모로서 뭘 하고 있는지 몰라서가 아니라 돌봄자가 되는 게 어떤 건지 너무 **잘 알기 때문에** 생긴 것이었다. 난 이미 이걸 해봤고 또다시 할 순 없어. 혼자 생각했다. 하지만 다시 하고 있었다. 이번엔 내 아들이다. 많은 새내기 엄마들처럼, 이 상황에서 나를 도울 수 있는 유일한 사람은 나의 엄마였다. 하지만 엄마는 내가 과거에 돌보았던 사람이고 이제 더는 세상에 없는 사람이었다.

내 인생 첫 돌봄

엄마는 내가 열한 살 되던 해에 처음으로 공황발작을 겪었다. 나는 그 장면을 생생히 기억한다. 오스트레일리아에 살 때였는데, 우리는 그날 멜버른 외곽의 농장에 부모님이 새로 지은 집으로 이

사하던 중이었다. 엄마는 집 짓는 일에 열심히 관여했지만 예전의
삶을 뒤로하고 그곳으로 이사 가는 것은 여전히 내키지 않아 했
다. 나는 이사를 돕기 위해 그날 하루 학교에 가지 않았다. 엄마가
차 뒷좌석에 길게 누운 채 숨 가빠 하던 모습이 아직도 또렷이 떠
오른다. 엄마는 심장마비가 왔다고 생각했다. 아버지는 차로 우리
세 남매를 병원에 데려다주었다. 우리는 의사들이 심전도와 다른
검사를 하는 몇 시간 동안 기다리다가 마침내 공황발작이라는 말
을 들었다. 난생처음 들은 용어였고, 그때만 해도 나는 이 공황발
작이 언덕 위 외딴집에서 보낸 그 후 2년을 지배하게 되리라고 생
각하지 못했다.

지금 생각해보면 농장으로의 이사는 내 유년기를 엄마가 아프
기 전과 후로 구분하는 선명한 경계선이 되었다. 엄마가 아프기
전 우리의 삶은 무척 목가적이었다. 엄마는 엄마 역할을 좋아했고
겉으로도 그렇게 보였다. 아버지는 가끔 몇 달씩 출장을 가서 엄
마가 집안의 모든 일을 도맡아 했는데, 엄마는 그 모든 일을 탁월
하게 해냈다. 엄마는 아름답고 따뜻하고 친절했고, 친구도 많고,
음식 솜씨도 좋고, 정원 가꾸기를 좋아하고, 우리를 돌보는 데서
삶의 활력을 얻는 것처럼 보였다. 언젠가 오빠들과 내가 모두 다
른 학교에 다니는 바람에 주말 활동까지 서로 완전히 달랐던 시기
가 있었다. 그때마저 엄마는 우리를 챙기는 데 얼마나 많은 시간
이 걸리든 불평하거나 화내지 않았다. 그저 모든 일을 잘해낼 따

름이었다.

우리가 농장에서 산 2년 동안 엄마는 점점 더 고립되었다. 그러다 부모님이 이혼을 결심하고 우리 남매들이 엄마를 따라 다시 도시로 이사 갔을 때, 나는 엄마의 상황이 좋아지리라 생각했다. 농장에서는 스쿨버스 정류장이 집에서 몇 마일이나 떨어져 있어 엄마가 매일 우리를 차로 데려다줘야 했는데 그 차가 엄마에게 공황발작을 유발하는 것 같았기 때문이다. 엄마는 매일 차에 탈 때마다 겁에 질렸다. 농장의 집은 크고 휑뎅그렁했고 엄마는 아버지가 없는 동안 자주 내게 함께 자자고 했다. 엄마는 혼자 있는 걸 두려워했다. 그래서 열세 살에 우리가 농장을 떠나게 되자, 나는 부모님의 이혼에도 불구하고 이제는 다 좋아질 거라 생각했다. 하지만 예상과 달리 상황은 아주 빠르게 악화되었다. 엄마는 때론 며칠이나 침대에 누워만 있었고, 거의 모습을 드러내지 않고서 술만 마셨다.

엄마는 식사 준비를 시작했다가 마무리하기도 전에 잠들어버렸고 그래서 내가 음식이 타는 걸 간신히 막곤 했다. 어떤 날엔 요리를 전혀 하지 않았다. 내게 돈을 주며 전차를 타고 시내 슈퍼마켓에 가서 먹을 걸 사오라고 하기 시작했다. 나는 일주일에 한 번 가사 도우미가 오는 날에만 빨래가 된다는 걸 깨닫고는 깨끗한 교복을 입기 위해 그사이에 빨래 일을 거들기 시작했다. 나는 혼자서도 꼬박꼬박 숙제를 하고 학교는 절대 빠지지 않았다, 필요할 때마다 편지와 노트를 보여드리고 엄마의 서명을 받았다. 큰오빠 애슐리는 우리가 농장에 사는 동안 기숙학교에 있었고 시내로 이사 왔을 때에도 계속 기숙학교에 머물기로 했다. 둘째 오빠 핍도 학교는 갔지만 숙제는 하지 않았다. 아무도 확인하지 않았기 때문이다. 대신 오빠는 친구들과 많은 시간을 보냈다. 엄마는 주기적으로 상태가 너무 나빠져서 민영 병원에 입원했다. 그 무렵 아버지는 미국에 살았던지라 우리는 친구들과 시간을 보내거나 베이비시터와 함께 있었다. 엄마가 집에 있을 때 나는 매일 저녁 침대 맡에 앉아 울면서 죽고 싶다고 말하는 엄마의 손을 잡아드렸다. 더러 술에 취해 내가 엄마를 충분히 돌보지 않는다며 화를 내거나 소리 지르는 날도 있었다. 그런가 하면 예전처럼 엄마 노릇을 제대로 못 하는 걸 용서해달라며 애원하는 날도 있었다. 그래도 나는 아무 일 없다는 듯 매일 전차를 타고 학교에 다니며 지냈다.

엄마는 중증 우울, 음주, 위기, 입원, 회복, 다시 우울로 이어지는 주기를 수년간 반복했다. 좋을 때도 있었다. 하지만 좋을 때는 힘들 때를 더 힘들게 했다. 때론 우리를 사랑하는 따뜻하고 자애로운 엄마로 돌아오곤 했지만 이내 다시 사라졌다. 나는 오빠들처럼 스스로를 돌보는 법을 배웠다. 그리고 엄마를 돌보는 법도 배웠다. 매일 아침 등교 전에 엄마의 상태를 확인했고, 귀가 후 침대 맡에 앉아 엄마의 푸념을 들었다. 언제 엄마의 상태가 나쁜지 파악하고 내게 뱉은 잔인하고 추한 말들을 무시하는 법을 배웠다.

엄마는 아픈 거지 잔인한 게 아니라고 나 자신에게 일렀다. 엄마가 내 힘듦을 알아봐야 상태만 나빠질 뿐이라는 걸 깨닫고는 아무것도 요구하지 않고 감정을 전혀 드러내지 않음으로써 엄마를 돕고자 했다.

시간이 지나면서 나는 우리 모녀의 관계가 뭔가 다른 종류의 것으로 바뀐 데 익숙해졌다. 우리 모녀는 서로를 무척 사랑하지만 관계의 균형이 항상 뒤집혔다. 엄마가 괜찮은지, 필요한 건 없는지 확인하는 사람은 딸인 나였다. 엄마가 괜찮을 땐 솔직한 대화를 나누기도 했다. 나는 엄마에게 삶에서 무엇을 추구해야 하는지 혹은 하지 말아야 하는지 배웠고, 공감 능력을 배웠고, 정신과 환자로서 엄마가 마주친 사람들을 재단하지 않는 태도로부터도 많은 걸 배웠다. 엄마에게 의지하지는 못했지만 엄마를 무척 많이 사랑했다. 나는 우리가 이렇게 좋았다 나빴다 하며 영원히 함께할 수 있을 거라 생각했다.

첫 공황발작을 겪은 날로부터 11년이 되어가던 어느 날 엄마가 자살했다. 내가 스물두 살이던 해였다. 대학을 막 졸업하고 런던으로 이사 간 지 몇 주 되지 않은 어느 늦은 밤, 소식을 전해 들었다. 멜버른까지 장거리 비행을 해야 할 테니 억지로라도 잠을 자야 했지만 그럴 수 없었다. 뜬눈으로 침대에 누워 있는데, 퍽 이상한 기분이 들었다. 물론 충격적이었으나 뭔가 다른 느낌이기도 했다. 엄마가 처음 자살 기도를 했을 때 나는 열한 살이었다. 그때부터 오랫동안 이 전화를 기다려온 것 같았다. 나는 언젠가 엄마의 부고가 들려올 것을 아는 채로 계속 그 전화를 두려워하며 살아왔다. 이제 기다림은 끝났다. 충격과 시린 고통을 느끼는 한편 나의 일부는 내심 수년간 참고 있던 숨을 내쉬었다. 엄마를 돌보는 건 이제 더 이상 내 일이 아니었다.

그로부터 13년 후, 아서가 나에게 의존할 것이 분명해졌을 때 나는 내 감정이 공포임을 알아차렸다. 나는 다시 어둠 속에 누워 억지로 잠을 청하고 있었다. 하지만 이번엔 끝이 아니라 시작이었다. 이번엔 엄마를 돌봐야 하는 아이가 아니라 아이를 돌봐야 하는 엄마고, 그렇지만 사실상 그다지 스스로를 어른스럽다고 여기지 못하는 엄마고, 자폐인인 아들을 어떻게 키울지 아는 게 거의 없는 엄마다. 이번엔 병원에 보낼 수도 없고, 위기 상황에 재빨리 개입해 도와줄 사람도 없다. 엄마가 정신과 전문의의 진료를 받고, 증세가 심할 때 입원하고, 일주일에 몇 번씩 유급 돌봄자를 고용해 상태를 확인받을 수 있었던 건 모두 개인 의료보험 덕분이었다. 그 덕에 우리 남매는 돌봄 책임을 나눌 수 있었다.

하지만 이번엔 모든 게 내 책임이었다. 나의 결혼은 파경으로 치닫고, 도움을 청할 엄마도 없고, 친척들은 수천 마일 밖에 산다는 현실이 점점 뚜렷해졌다. 아서의 아버지와 나는 내가 주 양육자가 되고 그가 2주에 한 번 아이들과 주말을 보내기로 합의했다. 그래서 나는 이 모든 일을 혼자서 해결해야만 한다는 걸 알았다.

우리 지역의 NHS는 발달장애에 관하여 조언이나 지원을 거의 해주지 않는다. 아서는 처음에 네 차례의 언어치료 수업을 받고 이듬해에 네 차례를 더 받은 게 다였다. 자폐 아동을 위한 작업치료 지원은 없다고 했다. 내가 읽은 모든 자료에서 초기 지원이 자폐 아동의 발달에 핵심적이라고 말했지만 나는 아서가 학교에 갈 때까지 쭉 홀로 돌봐야 했다.

심리적 압박에 마음이 무너지는 걸 느꼈다. 나는 이 일을 과거에 이미 해봤고 무척 힘든 일이라는 걸 안다. 물론 상황은 매우 다르지만 그래도 내게 누군가의 안녕을 책임질 능력이 없다는 느낌은 비슷했다. 몹시 두려웠고 지금도 여전히 두렵다. 내 아들의 까다로운 요구를 충족시키면서 나 자신을 돌볼 수 있을까? 압박감이 점점 더 커지면 어떻게 될까?

나는 불안, 우울, 중독과 싸울 때 사람에게 무슨 일이 일어나는지 안다. 20년 전 내 엄마가 스스로를 외톨이라고 느꼈던 그때에 비해 지금은 정신 건강을 이야기하기가 더 자연스러워졌을지 모르지만, 나는 끔찍하고 고통스러운 혼란이 다가오는 걸 봤다. 엄마는 모든 걸 잃어갔다. 그리고 나는 엄마의 공황발작이 시작된 날부터 엄마가 죽을 때까지 조금씩 조금씩 엄마를 잃어갔다. 엄마의 병은 내가 엄마와 함께한 세월의 절반을 지배했고 때때로 엄마를 우리 곁에서 완전히 떼어놓았다. 아서가 자폐 진단을 받고 얼마 지나지 않았을 때, 나는 아서와 아그네스를 바라보며 생각했다. 도움이라고는 거의 받을 수 없는 상황에서 나는 어떻게 대처해야 할까? 나도 결국 엄마처럼 돼버리면 어떡하지?

돌봄자란 누구인가

영국에서는 8백만 명에 달하는 사람들이 삶의 어느 시점에서 사랑하는 사람을 돌본다고 추정된다.[2] 영국의 돌봄자 지원 민간 네트워크 케어러스 트러스트Carers Trust는 돌봄자를 질병, 장애, 정신건강상의 문제나 중독 때문에 지원이 필요한 친구 또는 가족을 무상으로 돌보는 사람이라 정의한다.

우리는 돌봄을 말하지 않는 사회에 살고 있다. 우리 사회에서 돌봄이란 대개 노인 가족 돌봄을 뜻한다. 우리는 죽음과 장애를 두려워하기 때문에 누구도 피할 수 없는 나이 듦에 대해서만, 상대적으로 안전한 틀 안에서만 대화하려 한다. 하지만 장애와 만성질환은 인생의 어느 시점에나 발생할 수 있고 수십 년간 지원이 필요할 수도 있다. 돌봄자가 되기 위해 정보를 찾기 시작했을 때 내가 본 많은 자료들도 돌봄자 생활이 그리 길지 않을 거라 가정하고 있었다. 그러나 사실 우리 가운데 다수는 평생토록 누군가를 돌보게 된다. 영국 어린이의 8퍼센트, 노동 가능한 성인 인구의 19퍼센트가 장애인이며,[3] 이들 중 다수는 가족에게서 계속 지원을 받아야 한다. 그 어느 때보다 길어진 기대 수명은 우리에게 돌봄이 필요할 가능성이 커졌음을 뜻한다.

많은 사람들이 선뜻 자신을 돌봄자라 생각하지 못한다. 그들은 부모나 배우자, 형제자매 혹은 자식일 수 있고, 전일제 근무, 아이 양육, 학업 등 다른 일과 돌봄을 함께 맡기도 한다. 멀리서 짧은 시간 동안 돌볼 수도 있고, 함께 살면서 24시간 돌볼 수도 있고, 이 둘의 중간 형태일 수도 있다. 돌봄자의 경험은 이렇듯 상황에 따라 매우 다르다. 장애나 유전질환을 가진 자식을 돌보는 일일 수도 있고 다발성 경화증, 관절염, 심장병과 같은 만성질환, 운동 신경 세포병과 같은 퇴행성 질환을 가진 사람을 돌보는 일일 수도 있다. 그뿐 아니라 중증 우울증 같은 정신 건강 문제 혹은 사고나 심각한 병을 겪고 난 사람을 돌보는 일일 수도 있다. 돌봄 책임이 수년에 걸쳐 서서히 늘어나기도 한다. 가족 구성원이 나이 들어감에 따라 노화로 인한 만성질환이 생겨 점점 생활을 바꿔나가게 될 수도 있고, 하룻밤 사이에 악화되어 갑작스럽게 큰 변화를 겪기도 한다. 돌봄자 생활이 일시적일 수도 있다. 사랑하는 사람이 예전의 독립성을 대부분 회복하거나 사망하는 경우에 그렇다. 그러나 반대로 돌봄이 수십 년간 지속되는 경우도 있다.

돌봄자들은 다양한 방식으로 돌보는 이를 지원하기 때문에 많은 사람들이 자신을 돌봄자로 인식하지 못하는 것도 당연하다. 흔히 돌봄을 침대에서 일으키거나 눕히고, 목욕시키고, 화장실에서 볼일 보는 걸 돕고, 밥을 먹이고, 옷을 입히는 것과 같은 직접적인 대인 서비스와 관련지어 생각한다. 많은 경우 이것이 사실이지만, 무급 돌봄자들이 하는 일은 그보다 훨씬 광범위하다. 내가 이 책을 위해 인터뷰한 사람들 가운데 다수가 하는 일로 몇 가지 예를 들어보자. 적절한 교육을 받을 수 있도록 법적인 조언 제공하기, 여러 의료진과 함께 의료적 개입 조율하기, 밤낮으로 약을 투여하고 튜브로 식사 제공하기, 물리치료, 작업치료와 언어치료, 이동 보조 기구나 특수 침대, 승강기와 같은 적절한 장비를 찾고 구매하고 유지 및 관리하기, 돌봄 받는 사람에게 맞춰 집 개조하기, 돌봄 받는 사람을 중심으로 나머지 가족들의 활동과 요구 조정하기, 돌봄 받는 사람이 공공장소에 대한 접근권을 얻을 수 있게 지원하기, 재정적 지원, 친구 역할, 요리사 역할, 운전기사 역할 그리고 정서적 지지 등을 꼽을 수 있다. 또한 부모가 여력이 없을 때 아이가 도맡아 하는 집안일일 수도 있고, 알코올의존자가 다시 술을 마시려 할 때 말리는 일일 수도 있고, 발달장애 아동에게 필요한 것을 더 잘 이해하는 선생님을 찾기 위해 끝없이 이어지는 면담에 참석하는 일이 될 수도 있다. 돌봄자가 된다는 건 특정 질환에 관한 한 의료인보다 더 잘 아는 전문가가 된다는 뜻이기도 하다. 특히 자신의 권리를 제대로 주장할 수 없는 누군가를 보살피고 있다면 말이다.

유급 돌봄자나 개인 도우미, 임시 혹은 시간제 간병인을 구하는 일에는 완전히 다른 문제들이 뒤따른다. 많은 사회적 돌봄 기금 수혜자들이 지원받는 금액으로 훌륭한 유급 돌봄자를 찾는 데 어려움을 겪는다. 계좌에 예치된 기금은 제때 사용하지 않으면 지방정부가 회수해 가고 유급 돌봄자들은 일이 힘들면 언제든 그만둘 수 있다. 임시 간병 센터나 지역에서 제공하는 야간 돌봄이 돌보는 사람에게 전혀 맞지 않을 수도 있다. 유급 돌봄자에게 일을 설명하기 위해 전문 의료진들이 할 법한 어려운 문서를 만들어야 할 때도 있다. 그리고 조금이라도 지원금을 받으려면 온갖 변론이 필요하다. 사회적 돌봄의 수혜자가 되기 위해 많은 사람들이 가족 구성원을 돌보면서 동시에 재판을 하고, 훈련된 의료진마저 힘들어할 복잡한 기록을 꾸준히 남겨야 한다.

　돌봄자가 된다는 건 대개 의료 전문 변호사, 치료사, 교육법 전문가, 재무 전문가, 간호사, 심리학자 그리고 무엇보다 사랑하는 사람이 필요로 하는 모든 의료 기관, 사회적 돌봄 기관, 교육 기관과 연락하는 돌봄 코디네이터가 되어야 한다는 뜻이다. 누군가를 돌본다는 건 물리적으로나 정서적으로 그들을 지원하며 곁에서 시간을 보내는 것을 한참 넘어선다.

돌봄의 대가

사랑하는 누군가를 돌보는 건 특별한 일이 아니다. 인간이면 대부분 다 하고 사는 일이다. 하지만 무급 돌봄의 대가는 혹독하다. 돌봄자 권리 단체 케어러스 영국Carers UK과 조 콕스 외로움 위원회The Jo Cox Commission on Loneliness(조 콕스 노동당 의원 주도하에 2016년 영국 의회가 초당적인 합의로 만든, 사회 내 외로움 문제에 대처하는 위원회―옮긴이)가 2018년에 실시한 조사에서 돌봄자 열 명 중 여덟 명이 외로움이나 사회적 고립감을 느꼈다고 응답했다.[4] 돌봄자들이 사랑하는 사람의 삶을 지원하고 개선하고, 가족들을 단합하게 하고, 그렇게 큰 기여를 통해 수십억 파운드의 정부 재원을 절약해주는 동안 그들은 사회적 관계를 잃는다. 전체 돌봄자의 절반이 사람들과 어울리기 위해 외출할 시간을 내기 어렵다고 말했으며 3분의 1은 돌봄자로서 자신의 역할에 대해 누군가에게 말하기가 매우 힘들고 그래서 고립감을 느낀다고 보고했다.

　돌보는 역할로 인해 재정 상태가 매우 악화될 수도 있다. 사랑하는 사람을 돌보기 위해 근무 시간을 줄이거나 일을 포기해야 하는 경우가 많기 때문이다. 돌봄자 기금Carer's Allowance은 영국 정부가 제공하는 모든 수당 가운데 가장 적다. 현재 영국에서 130만 명이 넘는 사람들이 가족 구성원을 위해 주당 50시간 이상의 돌봄을 제공하고 있는데, 15년 이상 돌봄을 제공한 사람들과 주당

35시간 이상 돌봄을 제공하는 사람들이 재정적 어려움을 겪을 가능성이 가장 크다.[5] 장애 아동의 40퍼센트는 빈곤 가정에서 살며[6] 여섯 명 중 한 명은 끼니를 거르고, 넷 중 한 명은 특수 장비와 필요한 환경을 제공받지 못한다.[7] 장애 아동은 일반 보육 시설을 이용할 수 없는 경우가 많아 부모들이 일을 계속하기가 무척 어렵고 그 때문에 이들은 더욱 빈곤해진다. 유연근무제가 없는 상황에서 아이의 병원 진료가 많으면 부모는 일을 포기할 수밖에 없다. 장애 아동의 어머니 가운데 84퍼센트가 유급 노동을 전혀 하지 않는 반면 비장애 아동의 어머니 가운데는 39퍼센트만이 유급 노동을 하지 않는다. 성별 임금 격차 때문에 무급인 돌봄 책임을 맡기 위해 유급인 직업을 포기하는 쪽은 대체로 여성이 될 가능성이 큰데, 이는 그들의 은퇴 후 삶을 준비할 능력에 영향을 주는 도미노 효과를 일으킨다.

최근 남성이 무급 돌봄 역할을 맡는 일이 늘고 있지만, 여전히 여성이 무급 돌봄자의 대다수를 차지한다. 전 세계적으로 모든 무급 노동의 75퍼센트를 여성이 담당하고 있다.[8] 여성은 알츠하이머로 사망할 가능성이 더 클 뿐만 아니라 치매 환자를 24시간 집중적으로 돌볼 확률도 2.5배 높다. 전체 돌봄자의 58퍼센트가 여성이지만 돌봄자 수당을 받는 사람들을 살펴보면 이 수치는 72퍼센트에 이른다[9](돌봄자 수당을 받는다는 건 주당 35시간 이상 누군가를 돌본다는 뜻이다).

게다가 누군가를 집중적으로 돌보는 일은 건강에도 악영향을 미친다. 영국에서 돌봄자의 61퍼센트가 돌봄 역할이 직접적인 원인으로 작용한 신체질환을 앓았으며, 72퍼센트는 정신 건강 문제를 겪었다고 답했다.[10] 돌봄자들은 돌봄자가 아닌 사람보다 만성질환이나 장애를 갖고 살 가능성이 더 크며,[11] 돌봄자들의 불안 수준은 일반 인구의 두 배에 달한다.[12] 이 모든 걸 종합해 볼 때, 돌봄자들이 일반 인구보다 훨씬 낮은 수준의 행복감을 보고하는 건 전혀 놀랍지 않다. 일반 인구는 열 명 중 평균 7.5명이 행복하다고 말한 반면, 돌봄자들은 4.5명에 그쳤다.[13]

돌봄자들은 감당할 수 없는 압박감에 시달리고 있다. 영국에서 이 압박감은 지난 10년간 늘어나기만 했다. 긴축재정 정책으로 NHS와 사회적 돌봄 예산이 대폭 줄었고 그에 따라 돌봄 지원도 줄어 가족과 친구들이 더 많은 책임을 맡게 되었기 때문이다. 긴축재정의 대가는 자못 크다. 사랑하는 이를 돌보는 일상적 어려움이 가난하고 정신적·신체적 건강이 악화된 미래로 이어진다. 이에 더해 주류 매체는 장애 수당 사기 사건을 대서특필하고, 장애인에 의해 발생하는 비용이 다른 모든 사람에게 해를 입힌다고 암시하며 장애인을 부정적으로 그리기도 한다. 그러나 사실 장애 수당 사기는 영국에서 벌어지는 모든 종류의 수당 사기 가운데 가장 낮은 비율로 발생한다.[14]

이러한 수치들을 보면 왜 돌봄의 현실이 더 공개적으로 널리 이야기되지 않는지 놀라울 뿐이다. 우리 중 대다수가 인생의 언젠가 돌봄 책임을 경험하며, 돌봄자의 수는 해가 갈수록 늘어나는 추세다. 그 어느 때보다 길어진 기대 수명 덕에 장애나 만성질환을 갖고 사는 기간도 늘어난다. 하지만 많은 사람들이 사랑하는 사람을 돌보는 삶에 대해 가까운 가족이나 친구에게조차 말하기 어렵다고 느낀다. 정치인들은 마치 노동 가능한 연령의 성인 장애인과 장애 아동은 존재하지 않는 것처럼 전적으로 노인을 중심으로 사회적 돌봄을 논한다. 돌봄이 삶의 끝자락에 있는 사람들에게만 제공해야 하는 무엇인 것처럼 말한다.

누군가를 돌보는 사람이 자신을 돌봄자라고 인식하는 데는 오랜 시간이 걸릴 수 있다. 이는 돌봄자가 도움을 청할 시점에 이미 대개 고립되어 있고 도움이 절실하게 필요한 상태라는 뜻이기도 하다. 물론 재정적·물리적 측면에서 정부 기관이 해야 할 일이 훨씬 많긴 하지만, 사회 전체를 아우르는 보다 광범위한 문제도 있다. 돌봄자들이 두려움 없이 자기 이야기를 할 수 있는 환경은 어떻게 만들어야 할까? 돌봄자들의 이야기가 주류 문화에서 들리고 공유되게 하려면 어떻게 해야 할까? 장애와 만성질환이 얼마나 보편적인 경험인지 인정하는 방향으로 대화를 이끌어나갈 수는 없을까?

진단을 받아들이다

아들의 자폐 진단을 받아들이고, 아들을 도울 방법을 찾아 헤매던 초기의 공포감이 잦아들면서 내겐 더 많은 의문이 생겼다. 나는 가능한 한 온전한 삶을 살 방법을 찾아야 했고 **찾게 될 거라는** 것도 알았다. 엄마와의 경험이 내게 준 교훈이 있다면, 상상하는 것보다 훨씬 많은 일을 할 능력이 내게 있다는 것이었다. 그토록 많은 재정적·물리적·정서적 제약 속에서 돌봄자인 우리는 어떻게 삶을 잘 살아갈 수 있을까? 검색하고, 읽고, 탐색하면서 나는 상황이 달라지고 있다는 걸 깨달았다. 사업을 하는 싱글맘으로 손이 많이 가는 아들을 키우며 늘 수면 부족에 시달리는 내 삶은 꽤 힘들어 보일 테지만, 사실 나는 대부분의 시간 동안 퍽 행복했다.

아들이 어릴 적에 나는 아이가 말을 하고 친구를 사귀고 기초적인 것들을 수월하게 해내는 행복한 미래만을 그렸다. 그리고 지금 나는 과거의 나라면 비참해했을 현실에 놓여 있지만 그래도 실제로는 아주 행복하다. 열 살인 아서는 말을 조금밖에 못 하고, 전통적인 의미에서 또래 친구들도 없고, 어른이 적극적으로 도와주지 않는 한 규칙이 있거나 기다리거나 순서를 지켜야 하는 게임을 할 수 없다. 아서는 특수학교에 다니고 안전을 위해 일대일로 도움을 받아야 하며 어떤 날은 아주 힘든 순간들도 경험하지만, 솔직히 나는 행복한 사람이라고 생각한다. 아서가 자폐 진단을 받은 후 몇 달 동안 나는 내가 행복한 삶을 살 수 있다고 믿기 어려웠다. 당시 나는 장애를 가진 아이의 미래는 암울할 수밖에 없다고 상상했기 때문이다. 내가 행복하다는 생각은 부분적으로는 자연스럽게 시련에 적응한 결과다. 하지만 이 행복은 단순히 시련에 익숙해진 것을 훨씬 뛰어넘는다.

아들을 바라보며 아이가 말을 하든 못하든, 독립할 수 있든 없든 우리는 멋진 삶을 살 거라 다짐했을 때, 뭔가 달라졌다. 쉽게 바뀐 건 아니었다. 때로는 나도 이런 상황에서라면 비참할 수밖에 없을 거라는 거대한 문화적 압력과 싸우고 있다고 느낀다.

하지만 나는 돌봄자로서 대단한 특권을 누리는 경우다. 나는 백인 중산층으로 대학을 졸업했고 시간을 유연하게 쓸 수 있는 직업을 가진 비장애인 여성이기 때문이다. 만일 이런 내가 장애 아동을 돌보는 게 힘들다고 느낀다면, 빈곤, 불리한 교육 접근성, 제도적인 인종차별, 불안정한 주거, 유년기 트라우마, 학습장애, 신체 또는 정신 장애 및 만성질환, 성폭력, 언어적·문화적 장벽을 겪는 이들은 지원에 접근하기가 **훨씬** 더 어려울 것이 분명하다. 십 대인 내가 엄마를 돌봤을 때, 엄마는 일주일에 몇 번씩 유급 돌봄자를 고용할 여력이 있었고 입원비를 해결해줄 보험이 있었으며 쫓겨날 위험이 없는 자기 집에 살고 있었다. 어린 돌봄자로서 내 삶은 이 모든 것들 덕분에 훨씬 수월했으나 이런 것들이 주어지지 않는 사람들이 훨씬 많다.

장애인과 돌봄자들이 가능한 최선의 삶을 살기 위해, 우리 모두가 당연히 누리는 것들을 누리기 위해, 그늘 속에 묻힌 우리의 이야기를 드러내야 한다. 지금 이 순간에도 돌봄과 장애는 주류 문화에서 동정의 대상이거나 비참한 것 또는 감동적인 이야기로만 그려진다. 하지만 진실은 우리가 사랑하는 누군가를 돌보기 위해 최선을 다하는 그저 평범한 사람들이라는 것이다. 만일 우리가 문을 열어 돌봄의 세상을 보여줄 수 있다면 아마도 친구들과 돌봄에 대해 말하기가 조금 더 수월해질 것이다. 우리가 사랑하는 사람들과 의사들과 교사들이 우리의 두려움을 좀 더 잘 이해하게 될 것이다. 다른 가족 구성원들이 우리가 받는 압박감을 알게 될 것이다. 우리 사회는 도움이 필요한 사람들을 돕는 데 좀 더 익숙해져야 한다. 그 결과 자신에게 무엇이 필요한지 알아차리기엔 너무 바쁜 돌봄자들이 도움을 청하기도 전에 누군가를 돌보다가 끝내 소진되어 쓰러지는 일이 더 이상 없어야 한다.

엄마와 아들을 돌본 경험을 통해 나는 인간 정서에서 가장 아름다운 면과 가장 감추고 싶은 면 모두를 목격했다. 나는 공포와 죄책감에 시달렸고, 내게 요구되는 것들에 억울하고 화가 났고, 가장 놀라운 기쁨을 맛보았고, 내가 상상할 수 있는 최대치보다 더 열심히 사랑했고, 셀 수 없이 여러 번 주저앉아 울다가 마음을 추스르고 일어섰다.

외로움을 덜어줄 책

이 책의 목적은 돌봄자들이 마주한 어려움을 최소화하는 게 아니다. 이 책은 장애인이 살기 편한 거주지를 얻거나 돌봄자가 다시 일터로 나가기 위해 적절한 유급 돌봄자를 구하는 방법을 제시하지 않는다. 장애를 가진 아이가 잘 잘 수 있게 도와주지 못하며(유감이다) 돌봄자들이 처리해야 할 산더미 같은 문서를 줄여주지도 못한다. 하지만 나는 내가 그랬듯이 다른 돌봄자들의 이야기가 당신의 외로움을 덜어줄 거라 기대한다. 당신만 새벽 두 시에 울면서 하루를 시작하는 게 아니다. 닫힌 문 뒤에서 실제로 어떤 일이 벌어지고 있는지 대놓고 말하기가 덜 두려워질 것이다. 극도로 어려운 상황을 잘 다루는 방법을 알게 될 것이며 이전엔 상상하지 못했던 삶의 기쁨을 보게 될 것이다.

이 책은 '돌봄자'라는 단어가 나를 가리키는 말인지도 몰랐던 십 대 때의 나에게 누군가 쥐여줬어야 하는 책이다. 이 책은 내가 막 자폐 진단을 받은 아이의 엄마로서 필사적으로 찾았던 책이다. 이 책은 비슷한 길을 걷는 사람들의 숨겨진 이야기 중 일부를 담은 책이다. 이들 가운데 많은 사람들이 잘 살고 있다.

나는 돌봄자가 되면서 내게 일어난 일들을 이해해보려는 깊은 호기심으로 이 책을 썼다. 나는 왜 많은 돌봄자들이 경험을 터놓고 말하기를 어려워하는지 알고 싶었다. 장애 아동의 부모로서 여정을 시작했을 때 내 속에 차오르던 강한 완벽주의 이면에 무엇이 있는지 궁금했다. 장애나 질병을 한 사람에게 닥칠 수 있는 가장 큰 비극이라 말하는 문화가 돌봄자들의 경험에 어떤 영향을 미치는지 궁금했다. 삶이 우리가 통제할 수 없는 방향으로 흘러갈 때 우리는 어떻게 기대를 조정할 수 있을까? 어떻게 우리에게 필요한 휴식을 요구하고 얻을 수 있을까? 솟구치는 강렬하고 힘든 감정들을 어떻게 다룰 수 있을까? 사람이 죽기도 전에 그를 애도한다는 게 무슨 뜻일까? 수천 개의 조각으로 산산이 부서져 몇 년은 말할 것도 없고 단 하루도 더 버틸 수 없다고 확신하며 무릎을 꿇었을 때, 어떻게 하면 한 발 더 내디딜 수 있을까?

책 한 권으로 돌봄자들이 겪는 경험을 모두 담을 수 없다. 모든 시나리오, 조건, 관계를 전부 다룰 수 없다. 그럼에도 나를 쓰게 만든 건 다른 돌봄자들과의 대화였다. 그들을 만나며 서로 다른 문제를 마주하고 있지만 우리에게 공통점이 많다는 걸 깨달았다. 엄마를 돌봤던 경험이 아들을 돌보는 나에게 영향을 준 것처럼, 돌봄 행위는 관계라는 제약을 초월하므로 우리는 서로의 경험에서 많은 것을 얻을 수 있다.

이 책에서 아프거나 장애가 있는 사람을 돌보는 일의 보다 실용적인 측면, 예컨대 돌봄자 수당 신청, 이동이 불편한 사람을 위한 집 개조 혹은 교육 법정에서 장애 아동의 입장을 변론하는 법 등에 관한 정보는 찾지 못할 것이다. 그런 부분은 각 분야의 전문가들에게 맡겼으니 책 말미의 목록을 참조하길 바란다.

또한 일부 돌봄자들이 어떤 장애를 가진 사람을 돌보는지 설명하는 것을 제외하고는 그들이 제공하는 구체적인 돌봄 행위를 열거하지 않으며, 때론 언급조차 하지 않을 것이다. 이는 해당 인물의 사생활을 보호하기 위해서다. 내 생각에는 이 책의 독자들도 어떤 돌봄자들이 보여주는 돌봄의 핵심과 그것이 그들의 삶에 어떤 영향을 주는지 이해하기 위해 누군가 목욕할 때 도움이 필요한지 아닌지와 같은 세세한 내용까지는 알 필요가 없을 것이다. 맥락상 관련이 있고 허락을 받은 경우엔 책에 포함시켰다. 하지만 맥락상 무관하거나 해당 인물이 지나치게 사적인 내용이라고 판단했다면 포함시키지 않았다.

내가 인터뷰한 돌봄자 모두 자신의 이야기를 공유하기 위해 그들이 돌보는 사람들의 허락을 받았다. 가능하고 적절한 경우, 나 역시 돌봄을 받는 사람들에게 직접 의사를 물었다. 돌봄을 받는 사람이 어린이이면 부모들이 언급될 내용을 결정하도록 했다. 물론 용변 보기처럼 대인 서비스와 관련된 내용은 무조건 제외했다. 몇몇 사람은 사생활 보호를 위해 가명을 사용했다.

돌봄자들이 누군가를 돌보는 방식은 각양각색이다. 멀리 있는 사람을 직접 대면하지 않고 돌보거나 혹은 매주 몇 시간씩 방문하여 돌보거나 아니면 말년의 짧지만 힘든 시간 동안 곁에 머물 수도 있다. 하지만 나는 주로 장기간 돌보는 사람들, 수년간 돌봄자였거나 앞으로 수년간 돌봄자가 될 사람들의 이야기와 경험을 중점적으로 다뤘다. 어떤 사람들은 서서히 쇠퇴하고 있으며 결국 죽음에 이를 사람을 돌본다. 또 어떤 사람들은 다행히 그 자체로 생명을 위협하지는 않지만 도움 없이는 일상생활을 하기 어려운 사람을 돌본다. 각각의 시나리오마다 복잡한 문제, 두려움, 걱정이 있다. 그러나 그들 모두 고유한 방식으로 시련과 사랑을 경험하고 있다.

아서를 낳던 날, 나는 숨 막히게 더운 병실에서 아서를 품에 안고 내 앞에 펼쳐진 런던의 야경을 보여주었다. 빅벤과 국회의사당이 보였고, 크리스마스 파티 조명으로 빛나는 유람선이 그 곁을 지나갔고, 사람들은 조금씩 내리는 눈을 맞으며 웨스트민스터 다리를 건너는 발길을 재촉했다. 아서는 예정일보다 일찍 태어났고 작았지만 특별한 처치는 필요하지 않았다. 나는 아서의 작은 얼굴을 내려다보며 출산 중에 조산사들이 아이가 숨을 쉬지 않는다고 했던 순간을 떠올렸다. 아서는 분만실 저편 심폐소생 테이블로 급히 옮겨졌고, 조금 뒤에야 울기 시작했다. 삶에 아무런 보장이 없는데도 아이를 이 정도로 사랑하는 건 큰 도박이다. 문득 어떤 미래가 펼쳐질지 알고 싶지 않다는 느낌이 강하게 들었다. 이제 아서는 내 품속에 안전하고 건강하게 잘 있으니 다른 건 중요하지 않다고 생각했다. 그날 밤 아서와 내 앞에 어떤 운명이 기다리고 있는지 알지 못해서 기쁘다. 만약 그때 우리의 미래를 알았다면 나는 내가 잘해내리라 생각하지 못했을 것이다. 하지만 나는 매일 아침 아서를 꼭 안아주고 아서는 하루하루를 무사히 보내고 있으니, 나는 수백만의 다른 돌봄자들처럼 잘해내고 있다. 그리고 아서의 장애가 아니었다면 결코 알지 못했을 테지만, 돌봄자들의 세상은 속할 만한 가치가 있다. 아서의 사랑이 있으니 그럴만한 가치가 있다.

1 시작
우리가 돌봄을 말하지 않는 이유

나는 레야가 병들고 죽어갈 때 전혀 완벽한 돌봄자가 되지 못했다. …… 나는 그를 돌보는 일이 내 몫이라 결심하고 탁월함, 영예, 인내, 기술, 영성, 고상함, 무조건적인 사랑으로 해내려고 했다. 하지만 친구들아! 나는 실패했다. 계속 실패했다. 나는 지쳤고, 슬픔에 휩싸였고, 레야가 비협조적이고 고마워할 줄 모르는 환자라며 화를 냈고, 레야를 돌보는 일에서 나와 의견을 달리하는 모두에게 분개했고, 레야를 죽게 내버려둔 신에게도 화를 냈다. 나는 무너졌다. 나는 부족했다.

_ **엘리자베스 길버트**(Elizabeth Gilbert), **작가**

엄마와 나는 차에 나란히 앉아 있었다. 학교를 졸업하고 오래지 않은 때였다. 얼마 전 면허를 따고부터 운전은 대부분 내 몫이었다. 엄마는 기분이 안 좋았다. 나는 한판 싸움이 벌어지리라 예감했다. 엄마가 점점 퉁명스럽게 말하고, 쏘아붙이고, 방어적으로 굴자 익숙한 말다툼의 기운이 감돌았다. 처음에 무슨 대화를 하고 있었는지는 기억나지 않지만, 아마 해외에서 보낼 다가올 1년에 관해서였을 것이다. 이런 다툼이 시작될 때 대개 그러하듯이 엄마는 갑자기 전날 점심을 함께한 오랜 친구가 그날 아침에 전화를 걸어 나에 대해 불평을 늘어놓았다고 했다. 내가 엄마를 함부로 대하고 매몰차며 인내심이 없고 무례하다고 했다는 것이다. 사실은 엄마가 내게 그런 말을 해버린 것이나 다름없었다. "그것 봐라!" 엄마는 당신이 내가 자신에게 무례하고 인내심이 없다고 생각하는 유일한 사람이 아니라는 걸 증명이라도 한 듯 말했다.

나는 충격을 받았다. 나는 엄마가 말한 그 친구를 평생 알고 지냈다. 엄마가 불평을 쏟아내는 동안 내 뺨은 수치심으로 달아올랐다. 집 앞에 주차를 하려던 참이 되어서야 마침내 말을 꺼낼 수 있었다. "그런데 그분은 그동안 어디에 계셨대요?" 내가 물었다. "도대체 지난 5년간 어디에 계시다가 이제 와서 그러시냐고요!" 혼자 있을 시간이 필요했던 나는 뭘 좀 사러 다녀오겠다고 둘러댔다. 엄마가 차에서 내려 집으로 들어간 후 조용한 교외 거리를 따라 차를 몰다가 잠시 정차할 곳을 찾았다. 그러고는 20분 동안 핸들에 얼굴을 처박고 울었다.

엄마 친구분 말씀이 옳았다. 나는 그날 점심에 엄마에게 무례하게 굴었고 인내심이 없었다. 열한 살 이후로 엄마가 입원과 퇴원을 반복하던 7년간, 나는 모든 걸 혼자 알아서 해야 했다. 엄마의 침대맡에 앉아 내 나이에 맞지 않는 이야기를 반복해서 들어야 했고, 때론 몇 주간 엄마가 침대에 누워만 있는 모습도 봐야 했고, 엄마가 학교 행사에 오겠다고 약속하고선 잊어버리고 나타나지 않았을 때 몹시 화가 났어도 드러내지 않도록 애써야 했다. 나이가 좀 더 들어서는 엄마가 취한 채로 운전하지 않도록 대신 술과 담배를 사다 날랐다. 나는 항상 모든 게 괜찮다고 거짓말을 했다. 엄마가 내가 잘 못 지낸다고 생각하면 우울증이 악화될 뿐이라는 걸 알았기 때문이다. 이런 모든 상황이 합쳐져 나는 더러 인내심을 잃고 무례한 모습을 보이는 날도 있었다. 그런 날은 엄마가 취해서 행동을 통제할 수 없는 게 분명한데도 엄마의 말을 자르고 되받아쳤다. 엄마의 상태가 좋은 날에도 나를 챙기려는 엄마에게 방어적으로 굴었다. 다시 컨디션이 나빠지면 바로 사라져버릴 모습이라는 걸 잘 알기 때문이었다. 나도 내가 그렇게 되는 게 싫었다. 그리고 그걸 다른 누군가가 지적하자 수치심에 휩싸였다.

그 시절 엄마는 위기마다 민영 정신과 병원에 입원하여 2주간 머물렀다. 담당 의사로부터 초기 위기(자살 감시를 완곡하게 이르는 말)가 끝날 때까지 사나흘 동안 방문하지 말라는 말을 들었고, 그 기간이 지나서는 입원 기간 내내 이틀에 한 번씩 방문했다. 엄마를 보러 병원에 가는 일은 힘들었다. 우선 실망시켜 미안하다는 사과를 반복해서 들어야 했고, 실망하지 않았다고 안심시켜야 했다. 그러다 엄마의 기분이 좋아지면서 나는 엄마가 다른 입원 환자들에게 둘러싸여 있는 걸 보게 되었다. 그들은 따뜻하고 이야기를 잘 들어주는 엄마를 좋아했다. 엄마는 섭식장애가 있는 젊은 여자들을 부모가 곁에 없을 때 엄마처럼 챙겨주었고 성별이나 진단명과 상관없이 많은 환자들이 엄마의 개방적이고 수용적인 성품에 끌렸다. 엄마는 그들을 보살피고, 그들의 이야기에 귀 기울이고, 딸인 나를 위해서는 할 수 없는 것처럼 보였던 방식으로 그들을 인정해주었다. 딸인 내 감정은 취약한 상태일 때 엄마에게 지나친 부담이 되었지만 타인의 감정은 괜찮아 보였다. 다른 입원 환자들이 엄마에게 허심탄회하게 속내를 털어놓는 모습을 보고 있자니 그들에게 화가 났고 억울했다. 나는 더 이상 그럴 수 없다는 사실을 이미 힘들게 깨달았기 때문이었다.

엄마의 잘못이 아니라는 걸 알았다. 엄마가 아프다는 것도 알았다. 그런데도 화가 났다. 내게는 엄마가 없는 것처럼 느껴졌다. 그러고 나면 엄마가 이렇게 아픈데 나만 생각하는 나 자신이 끔찍하게 느껴졌다. 통제하지 못하는 사람에게 어떻게 화를 낸단 말인가? 병에 대한 분노가 엄마에 대한 분노로 번져갔지만 이런 감정이 너무 수치스러워 누구에게도 말하지 못했다. 나는 엄마를 위해 강해지고 싶었고 엄마와 다른 사람들을 내 감정으로부터 보호하는 법을 배웠다.

돌봄자로서 우리가 겪는 일을 입 밖에 내는 건 마치 커다란 배신처럼 느껴지곤 한다. 질병이나 장애는 우리가 아니라 우리가 사랑하는 누군가에게 닥친 것이니까. 이런 상황에서 어떻게 우리의 감정을 생각할 수 있겠는가? 억울함과 분노와 좌절을 느낀다고 자신을 질책하는 건 나뿐만이 아니다. 신체적 고통, 정신질환 혹은 인지 손상을 겪고도 열심히 살고 있는 사람은 우리가 돌보는 사람이지 우리가 아니기에, 돌봄자들은 혼란스러운 감정을 입속에 숨기는 편이 차라리 안전하다고 느끼기도 한다. 하지만 질병이나 장애를 직접 겪지 않는다 해도 돌봄자가 됨으로써 우리 역시 삶 전체가 송두리째 뒤엎이는 경험을 한다. 겪어본 적 없는 수준의 스트레스와 요구를 맞닥뜨릴 수도 있다.

내 어머니는 똑똑하고 사랑스러운 여성이었으며 평생 우리 남매를 최우선으로 생각해왔다. 아버지는 출장이 잦아 엄마 홀로 우리를 챙겼고 이혼한 후에도 엄마가 전적으로 우리를 맡아 키웠다. 엄마는 언제나 우리의 친구들을 환영하고 보듬어주었다. 엄마는 아름답고 사교적이며 친절했다. 무슨 일이든 가장 먼저 나섰고, 우리의 말에 끝없이 공감해주었다. 엄마를 이루던 모든 문장이 엄마가 겪는 중독, 망각, 입원, 몇 주씩 침대에서 벗어나지 못하는 상태와 어울리지 않았다. 어떻게 해야 사람들이 엄마를 비난하거나 형편없는 엄마라고 생각하게 하지 않으면서 우리가 겪은 일을 말할 수 있을까? 나는 엄마를 보호하고 싶었다. 나는 엄마의 고통 때문에 사람들이 엄마를 전과 다르게 생각하는 걸 원하지 않았다. 엄마는 여전히 내 엄마였다.

상황은 달라도 많은 돌봄자들이 이렇게 느낀다. 음식을 작게 잘라줘야 하고, 약을 챙겨야 하고, 진료마저 힘들어서 대신 설명해야 할 때가 더러 있지만 그런 이유로 당신의 아내가 아니라고 할 수 없다. 그렇다 해도 그는 집안일을 챙기고, 가정의 모든 의사 결정을 내리고, 함께 아이들을 키운 바로 그 아내다. 친밀하고 오래된 관계가 변화할 때 그에 대해 말하기란 쉽지 않다. 심지어 배신이라고 느낄 수도 있다. 하지만 우리가 아무 말도 하지 못하는 사이에 우리의 요구는 그들이 가진 더 시급한 요구 속에서 사라져버릴 수 있다. 많은 돌봄자들이 허우적거리다 무릎을 꿇고 나서야 더 이상 입 다물고 있을 수 없다는 걸 깨닫는다.

모순된 감정을 둘러싼 수치심 때문이든 아니면 사랑하는 사람을 보호하기 위해서든, 돌봄자로서 목소리를 내는 일은 어렵다. 돌봄자들은 취약한 집단이지만 우리가 돌보는 사람들만큼 취약하진 않다. 우리가 사랑하는 사람들의 요구가 더 급박한 상황에서 우리의 생각, 감정, 요구는 끼어들 틈이 없다. 타인이 번영이 아니라 생존만을 위해 우리에게 의존해야 할 때, 참는 게 상책이라고 느낄 수 있다. 하지만 그 대가는 값비싸다.

다른 사람을 돌보는 동안 다양한 감정이 떠오른다. 상황이 장기간 계속되면 특히나 그렇다. 인정하기 힘든 추악한 감정들이 떠오른다. 돌봄으로 인해 부모나 배우자와의 관계가 바뀌지 않는 사람들을 질투하게 된다. 돌봄자가 아닌 사람들이 자신의 시간에 뭘 할지 고민하고, 원하는 곳에 살고, 제한 없이 직업을 선택할 자유를 누리는 모습을 보면 질투가 난다. 너무나 많은 요구를 받고 있는데 아무런 지원도 없을 때 화가 난다. 유급 돌봄자들의 손에 사랑하는 사람을 맡기고 잠시 여유를 가질 때마다, 심지어 그렇게 숨 돌릴 여유가 당신에게 절실히 필요하다는 걸 알고 있을 때조차 죄책감이 든다. 당신이 포기해야 했던 삶의 경로, 거절해야만 했던 기회에 대한 슬픔이 밀려온다. 비록 이러한 감정들이 타당하고 수많은 돌봄자들이 비슷한 감정을 느낀다 하더라도, 이러한 감정들을 떠올렸다는 것만으로도 강렬한 수치심이 엄습한다. 그리고 추한 감정들은 돌봄이라는 사랑의 행위를 하는 가운데 발생한다. 내가 이런 감정을 느낀다는 사실을 타인은 말할 것도 없고 스스로 인정하기조차 어려울 수 있다. 가까운 친구들과 가족마저 돌봄이라는 의무가 우리에게 가하는 신체적·정서적 피해를 알아차리지 못할 수도 있다.

돌봄자들은 일반 인구보다 외로움을 보고할 가능성이 일곱 배높다. 그들은 일반 인구에 비해 두 배 더 불안하다.[15] 외로움을 보고한 돌봄자들은 그렇지 않은 돌봄자들보다 정신 및 신체 건강이 악화될 가능성이 두 배 높았다. 미국에서 돌봄자의 40에서 70퍼센트가 임상적으로 유의미한 수준의 우울 증상을 보이며, 그들 중

약 절반이 주요 우울증의 진단 기준을 충족한다.[16] 외로움과 싸우는 돌봄자들이 가장 필요하다고 보고한 것은 주기적으로 돌봄에서 벗어나 휴식을 취하는 것이었으나 그다음으로 중요하다고 느낀 것은 돌봄에 대한 사회의 이해 증진이다. 하지만 우리가 입 다물고 숨어 지내는 한, 이해가 높아지는 일은 결코 없을 것이다.

'돌봄자'로 불리기를 거부하다

세라 로버츠의 아들 오스카는 7년 전 출생 직후 다운증후군 진단을 받았다. 그는 의사가 그 소식을 전하던 순간 머릿속에 떠오른 생생한 이미지를 들려줬다. 슬픔에 찬 늙은 여성과 엉성하게 깎은 머리에 어린아이처럼 옷을 입은 중년 아들의 모습이었다. 그들은 손을 잡고 쇼핑센터를 돌아다닌다. 그 순간 그를 사로잡은 고통은 상상 속 여자가 바로 자신이 될 거라는 두려움이었다. 어디에서 왔는지는 알 수 없지만, '다운증후군'과 '평생 장애'라는 말을 듣자마자 그 이미지가 떠올랐다. 하지만 지금 그의 삶은 그 이미지와 사뭇 다르다. 세라는 소셜미디어를 통해 자신의 삶을 적극적으로 공유한다. 갑작스러운 진단을 받은 다른 누군가가 장애를 생각할 때 떠오르는 이미지가 그들 가족이 영위하는 온전한 삶, 즉 시련과 기쁨이 공존하는 삶의 모습이 되기를 바라기 때문이다.

장애를 가진 아이를 키우거나 장애인 배우자나 부모와 동거하는 사람들과 대화를 나누다 보면 그들이 스스로를 '돌봄자'로 인식하지 않는 모습을 자주 발견할 수 있다. 어떤 사람들은 내게 그 단어와 단어에 함축된 의미가 싫다고 딱 잘라 말했다. '돌봄자'는 많은 사람들에게 슬픈 존재다. 타인을 위해 봉사하며 고립된 삶을 사는 사람, 경제력도 없고 전적으로 의존하는 사람을 돌보기 위해 혹독한 육체노동을 떠맡는 사람의 모습을 떠올린다. 장애와 돌봄은 대체로 숨겨져왔기 때문에 나는 그토록 많은 사람들에게서 자신을 돌봄자라 생각하지 않는다는 말을 듣고도 딱히 놀라지 않았다. 그들에게 돌봄은 다른 사람들이 하는 일이다. 많은 사람들은 내게 자신은 그저 부모, 아내, 남편 혹은 아들이며, 거기에 덧붙여 추가적인 책임을 맡고 있을 뿐이라고 했다. 열네 살이던 나도 그렇게 말했을 것이다. 나는 때론 몇 주간 방에서 나오지 않는 어머니를 가진 십 대로서 어머니가 할 일을 대신하고 어머니가 안전한지, 잘 먹는지, 살아 있는지 확인하면서도 내가 단순히 딸이 아니라 어린 돌봄자라는 사실을 깨닫지 못했다.

샐리 더비는 남편에 대해 말할 때 돌봄자라는 표현을 사용하는 것이 힘들다고 했다. 샐리는 다발성경화증과 시각장애를 갖고 있는데, 더 이상 감당할 수 없다고 느끼기 전까지 수년간 중학교 교사로 일했다. 그는 돌봄자라는 표현이 대개 대소변을 치우는 모습을 연상시키고 관계의 다른 부분들을 보이지 않게 만드는 것 같다고 했다. 다시 말해 사람들이 돌봄자라는 부분만 기억한다는 것이다. 하지만 그는 자신들의 관계를 그렇게 느끼지 않는다고 말한다. 그들의 관계는 단연 남편과 아내다. 다만 남편이 돌봄도 제공할 따름이다.

영국에서는 약 여덟 명 가운데 한 명이 만성질환이나 장애를 가진 누군가를 돌보고 있다.[17] 우리 대부분이 인생의 어느 시점엔가 돌봄자가 된다. 돌봄자는 카페에 줄을 선 사람들 가운데 당신 옆에 있을 수 있고, 공원에서 아이들과 놀아주는 사람 중 한 명일 수 있으며, 직장에서 회의 중에 만날 수도 있다. 하지만 돌봄자가 된다는 것은 어떤 사람들에겐 무척 인정하기 무서운 일이다. 연민의 대상이 될까 봐 두렵고, 면접에서 말하면 취업이 되지 않을까 봐 두렵다. 지금보다 더 사회적으로 고립될까 봐 두렵다. 돌봄자에게 딸린 막중한 역할 때문에 그리고 사회에서 돌봄자라는 말이 가진 낮은 지위 때문에 정체성의 다른 부분들이 사라질까 봐 두렵다. 그리고 다른 무엇보다도 돌봄자라는 표현을 사용하는 것은 사랑하는 누군가가 당신의 도움 없이 삶을 영위할 수 없다는 사실을 대놓고 인정한다는 뜻이 된다. 그것은 그들의 질병이나 장애 그리고 죽음의 가능성을 정면으로 마주한다는 의미이며, 돌보는 사람과의 관계가 어떻든 간에 많은 사람들에게 어려운 과정일 수 있다.

돌봄자들의 성별 격차가 점점 줄고 있다 해도 돌봄은 여전히 여성의 일이라고 보는 경향이 있다. 문화적으로 여성에게 지워진 다른 일들과 마찬가지로, 돌봄은 그것이 아이를 돌보는 일이든 장애인이나 노인인 친척을 보살피는 일이든 우리 사회에서 매우 저평가되어 있다. 유급 돌봄자는 신체적으로나 정서적으로나 힘이 많이 드는 일을 하면서 겨우 최저임금을 받으며, 영국에서 가장 낮은 급여를 받는 노동자에 속한다. 무급 돌봄도 대개 같은 관점으로 본다. 즉 여성이 주로 하는 낮은 지위의 노동이라고 보는 것이다. 영국에서 무급 돌봄자들이 제공하는 노동의 가치는 약 1,320억 파운드에 달한다. 미국에서는 4,700억 달러로, 한 해에 유급 방문 돌봄과 메디케이드Medicaid(미국의 연방 정부와 주 정부가 함께 운영하는 저소득층을 위한 의료보험 제도−옮긴이)에 지출되는 총액보다 크다.[18] 이 수치는 세계 최대 기업인 월마트Walmart의 매출과 거의 맞먹는다. 케어러스 영국의 대표 헬레나 허클로츠Helena Herklots의 말에 따르면, 무급 돌봄 인구가 조금이라도 줄어들 경우 국가 경제에 대참사가 발생하게 된다.[19] 사회적 지위는 낮지만 무급 돌봄은 필수적이다.

물뇌증을 앓고 휠체어를 타는 딸을 둔 앨리스 베넷도 자신이 제공하는 돌봄이 저평가되어 있다고 느낀다. 딸을 24시간 돌보고 있음에도 사람들은 그에게 '일할 필요가 없는 사람'이라며 비아냥댄다. 앨리스는 주당 66파운드라는 쥐꼬리만 한 돌봄자 수당을 받는다고 사람들 앞에서 인정하기가 수치스러웠다. 딸인 라야는 여섯 살로, 모든 종류의 대인 서비스가 필요하며 평생 그럴 것이다.

라야는 수없이 여러 번 진료를 받아야 했고 여러 차례 응급 뇌수술을 받아야 했다. 라야가 마침내 특수학교에 입학했을 때, 앨리스는 일을 해야 한다는 큰 압박감을 느꼈다. 가까이 사는 친척 하나 없는 싱글맘 앨리스는 비장애인 딸을 함께 키우는 동시에 학교 밖에서 라야에게 필요한 모든 지원을 제공하고 있다. 그럼에도 수당에 의존하면 안 된다는 압박 때문에 대학에 취직하여 수업 조교 일을 맡았다. 하지만 잦은 병원 진료와 입원을 관리하는 장애 아동의 부모가 직업을 갖기란 대단히 어려울 수 있다. 앨리스는 수업 조교 역할 때문에 소진되어 딸들이나 자신을 충분히 돌보지 못한다는 걸 곧 깨달았다. 앨리스가 수당을 받는다고 비난하는 사람들 중에 단 일주일이라도 그처럼 살아볼 사람이 있을까. 혹은 주당 35시간 이상 누군가를 돌보며 살고 싶을까.

동정은 이러한 대화에서 반복적으로 등장하는 주제다. 고개를 젖히고 눈물을 글썽거리며 뱉는 "아, 힘들어서 어쩌니"라는 말은 돌봄자의 역할에 대해 입도 떼기 전에 우리를 얼어붙게 만든다. 우리의 삶이 그들에겐 매우 힘들어 보일지 모르지만, 대부분의 돌봄자들은 타인의 동정이 공포와 슬픔의 원천이라 말한다. 잠 못 자는 밤과 의사나 교사와의 끝없는 면담에 대처하고 돌보는 이의 요구에 응해야 할 뿐 아니라, 상상에서 비롯된 동정에도 대처해야 하는 것이다. 물리적으로 완전히 고립되지 않더라도 정서적 고립감이 우리를 벼랑 끝으로 내몬다. 연민이나 동정은 우리의 경험을 공유할 수 없다는 사실을 일깨우는 또 다른 이유가 된다. 그래서 마음 편히 경험을 공유할 수 있는 사람들과 함께하기 전까지는 자기를 지키기 위해서라도 생활의 면면을 밝히지 않고 입 다물게 된다.

돌봄자 생활을 둘러싼 지배적인 서사는 선명하지만, 대부분 사실이 아니다. 돌봄자는 천사이거나, 평범한 사람들이 갖지 못한 능력을 가졌거나, 불쌍하게도 인생의 절반을 힘들고 단조로운 일을 하며 사는 사람이라 생각하는 경우가 많다. 장애인과 만성질환자들에 대한 태도는 여전히 충격적이어서 돌봄자가 되면 슈퍼맨이 되거나 비참한 존재로 여겨지기 마련이다. 온라인에서는 많은 장애인들이 태어나지 말았어야 한다는 등의 끔찍한 모욕을 당한다. 한쪽이 시각장애인인 커플은 그들의 관계가 '부자연스럽다'라는 말을 자주 듣는다. 법으로 정하고 있음에도 여전히 가게, 식당, 대중교통은 휠체어를 타고 이용하기 어렵거나 장애인이 사용할 수 있는 화장실이 없어 장애인들이 환영받지 못한다고 느끼게 만든다. 시각장애인, 특히 여성 시각장애인들은 공공장소에서 거칠게 밀쳐지고 낯선 사람들에게 건드리지 말라고 하면 욕설을 듣는다. 이런 일들이 매일 일어나면 장애인들의 삶뿐만 아니라 그보단 덜할지라도 그들을 돌보는 사람들의 삶에도 부정적인 영향을 준다. 이런 태도들이 흔하고 여전히 사회적으로 대개 용인된다는 사실을 감안하면, 최측근을 제외한 사람들에게는 차라리 입을 다무는 게 낫다.

우리 문화에서 돌봄자는 종종 천사처럼 자기를 희생하는 슈퍼히어로로 묘사되는데, 이것은 실제 삶에서 돌봄자로서 우리가 그에 미치지 못한다는 죄책감을 해결하는 데 아무런 도움이 되지 않는다. 아이에 대해 말할 때 아주 적은 (그리고 매력적인) 눈물을 보이며 자신을 위해서는 결코 울지 않는 영웅적인 엄마 돌봄자가 자신의 역할을 거뜬히 해내는 이미지가 특히 많다. 2017년에 개봉한 영화 〈원더Wonder〉에서 주인공 어기의 어머니인 줄리아 로버츠에 대한 묘사를 생각해보자. 그는 심각한 안면 기형을 갖고 태어나 여러 차례 수술을 받은 아들에 대해 어떠한 불만도 없이 기쁘게 헌신하며, 유일한 단점이라곤 비장애인 맏아들에게 충분히 신경 쓰지 못하는 것뿐이다. 이렇듯 그는 완전무결한 인간은 아닐지언정 거의 완벽에 가까운 돌봄자로 그려진다.

하지만 대부분의 돌봄자에게 돌봄은 삶의 나머지 부분과 똑같다. 때론 놀랍고, 때론 끔찍하고, 대체로 아주 평범하다. 문화적 담론은 이 사실을 인정하길 거부하며 대신 우리를 긍정의 아이콘, 선하고 감동적인 사람들 혹은 강렬한 고통 속에 사는 동정의 대상이나 도와줘야 할 사람으로 분류한다. 이는 돌봄자 역할을 하는 수백만의 평범한 사람들과 그들이 돌보는 사람들에게 매우 심한 짓이다. 돌봄자로 사는 게 쉽지 않고 더러 극단적인 어려움이 따르지만, 동정의 대상이 되거나 우상화되는 건 돌봄자의 역할을 필요 이상으로 어렵게 만들 뿐이다.

로라 도왈트가 잡지 《캐터펄트Catapult》에 기고한 글에서 그는 돌봄자 역할에 대해 말하기 전에 신중해야 하는 까닭을 설명한다. 사람들의 무지에서 비롯된 가정 때문이다.[20] 그의 남편 제이슨 도왈트 박사는 연극학 교수로, 사지마비 환자다. 로라는 사람들의 반응이 불편하고 그를 지치게 한다고 묘사하며, 장애를 언급하는 것만으로도 남편에게 몹쓸 짓을 한 것처럼 느껴진다고 한다. 그는 큰일이 아니라고 듣는 사람을 안심시켜야 하고, 그들이 끔찍한 삶을 상상하거나 심지어 말할 때 동정심으로 젖는 눈빛을 마주해야 한다. 그의 남편은 어떤 개성이나 특징도 없이 '사지마비'라는 단 하나의 설명으로 끝나는, 사람들의 마음속에 있는 장애인 사진첩의 일부일 뿐이다. 게다가 사람들은 배우자이자 돌봄자로서 그의 역할이 일방향적일 거라 추측한다. 하지만 로라는 남편이 그에게 주는 지지에 비해 그가 남편에게 주는 도움은 매우 적다고 말한다. 돌봄은 양방향으로 이루어지지만, 장애를 동정하고 두려워하는 세상에서 휠체어를 탄 누군가와 그렇지 않은 누군가가 균형감 있고 호혜적인 관계를 이루리라 상상하기는 어렵다.

어떤 사람들은 나와 같은 처지에 있는 사람을 동정하는 게 자연스럽다고 생각하지만 그 동정의 무게는 자못 무겁다. 이는 돌봄자들이 짊어지는 또 다른 짐인데, 알다시피 돌봄자들은 이미 충분히 큰 짐을 지고 있다. 스물두 살 되던 해에 엄마가 자살한 이후, 나는 엄마의 사망 원인이나 지난 11년 동안 엄마를 괴롭힌 질병에 대해 어디서도 말하지 않으려 했다. 부끄러워서가 아니었다. 고통스러워서였다. 자식을 사랑하는 어머니는 결코 자살하지 않는다는 세상의 담론에 대항하여 엄마에 대한 기억을 보호하고 싶었다. 엄마는 우리를 사랑했고 우리를 위해 11년간이나 살고자 싸웠다. 엄마가 어떻게 돌아가셨건, 나는 엄마가 우리를 사랑했다는 걸 안다. 엄마를 돌보며 보낸 세월을 언급하지 않으면 세상의 손가락질로부터 엄마를 보호할 수 있다고 믿었다. 항상 상대방을 위로하며 끝나는 불편하고 동정 가득한 대화도 피할 수 있었다. 내 엄마는 너무 일찍 돌아가셨고 나는 자주 슬펐지만 엄마의 인생은 낭비가 아니었고 엄마의 자살은 이기적이지 않았다. 이 모든 걸 설명하는 건 너무 피곤했다. 그래서 차라리 말하지 않는 편이 나았다.

최근 새로운 고객들과 만나는 일이 잦은데, 점심 식사를 하다 보면 대화가 자연스레 가족과 친구들 이야기로 넘어간다. 아들의 장애를 언급할 수밖에 없는 주제가 나올 때도 있는데, 우리의 상황을 설명할 에너지가 없는 날엔 슬쩍 주제를 바꾸곤 한다. 하지만 어떤 날엔 내 가족의 상황이 다른 가족들과 어떻게 다른지 흔쾌히 이야기할 때도 있다. 즉 내 기분에 따라 달라진다는 것이다. 하지만 어떻게 반응하든 핵심은 사람들이 우리가 건강하고 온전한 삶을 살고 있다고 봐주길 바라는 마음이다. 누구라도 자신의 가족이 "우리 가족은 그렇지 않아서 다행이야"라는 말을 듣는 건 원치 않을 것이다. 그래서 나는 내 아들과 나 자신과 신경 발달 장애 아동을 키우는 모든 가족들을 위해 우리 집의 평범하고 즐거운 일상을 보여주려고 최선을 다한다.

로라 도왈트가 말하듯이 사람들이 자동적으로 "유감이에요I'm so sorry"라고 말할 때, 우리는 우리의 삶과 장애가 있는 가족 구성원의 가치를 증명해야 한다고 느낀다. 세라 로버츠는 아들의 다운증후군 진단 후 그에게 쏟아지는 동정을 느끼고 블로그 이름을 '유감스러워하지 마세요Don't Be Sorry'라고 지었다. "유감입니다"는 아들이 태어난 지 몇 시간 안 됐을 때 아이에게 다운증후군이 있을 거라 설명해준 소아과 의사의 입에서 가장 먼저 나온 말이었다. 이 말은 장애인과 그들을 돌보는 사람들이 맞닥뜨린 문제의 많은 부분을 응집해서 보여준다. 동정, 거리 두기, 불행할 거라는 추측. 우리는 모든 게 괜찮다고 타인들을 안심시키기 위해 시간을 써야 한다. 이런 시선 때문에 힘들고 복잡한 상황에서 더 많은 지원이 필요할 때 드러내놓고 말할 수 없는 경우까지 생긴다. 우리가 기본적으로 항상 긍정적인 상태를 유지하려 해도 사실 그건 어떤 인간에게도 비현실적이다. 우리가 동정의 대상이 되고 우리의 장애 가족이 타자화되는 세상이지만, 누구나 그렇듯 우리도 우리 삶이 남들이 보기에 괜찮았으면 하는 욕구가 있다. 그러니 차라리 입을 다물어버리거나 매우 활기찬 모습을 보이는 것 중 하나를 택하는 게 편하다.

이 글을 쓰는 지금 여름 휴가철이 성큼 다가오고 있다. 모든 가정에 힘든 시기이지만, 체계적인 일상으로 압도감과 강한 불안을 통제해야 하는 아이가 있다면 특히나 그렇다. 학기가 끝나가고 체계 없는 7주간의 방학이 다가오면 내 두려움과 공포는 점점 커진다. 딸은 학기가 끝난 후 휴식을 즐기고, 놀기도 하고, 긴 여름을 지루해하기도 하며 시간을 보내겠지만, 아들은 버둥거리며 어쩔 줄 몰라 할 것이다. 나는 최대한 계획을 세운다. 그럼에도 해마다 이 시기만 되면 공포가 스멀스멀 다가온다. 도대체 어떤 엄마가 여름 휴가철을 그토록 두려워한단 말인가? 아들과 무엇이든 할 수 있는 시간을 두려워한다면 나는 실패한 엄마인가? 어떻게 하면 딸의 요구를 충족시키고, 식사를 준비하고, 청소를 하고, 내 사업을 유지하면서 동시에 아들에게 학교처럼 예측 가능하고 체계적인 일상과 유사한 무언가를 제공할 수 있을까? 나는 다른 부모들에게 휴가 계획을 묻는다. 휴가 때 가져갈 책, 당일치기 여행 계획, 내킬 때마다 친구들과 전국 이곳저곳으로 떠나는 소풍에 대해 듣는다. 많은 사람들이 정해진 일상이 느슨해지고 등하교가 사라져서 신나하는 걸 느낀다. 내가 같은 마음이 아닌 데 죄책감이 든다. 나도 그렇게 느끼길 간절히 바란다. 하지만 우리 가족 앞에 펼쳐진 여름방학은 길을 잃기 쉬운 거대한 사막처럼 두렵다.

다른 돌봄자들도 나처럼 모순된 감정을 느낀다. 절실하게 필요했던 휴식을 채우고 나면 우리가 사랑하는 이의 필요를 우리만큼 잘 알지 못하는 낯선 유급 돌봄자를 고용한 죄책감이 뒤따른다.

우리가 사랑하는 누군가는 자신의 병이나 장애로부터 잠시도 탈출할 수 없다는 걸 알기에 사랑하는 누군가로부터 **벗어나야만 했다**는 사실에 죄책감이 든다. 생이 끝을 향해 갈 때 절절한 애도와 상실감을 겪으면서도 마음 한편에서는 모든 게 끝나면 드디어 한숨 돌릴 수 있다는 모순된 감정을 동시에 느끼는 사람들도 있다.

나 역시 내 아들의 엄마라는 사실이 행복하지만 지원과 휴식 없이 항상 아들의 돌봄자일 수만은 없다. 이 두 가지 감정이 모두 진실이라는 게 힘들고 뭔가 잘못되었다고 느끼지만 실제로 그렇다. 사랑하는 부모를 돌보는 이들이 아이일 때 자신이 받은 보살핌에 보답하는 충직한 아들딸이 되고 싶어 하는 것처럼 나도 무한한 능력을 가진 엄마이고 싶다. '아플 때나 건강할 때나' 사랑하겠노라고 맹세한 부부는 그 약속을 충실히 지키길 간절히 원할 것이다.

나는 며칠 못 자는 게 내게 영향을 주지 않길 바란다. 아서에게 폭풍 같고 갑작스러운 멜트다운이 발생하는 동안 항상 침착하게 버티길 바란다. 아들이 무료하게 집 안을 돌아다닐 때 재미있어할 만한 활동을 찾아줄 에너지가 있길 바란다. 아들이 놀아주려는 나의 노력을 거절하고 아이패드에 집착할 때 자책하지 않길 바란다. 팬케이크를 만드느라 잠시 등을 돌린 사이, 아들은 밀가루를 부엌 바닥 여기저기에 뿌려놓거나 재미로 음식을 집어 던진다. 천장을 따라 분홍색 요구르트 방울이 흩뿌려져 있고 부엌 의자 위엔 초콜릿 가루가 떨어져 패턴을 이룬다. 나는 아들이 감각 추구 행동 때문에 집 안을 어지럽혀도 내가 결코 당황하지 않길 바란다. 아들이 갑자기 차도에 뛰어들면 나는 차에 치이기 전에 아이를 붙잡아야 하고, 차만 타면 스트레스를 받는 아들을 바깥 볼일에 데려가지 않을 수 있도록 신중하게 주간 계획을 세워야 한다. 친구 집에 가거나 생일 파티에 참석할 일이라도 생기면 아서가 다치거나 누군가를 다치게 할 모든 가능성을 군대처럼 치밀하게 계산해야 한다. 내 실수로 아서가 할 수 있는 일을 잘못 판단해 멜트다운이 일어나면 내 딸이 피해를 본다. 나는 아이들을 물리적으로 안전하게 보호하기 위해 계획을 세우고, 불안을 통제하고, 신경을 곤두세워야 하는 모든 때에 휴식 같은 건 필요 없길 바란다.

나는 언제나 내가 바라는 돌봄자가 되는 데 실패한다. 하지만 이러한 감정들을 소리 내어 말하면 사람들이 '거봐. 역시 장애가 있는 아이를 키우는 건 슬프고 힘든 일이야'라고 생각할까 봐 몹시 두렵다. 아서의 엄마로 사는 것은 물론 힘들지만 내 인생에서 가장 큰 기쁨이기도 하다. 그래서 나는 사람들에게 소리 지르며 항의하고 싶어진다. 사람들이 양면을 모두 볼 줄 알았으면 한다. 삶은 흑과 백으로, 좋은 것과 나쁜 것으로만 나뉘지 않는다. 삶은 인간이 경험하는 수많은 감정들로 구성된다. 하지만 사람들은 그것을 보지 못하는 것 같다.

'제대로 대처하고 있습니까?'

전문가나 복지 제공자들에게 돌봄의 모든 측면을 솔직하게 말하기 어려운 경우가 있다. 사랑하는 사람을 텅 빈 베이지색 진찰실에 홀로 앉혀둔 채 지원을 받기 위해 이 사람을 돌보는 일이 얼마나 어려운지 설명하기란 쉽지 않다. 하지만 우리는 그렇게 겹겹이 싸인 보호막을 벗겨내고 무엇이 필요한지 낱낱이 드러내야 한다. 솔직히 말하지 않으면 지원을 받을 수 없다는 걸 알지만, 입 밖에 꺼내놓기는 수치스러울 수 있다. 지원의 곳간지기 역할을 하는 낯선 의사, 사회복지사 혹은 공무원을 마주할 때, 공적 영역에서 우리가 입고 다녀야만 했던 갑옷을 어찌되었든 벗어던져야 할 테지만 내 아이를 키우는 데 혹은 내 배우자를 돌보는 데 타인의 도움이 필요하다고 인정하는 것은 말로 다 표현하기 어려운 깊은 수치심을 준다. 이 수치심에 대해서는 다음 장에서 상세하게 다루고자 한다.

내가 아서의 멜트다운 때 차 뒷좌석에서 날아온 신발 때문에 추돌 사고를 낼 뻔했다고 하면 그들은 "제대로 대처하고 있습니까?" 하고 물을 것이다. 나는 그 질문에 어떻게 답해야 하는지 모른다. 사고가 나지 않았으니 잘 대처한 걸까? 차를 멈추고 아서에게 소리 지른 것은 어떠한가? 그건 내가 잘 대처하지 못하고 있다는 뜻인가? 아니면 우리 둘 다 진정하고 포용했으니 잘 대처하고 있다고 봐도 되나? 도움을 받으려면 뭐라고 대답해야 하는지 나는 모른다. 내가 무너질까 봐 두렵다고 인정하든 안 하든 더 큰 지원은 없을 수도 있다. 그렇다면 솔직하게 우리의 취약함을 드러낼 가치가 있을까?

그들이 노트에 무어라고 적는다. 나는 내가 말을 너무 많이 한 건 아닌지 걱정한다. 아니면 너무 적게 말한 건 아닐까. 그들은 내 아들이 얼마나 멋진 아이인지 이해할까? 아니면 아서를 엄마의 머리에 신발을 던져 하마터면 교통사고를 낼 뻔한 아이로만 기억할까? 하지만 그들에게 신발 이야기를 하지 않으면 내가 차로 볼일을 보러 다닐 때 아서가 스트레스를 많이 받기 때문에 아서를 데리고 다니지 않기 위해 주말에 교대 돌봄이 필요하다는 사실을 이해시킬 수 없다. 잘 모르는 사람들에게 어디까지 정보를 공개해야 할지 결정하는 사이 이런 생각이 계속 머릿속을 맴돈다. 그들이 내 이야기를 듣고 서류를 제출하면 우리를 절대 만나지 않을 사람들이 우리의 상황에 추가적인 지원이 필요한지 여부를 판단할 것이라는 생각 말이다.

남들이 진실에 대해 듣고 싶어 하지 않을 때

나는 시간이 지나면서 모든 사람이 우리의 상황을 나와 같이 바라보지 않는다는 걸 깨달았다. 아서의 입학 전 면담 때, 아서가 처음으로 나를 엄마라고 불렀다며 흥분하자 다들 어색한 미소만 지었다. 나는 그제야 사람들이 아서의 나이라면 당연히 그보다 더 어려운 일을 할 줄 알아야 한다고 생각한다는 걸 깨달았다. 오랜만에 만난 친구들이 아서의 안부를 물으면 나는 "잘 지내" 하고 말하고, 친구들은 "그럼 많이 좋아진 거야?" 하며 웃음 짓지만 이제 내가 뭔가를 가리킬 때 시선이 따라간다고 설명하면 표정이 굳고 만다. 남들이 당연시하는 일이 우리에겐 대단한 일이라는 걸 설명할 때마다 고통스럽고 지친다. 손가락으로 가리키는 별것 아닌 행동이 누군가에겐 평생 노력해야 간신히 할 수 있는 기술일 수 있다. 우리의 이정표는 남들과 다르다. 남들이 이와 같은 이정표가 주는 기쁨을 이해하고 공감하지 못하면 아예 공유하지 않는 게 훨씬 편하다. 즉각적으로 우리의 기쁨을 알고 공감해주는 비슷한 상황의 돌봄자들을 만날 때까지 이야기를 아껴두는 게 낫다.

가족의 상태가 점점 악화될 때, 돌봄자들은 이런 상실을 타인과 함께 고민하길 원치 않을 수도 있다. 최근에 어떤 힘든 일이 있었는지 말했다가 표정이 어두워지는 걸 보면 마음의 짐만 늘어간다. 지난 반세기 동안 우리 문화는 병이란 고치고 퇴치할 대상이라는 생각에 익숙해졌다. 하지만 현재 수준의 의학은 많은 치명적인 질병의 진전을 늦출 뿐 퇴치하지 못한다. 사람들은 인간이 거둔 모든 업적에도 불구하고 죽음을 향한 행진을 막을 순 없다는 말을 듣고 싶어 하지 않는다.

태티 바우먼은 그의 15세 아들 조지에 대해 다른 친구들과 대화할 때 가장 힘든 점이 무엇인지 콕 집어 말했다. 다운증후군과 자폐를 겪는 조지는 말을 하지 않는 아이다. 지난 2년 사이, 조지는 처음으로 엄마에게 공격적으로 변했다. 태티는 아주 기초적인 것까지 전적으로 엄마에게 의존할 수밖에 없는 상황에서 비롯된 좌절감과 십 대의 호르몬 변화가 섞여 나타난 결과라 추정했다. 아들은 대부분 잘 지내며 공격적인 태도는 간헐적으로 나타났지만 아들이 돌봄 받기를 거부하자 태티는 힘들어졌다. 누군가를 전적으로 돌보는 일에는 엄청난 에너지와 사랑과 참을성이 필요하고 태티는 분명 그 일을 좋아했다. 조지에게 고맙다는 말을 기대하는 것도 아니며, 조지가 자신의 행동을 통제할 수 없다는 걸 알기에 탓하지도 않는다. 그러나 여전히 돌봄은 힘겨운 일이었다. 이 대화를 나누기 이틀 전, 아서가 멜트다운을 일으켜 내 얼굴을 세게 친 일이 있었다. 태티와 수다를 떠는 중에도 나는 여전히 아픈 콧등을 만지작거렸다. 이런 대화는 아이들이 저지른 일을 비판하지 않으리란 걸 아는 돌봄자 간의 소통이다. 하지만 우리와 다른 세상을 사는 누군가에게 자폐 아동의 도전행동으로 툭하면 눈에 멍이 들고 피부가 꼬집히는 현실을 설명하는 건 완전히 다른 일이다.

'도전행동'은 정서적으로 조절이 안 되고 자신의 욕구를 다른 방식으로 소통할 수 없어 통제력을 잃는 경우를 일컫는 용어다. 도전행동은 학습장애뿐만 아니라 치매 같은 신경질환이나 뇌졸중으로 인한 뇌 손상을 가진 사람들에게도 나타난다. 어떤 경우 도전행동은 때리기, 차기, 침 뱉기, 긁기, 물건 던지기로 표현되고, 분노가 내부로 향하여 자해하는 경우도 있다. 돌보는 이가 도전행동을 보일 때, 돌봄자가 이에 대해 말하기란 대단히 어렵다.

아서에게 맞아 코뼈가 부러질 뻔했을 때, 나는 부엌 바닥에 주저앉아 울었다. 나는 눈물범벅이 된 채로 엄마는 곧 괜찮아질 테니 잠시만 시간을 달라며 아서를 진정시켰다. 아서가 어느 정도 진정이 되고 나서도 나는 괜찮지 않았다. 아파서만은 아니었다. 부끄러웠다. 아이가 나를 때리기 전에 진정시키지 못한 게 부끄러웠다. 사람들의 동정이나 비난을 받는 엄마라는 게 부끄러웠다. 아이와 소통하려는 나의 노력이 부족했다는 사실이 부끄러웠다. 전문가들에게 이 사건에 대해 말하면 내가 '더 잘해야 할 일' 목록을 받게 될 거란 사실이 부끄러웠다. 좋은 엄마가 되지 못했다는 사실이 부끄러웠다.

다른 누군가의 이야기이기도 하다

장애인들은 역사적으로 교육받을 권리, 아이를 낳을 권리, 심지어 살 권리와 같은 기본적인 인권과 발언권을 박탈당해왔다. 나는 내 아들이 현재 자신의 권리를 주장하지 못하는 상태이며, 평생 자신의 경험을 세상과 나눌 수 없을지도 모른다는 사실을 잘 알고 있다. 이 때문에 아서를 돌보는 일에 대해 말하기란 매우 어렵고, 누군가는 내가 이 일에 대해 말하면 안 된다고 생각할 수도 있다. 미성년자이며 학습장애를 갖고 있는 아서는 동의를 표현할 수 없다. 이런 아이의 엄마로서 나는 우리 삶의 어떤 면을 외부와 공유할지 신중하게 생각해야 한다(물론 우리의 삶은 대부분 드러나지 않는다). 소셜미디어와 블로그 포스팅의 세상에서, 많은 장애인권운동가들이 비장애인 부모와 돌봄자가 돌보는 이의 멜트다운, 배변 습관, 도전행동의 면면을 공유하는 데 비판의 목소리를 내는 것은 놀라운 일이 아니다. 지나치게 많은 정보는 전 세계 수백만 장애인에게 해로울 수 있기 때문이다. 말 못 하는 자폐 아동을 키우는 삶이 얼마나 끔찍한지 말하며 우는 어머니 영상이 퍼지면 자폐인들이 자신의 삶을 부정적으로 느끼지 않겠는가.

열 살 된 자폐인 아들을 키우는 티나는 아들이 처음 자폐를 진단받았을 때 충격적이었고 두려웠다고 온라인에 쓴 이후, 자주 비난받는다고 했다. 티나와 아들은 이제 자신들만의 삶의 방식을 찾았고 삶을 낙관할 수 있지만, 오랜 시간 누군가를 돌봐야 하는 상황을 즉각적으로 받아들이기는 어렵다. 티나는 사람마다 출발점이 다르기에 진단도 다르게 경험한다는 걸 인정해야 한다고 생각한다. 물론 잘 지내고 있는 성인 자폐인이 처음 자폐 진단을 받았을 때 부모가 절망했다는 말을 듣는다면 마치 뺨을 맞은 듯한 느낌일 수 있다. 자폐인의 권리 옹호와 기금 마련을 위한 여러 노력에도 불구하고 많은 사람들이 여전히 자폐 진단이 감당할 수 없이 큰 불행이라고 생각한다. 하지만 티나는 이렇게 말한다. "자폐에 대해 잘 알지 못해서 겁을 먹은 거지 내가 아이를 사랑하지 않거나 창피해하거나 부정하려고 한 게 아닙니다. 그 아이는 과거에도 미래에도 제 아들이지만, 그때 저는 겁이 났고 사실 지금도 때론 겁이 납니다."

세라 로버츠가 아이를 키우며 힘들었던 경험을 공개적으로 말했을 때도 다운증후군을 가진 아이들의 부모로부터 비난받았다. 그는 자신의 말을 듣고 예비 부모들이 출산 전 진단 결과를 부정적으로 받아들이면 임신을 중지할까 봐 우려하는 거라고 말한다. 세라는 그런 비난 이면에 있는 감정을 이해하며, 너무 개인적으로 받아들이지 않으려고 노력하지만 지지를 기대했던 집단으로부터 입 다물라는 말을 듣는 건 쉽지 않다. 그는 항상 균형 잡힌 방식으로 자신의 삶을 나누고자 하며 다운증후군이 있는 아이를 돌보는 삶을 말할 때 흔히 누락되는 부분을 조심스럽게 드러낸다.

온라인 세상은 새롭게 돌봄자가 된 사람들이 잘 피해 가야 할 위험 지대이기도 하다. 부모인 돌봄자들은 종종 장애인 자식에 대해 부정적이고 잘못된 정보가 담긴 비인간적인 말을 마구 할 때가 있다. 자폐 아동은 비장애 아동만큼 존중받을 자격이 없다는 듯 자폐인 아이에 대해 떠드는 돌봄자 모임도 있다. 이들은 자기 아이의 장애를 두고 투사, 전투, 싸움 같은 전쟁을 연상시키는 언어를 사용하고 자폐가 삶에 얼마나 부정적인 영향을 미쳤는지, 얼마나 자폐를 증오하는지 표현하는 글을 올린다. 심지어 자기 아이가 사랑하기 힘든 아이이고 고쳐져야 한다고 말하면서 아이 자체를 비난하는 경우도 있다. 이것이 바로 이제 막 장애 진단을 받은 아이의 부모들이 흔히 접하는 블로그의 지배적인 논조이며, 자폐 커뮤니티에서 돌봄자들이 아이에 대한 경험을 말할 때마다 발끈하는 까닭이다. 하지만 두려움을 틀어막는 것만이 정답은 아니다.

아서가 자폐 진단을 받은 후 몇 달간, 나는 칠흑 같은 바다에 홀로 떠 있는 기분을 느끼며 뜬눈으로 밤을 지새웠다. 우리의 삶은 이제 과거와 같을 수 없고, 내가 아는 모든 것과 모든 사람으로부터 멀어지는 것만 같았다. 나는 지도에서 내가 어디에 위치하는지 알 수 없었다. 내 위치를 알려주는 지표가 없었다. 결국 우리만의 방식을 찾아야 한다는 생각이 강하게 들었지만, 내가 통제할 수 있는 건 거의 없었다. 슬픔이 늘 그렇듯이, 엄마의 죽음에 대한 기억이 되살아났고 나는 그때 그 감정을 마치 새것처럼 느끼고 있었다. 수년간 잊고 있던 해묵은 분노가 다시 치솟았다. 엄마의 손길이 필요했던 어린 나를 보살피기엔 너무 아팠던 엄마에 대한 분노, 그 어느 때보다 엄마가 필요한 지금 당신이 곁에 없다는 사실에 대한 분노였다. 어머니를 땅에 묻으며 그 감정들도 함께 묻은 것처럼 나는 이런 감정을 거의 잊고 있었다.

나는 이때 느낀 감정에 대해 누구에게도 말하지 않았다. 내가 그런 감정에 빠져 있다는 걸 거의 인식하지도 못했다. 엄마와 아들이 다정히 손을 잡고 거리를 걸어가는 모습을 보면 전기 충격처럼 강한 질투심을 느껴 속이 타들어갔다. 내 아들은 내 손을 잡고 거리를 차분히 걸을 수 없고 말이라곤 한마디도 못 하는 아이였다. 딸 아그네스는 7개월이 되자, 유아용 의자에 앉아 스파게티로 범벅을 한 채 나를 향해 처음으로 손을 흔들었다. 순간 기쁨이 솟구쳤지만, 곧 극도의 슬픔을 느꼈다. 이 감정이 어디서 비롯되었는지 이내 깨달았다. 아서는 내게 손을 흔든 적이 한 번도 없었다. 손 흔들기는 아그네스가 아서보다 앞서 도달한 수많은 이정표 가운데 첫 번째였다. 이성적으로는 그게 중요하지 않다는 걸 알았다. 이성적으로 나는 아서가 자신만의 이정표를 따라가고 있음을 알았다. 하지만 감정이 머리를 따라가기까지 많은 시간이 필요했다.

이제 와서 아들이 평생 장애를 갖고 살게 될 것을 처음 알게 된 시절을 돌아보면 그때의 나 자신에게 해주고 싶은 일이 참 많다. 예산이 삭감된 탓에 우리는 NHS로부터 거의 아무런 지원도 받을 수 없었다. 자폐 아동을 잘 돌보는 방법에 대한 상담도, 지침도, 계획도 없었다. 그저 진단서를 주고는 긴 대기자 명단에 이름을 올리면 언젠가 전국 자폐 학회의 부모 과정에 참석할 수 있다고 말해줄 뿐이었다. 내가 그 학회에 참석할 수 있었던 것은 무려 9개월이 지나서였는데, 그때는 이미 매일 밤 부엌 식탁에 홀로 앉아 자폐에 관해 조사한 이후였다. 결국 아서가 학교에 갈 때까지 거의 어떤 안내도 받지 못한 채 알아서 궁리해내야만 했다.

하지만 내게 전문가의 의견보다 더 필요했던 건 세상에 나를 투영하는 일이었다. 돌봄, 장애, 질병을 숨기고 쉬쉬할 때, 우리는 우리만 애쓰고 사는 것처럼 느끼게 된다. 우리가 서로 얼마나 가까운지 깨닫지 못한 채 자신만의 바다에서 홀로 버둥거리는 것이다. 우리는 사실 매우 가까워서 서로 손만 뻗으면 닿을 수 있는데도, 그러는 대신 오랜 시간 어둠 속에서 자기 경험을 입속에 감춘다. 그러다 시간이 지나면 우리가 결코 혼자가 아님을 깨닫게 된다. 사실 우리는 거대한 소수다. 누구나 삶의 어느 시점엔가 돌봄자가 되기 때문이다. 우리가 마음을 열 때, 질투, 슬픔, 두려움, 실패감 같은 온갖 추한 감정들은 전혀 특별한 게 아니라는 걸 알게 된다. 20년간 취약성과 수치심, 공감을 연구한 브레네 브라운Brené Brown 교수는 말할 수 없을 때 수치심이 힘을 얻는다고 했다. 언어와 이야기는 수치심을 드러내어 파괴한다.[21] 돌봄자의 이야기는 돌봄받는 사람들의 이야기와 마찬가지로 오랜 세월 어둠 속에 묻혀 있었다. 돌봄을 둘러싼 복합적인 감정을 말하고 공유하는 건 그 장막을 거두고 타인과 교류를 형성하는 방법이다.

지금부터 돌봄 경험이 있든 없든 간에 우리 모두가 본받을 만한 사람들의 이야기를 소개하고자 한다. 이들의 이야기는 우리가 돌봄자 역할을 해가는 동안 결코 혼자가 아님을 보여준다. 상황은 다르지만 우리에겐 거대한 공통점이 있다. 우리는 반드시 미세한 경계를 지키고, 완벽주의에 대적하고, 장애에 대한 우리의 생각을 들여다보고, 주변에 공동체를 꾸리고, 삶의 기쁨을 찾는 법을 배우고, 그 과정에서 우리 자신의 건강을 챙겨야 한다. 물론 말처럼 쉽진 않다. 그러므로 더 큰 공동체의 도움이 필요하다.

우리가 딸이든, 부모든, 형제자매든, 배우자든, 아무리 좋은 의도를 가졌다 해도 우리는 대개 부족하다. 그토록 중요한 일에서 부족하게 느낀다고 인정하고 싶은 사람은 없다. 나도 때론 내 아들에게 되고 싶은 돌봄자가 되지 못한다. 하지만 내가 돌봄자로서 삶의 기쁨과 슬픔을 말할 때, 이 복잡한 속내를 드러내기로 결심할 때 두려움과 수치심이 서서히 잦아들기 시작한다. 다른 사람들이 우리의 이야기를 들어야만 우리가 다른 사람을 돌보는 힘든 일을 할 때 그들이 나서서 도울 수 있다.

② 완벽주의
완벽한 엄마라는 불가능한 꿈

우리 시대에 만족을 가로막는 가장 큰 하나의 적은 인간이
완벽할 수 있다는 믿음이다.[22]

_ 알랭 드 보통(Alian De Botton), 철학자 겸 작가

우리는 끔찍한 밤을 보냈다. 아들이 나를 부르는 소리를 듣고 깊
은 잠에서 끌려나와 몸을 일으켰다. 어두운 사위에 익숙해지자 피
로감이 몰려왔고 곧 위가 묵직하게 느껴졌다. 휴대전화를 찾아 시
간을 확인하니 내 예상보다는 늦은 시간이어서 속으로 기도를 올
렸다. 그러나 새벽 두 시 반을 알리는 불빛이 켜지자 나는 두려움
에 휩싸였다. 스쿨버스가 오려면 아직 다섯 시간이 남았다. 우리
는 겨우 네 시간을 잤고 나는 아들의 목소리에서 오늘 밤잠은 다
잤다는 걸 알 수 있었다. 한 시간 후 우리 둘은 부엌 바닥에 앉아
있었다. 나는 울고 있었고 아서는 좋아하는 TV 프로그램에서 들

은 문구들을 혼자 되뇌고 있었다. 아서가 감정을 누그러뜨리려고 쓰는 방법이다. 아서는 이미 음식을 내동댕이쳤고, 담요가 똑바로 펴지지 않았다며 아우성을 쳤다. 아서가 소리를 지르는 바람에 아그네스가 깼는데 아서는 아그네스를 보러 2층에 가려는 나를 막아섰다. 결국 우리 둘은 부엌 바닥에 앉아 있었다. 아들에게 화를 내고 마주 소리 지르다가 나는 울음을 터뜨렸다. 이런 상황에서는 차라리 감정 없는 로봇이 되는 게 나을 텐데 그럴 수 없어서 울었다. 그게 아니라면 냉정하고 감정에 초연하여 결코 동요하지 않을 학교 선생님처럼 되길 바랐지만 그러지 못해서 울었다. 나는 아서가 온몸으로 뻗대도 무너지지 않을 만큼 강하고 침착한 버팀목이 되고 싶었다. 우리는 끌어안았고 내가 아서에게 미안하다고 하자 아서는 유일하게 아는 추상적인 말을 했다. "엄마, 미안해요." 억장이 무너졌다. 나는 몹시 피곤했고 아서와 나 둘 다 딸아이에게 감기를 옮을 것 같다는 생각이 들었다. 아서는 원래 스트레스를 잘 못 견디지만 아플 때는 그나마 있던 인내심마저 사라진다. 내가 갈고닦아온 아서의 멜트다운에 대처하는 능력도 크게 줄어들 것이었다. 내가 아서에게 더 잘 대응하지 못한다는 사실이 부당하게 느껴진다. 줄곧 곁을 지켰어야 했는데 도리어 내가 지쳐서 화를 내는 바람에 안 그래도 좋지 않은 아서의 상태를 악화시켰다. 나는 이미 수년간 이것을 반복한지라 자책해봐야 상황만 더 나빠진다는 걸 이젠 잘 안다. 하지만 나는 아직도 불가능한 꿈을 꾼다. 완벽한 엄마가 되고 싶다.

장애 아동의 부모로서 나 자신에 대한 기대치가 딱히 높다고 생각하진 않았다. 나는 그저 필요하다고 여겨지는 일을 할 따름이었다. 사실 겨우 최소한의 것만 하고 있다고 느꼈다. 나는 기준이 높지 않아, 하고 혼잣말하곤 했다. 아서는 내가 최선을 다해 돌봐야 할 내 자식이다. 하지만 최선으론 결코 충분하지 않았다. 나는 충분한 상태 근처에도 못 가봤다. 수많은 밤을 치료법과 조기 개입에 대해 알아보며 보냈다. 많은 사람들의 추측과 달리, 아서가 자폐 진단을 받고 나서 우리는 어떤 도움도 받지 않은 채 살아냈다. 도움을 청할 사람도, 실천에 옮길 계획도 없었고 개입도 거의 없었다. 입학하기 전까지 우리는 사실상 모든 걸 스스로 해냈고, 눈 씻고 찾아봐야 우리가 받은 도움이라곤 누군가가 건넨 몇 마디 조언뿐이었다.

나는 다음에 무엇을 해야 하는지 찾기 위해 몇 시간씩 웹사이트를 뒤졌다. 조기 개입의 필요성을 강조하는 기사, 논문, 민간 치료사들의 글을 많이 봤다. 그 기사들은 세 살, 다섯 살 그리고 일곱 살이 되기 전에 이러이러한 발달이 반드시 나타나야 하고, 때를 놓치면 **영영 발달하지 않을 것**이라며 두려움을 조장했다. 어떤 치료를 받았더니 아이의 삶이 바뀌었다는 기적 같은 이야기를 전하는 가족들도 있었지만 꼬박 2년에 걸쳐 20만 달러나 들었다고 했다. "하지만 아이를 위해서라면 무엇이든 해야 하지 않겠습니까?"

하는 말이 뒤따른다. 좋은 부모라면 아이가 인생에서 중요한 기술을 익힐 가능성을 최대한 높이기 위해 직장을 관두거나, 주택담보대출을 늘리거나, 나라 반대편으로 이사를 가거나, 삶에 큰 변화를 받아들여야 하지 않나? 나는 무수한 정보와 방법들을 보았다. 많은 돈이나 시간 아니면 둘 다 필요한 것들이었다. 결국 다 비슷한 이야기다. '우리는 희망을 거의 접었었고 수많은 것을 시도해봤지만, 이 치료법을 알게 되고 나서야 삶이 변했어요. 이제 우리 조니는 우리가 꿈꾸던 대로 걷고, 말하고, 먹고, 자고, 쌀 수 있어요. 그러니 포기하지 마세요! 당신의 아이에게 맞는 치료법이 분명 존재할 겁니다. 뜻이 있는 곳에 길이 있어요! 믿으면 기적은 일어납니다.' 장애차별주의와 소비주의가 교묘하고 끔찍하게 결합되어 두려움에 떠는 부모들의 주머니를 털고 있다.

완벽주의는 나처럼 부모이자 돌봄자인 사람들과 이야기할 때 반복해서 떠오르는 주제다. 사회가 부모에게 거는 기대가 지나치게 높은 탓에 우리는 다른 관계의 돌봄자들보다 더 완벽주의에 취약해지는 것 같다. 물론 중압감은 모든 돌봄 상황에서 크게 나타날 테지만, 특히 부모들이 자신이 부족하다는 생각에 압도당하는 것으로 보인다. 이것이 바로 이 장에서 부모인 돌봄자들을 중점적으로 다루는 까닭이다.

배우자나 부모를 돌본다면, 돌봄을 받는 이들이 돌봄자에게 충분히 잘하고 있다고 알려줌으로써 두려움을 어느 정도 완화해줄 수 있다. 내가 만나본 성인 장애인들은 배우자와의 관계나 배우자가 그들에게 제공하는 모든 일에 감사를 표현하곤 했다. 그들은 돌봄을 제공하는 한편 가능한 한 많은 일을 혼자 해낼 수 있게 이해해주는 배우자를 가진 데 감사했다. 하지만 아이에게 장애가 있든 없든 부모는 좀처럼 스스로 잘하고 있다고 안심하지 못한다. 우리 마음 저 밑바닥에는 우리가 죽고 나면 누가 이 아이를 돌볼 것인가 하는 걱정이 늘 깔려 있어서 감당하기 어려운 압박을 가한다. 힘들더라도 더 짬을 내어 치료를 더 받을 수 있다면, 조금 더 애써볼 수 있다면 머릿속에 울리는 음침한 목소리가 조금쯤 잦아들까. 내가 죽으면 내 아이는 어떻게 되는 거지, 라는 질문에는 사실 답이 없다는 걸 이미 아는 그 목소리 말이다.

나는 언제쯤 평범한 엄마가 될 수 있을까?

제스 목스햄과 나는 시나몬 번과 커피를 앞에 두고 감당할 수 없이 압박감을 느꼈던 진단 초기 시절에 대해 대화를 나눴다. 우리 아이들은 몇 마일 떨어진 병원에서 며칠 간격으로 태어났지만 장애의 종류는 완전히 달랐다. 벤은 많이 아픈 채로 태어났고 뇌성마비를 앓았다. 벤은 휠체어를 타고, 손을 제한적으로만 사용할 수 있고, 튜브로 음식을 제공받는다. 제스는 처음 몇 년간 엄청난 압박감을 느꼈다고 회고했다. 그는 해야 할 일들을 일정표에 정리했던 날을 떠올렸다. 어느 날 작업치료사, 언어치료사, 물리치료사들이 처방한 모든 활동과 다녀야 할 병원 진찰, 튜브로 밥 먹일 시간, 기저귀 갈아줄 시간을 모두 표시해보니 말 그대로 하루 24시간이 부족하더라는 것이었다. '나는 언제쯤 평범한 엄마가 될 수 있을까?' 제스는 혼잣속으로 중얼거렸다.

자식을 위해 엄청난 일들을 해내는 어머니 이야기를 읽고서 제스와 나는 비슷한 반응을 보였다. 직업을 포기하고 전적으로 아이에게 매달려야 했을까? 그렇게 할 수 없으면 나는 나쁜 엄마인가? 이런 이야기들의 결론은 결국 한 가지로 압축된다. 당신만 충분히 희생하면 성공할 것이다. 완벽하지 않다면 그 무엇도 충분하지 않았다. 그리고 나는 그 압박감에 짓눌려 무너질 것 같았다. 숱한 생각들이 머릿속을 스쳐 지나갔다. 만약 음악치료가 아서에게 **기적의** 치료면 어쩌지? 해보기 전엔 알 수 없다. 만약 아서가 18세가 되어도 ○○○를 못 하면? 그게 음악치료를 하지 않아서인지 어떤지도 우리는 알 수 없는 것 아닌가? 그러니 음악치료를 해봐야 한다. 그런데 그럴 여력이 있나? 고작 30분짜리 수업을 듣기 위해 가는 데만 한 시간씩 걸리는 걸 해야 하나? 그래도 해야 한다. 하지 않으면 알 수 없으니까. 해봤는데 도움이 안 되면? 물론 완벽주의는 항상 답을 갖고 있다. 그건 아마도 내가 충분히 열심히 하지 않았기 때문일 것이다.

이러한 완벽주의적 사고에는 우리 사회에 만연한 장애차별주의가 내재되어 있다. 우리 문화는 내 아들이 말이나 상호작용을 잘 못하면 그건 엄마인 내가 충분히 노력하지 않아서라고 직간접적으로 말한다. 아니면 내 아들이 충분히 노력하지 않아서이거나. 어느 쪽이든 간에 알랭 드 보통이 말했듯이 '인간이 완벽할 수 있다'는 생각은 우리 모두에게 실패감을 주기 마련이다. 부모가 아이의 목소리를 듣지 못해 힘들어하는 순간을 온라인에 공유하면 대개 '희망을 버리지 마세요!' 하는 댓글이 달린다. 이런 걸 볼 때 나는 슬퍼진다. 우리가 장애를 가진 아이에게 희망을 가질 수는 있지만 그럼에도 여전히 아이가 영영 말을 못 할 수도 있다는 현실을 받아들여야 한다.

제스는 책에서 직장을 관두고 모든 시간을 투자하여 뇌성마비를 앓는 아이에게 읽고 쓰기를 가르치는 데 성공한 어머니 이야기를 읽었다고 한다. 학교에선 그 아이가 읽고 쓸 수 없을 거라고 했다. 물론 아이의 가능성을 믿어야 한다는 메시지는 강력하다. 하지만 제스는 그 책을 읽고 나서 벤에 대한 자신의 결정에 의문이 생겼다. '만약 벤이 더 커서도 읽지 못하는 게 내 탓이라면?' 나는 고개를 끄덕이며 여전히 내 머릿속을 맴도는 부족하다는 느낌을 떠올린다. 하지만 우리 둘 다 이런 생각을 멈춰야 한다는 데 동의한다. 우리 아이들은 좋은 학교에서 사람들과 어울리고 이것저것 배우며 충만하게 살아갈 기회를 제공받고 있다. 제스 역시 나와 마찬가지로 자식을 위해 모든 것을 하려는 태도가 위험하다는 사실을 잘 알고 있다. 모든 양육과 치료와 학습을 혼자 책임지려 하면 개인도, 그 개인을 둘러싼 관계들도 모두 다 엉망이 되고 만다. 제스는 이미 오래전에 건축가라는 직업을 포기해야 했다. 전일제 근무를 할 수 없게 되자 더 이상 일을 즐길 수 없었기 때문이다. 그는 지금 작가로 활동 중인데, 아이 셋을 키우면서 하기에 더 잘 맞는다. 우리 둘에게는 직업을 갖는 편이 더 행복하다. 그러나 일을 그만둔 다른 엄마들이 끝끝내 놀라운 성공을 이뤄낸 이야기를 읽을 때면 어쩔 수 없이 불안해진다. 우리가 충분하지 않으면 어떡하지?

브레네 브라운 박사는 완벽주의에 관한 연구에서 우리가 결핍의 문화 속에 살고 있다고 설명한다.[23] 결핍이란 '충분함을 모르는 것'이다. 한 사회에서 끊임없이 서로 비교하고 평가하다 보면 부족한 점을 과도하게 인식하는 경향이 생긴다. 우리 자신이나 가족 또는 그 삶을 미디어가 만들어낸 이미지와 미화된 과거, 심지어 특출한 사람들과 비교하면, 우리는 언제나 스스로가 부족하다고 느낄 것이다. 결핍의 반대는 풍요가 아니라 그저 충분한 것이다. 이런 사회에서 가치를 증명하기 위해 끊임없이 무언가를 더 하지 않아도 된다고 믿는 것은 그 자체로 문화적 저항이라 할 수 있다.

잃어버린 마법의 요소

나는 아서의 치료에 뭔가 마법의 재료가 하나 빠졌다는 생각으로 한동안 밤잠을 못 이뤘다. 예정일보다 일찍 태어난 것 말고 아서의 발달은 꽤 '정상적'으로 시작되었다. 아서가 태어난 첫해에 나는 필요한 게 있다면 아이가 직접 내게 알려줄 거라 믿었다. 내가 걱정하지 않아도 상호작용하고 놀고 배울 거라 믿었다. 나는 그저 곁에 있고, 주의를 기울이고, 사랑해주면 된다고 믿었다. 두 돌이 되자 엄마로서 나의 능력에 의문이 생기기 시작했다. 아이는 아주 기뻐하거나 아주 우울해했다. 중간이라곤 없는 것 같았다. 잠버릇도 고약해졌고, 자기 머리를 잡아 뜯고, 잘 먹던 음식까지 거부하기 시작했다. 아서는 놀이터에서 모든 놀이기구를 탐색하더니 결국 그네만 타고 싶어 했다. 지금 그 시절을 되돌아보면 아이가 감각을 처리하는 데 어려움을 겪어서 힘들었으리라는 걸 분명히 알 수 있다. 하지만 당시에는 내가 모성을 구성하는 퍼즐 가운데 뭔가 중요한 한 조각을 잃어버린 게 분명하다고 생각할 따름이었다.

다른 사람들도 눈치채기 시작했다. 그들은 아이가 유아차에 앉은 표본처럼 완벽하게 발달하려면 뭘 해야 하는지 내게 알려주었다. 아기 모임에 있던 한 엄마는 아이가 말을 배우려면 내가 책을 더 많이 읽어줘야 한다고 했다. 또 다른 엄마는 자기 아이가 발달이 워낙 빠르다며 "하루 종일 아이에게 조잘거려줘요. 그렇게 하셔야 해요" 하고 말했다. 나는 돌아버릴 것 같았다. 하지만 나는 **이미** 아서에게 말도 걸고, 책도 읽어주고, 노래도 해주고, 같이 놀아주고 있는데? 하는 생각만 들었다. 내가 다 잘못하고 있단 말인가? 마치 내가 아는 모든 엄마들이 특별한 마법의 주문을 받아 들고 갓 태어난 아기의 귀에 속삭여준 것 같았다. 그 마법의 요소를 나만 못 들은 게 분명했다. 그 중요한 메시지가 없으니 나는 아서에게 도움을 줄 수 없었다. 우리는 길을 잃었다.

내 친구들이 아이들을 유아 운동 수업과 책 읽기 수업에 데리고 갈 때, 나는 아장아장 걷는 아서가 여동생을 괴롭히지 못하게 할 방법을 배우려고 온라인 강좌를 듣고 있었다. 나는 아무에게도 말하지 않았다. 아서는 아직 자폐 진단을 받지 않은 상태였지만 불안의 징후가 점점 짙어졌고, 모든 종류의 스트레스에 대처하는 능력이 형편없었다. 나는 결국 동네 친구들로부터 멀어졌다. 우리만의 작은 공기 방울 속에서 우리끼리 하루를 보내는 게 또래 아이들과 있는 것보다 훨씬 안전해 보였다. 아서가 다른 아이들과 다르다는 사실이 분명해지고, 특히 공격적인 행동을 보이자 나는 아서가 또래 아이들 곁에 있는 게 불안했다. 나는 다른 부모들이 아이와 어떻게 상호작용하는지 관찰하면서 내가 무엇을 잘못하고 있는지 알아내려 애썼다. 산더미 같은 책을 샅샅이 뒤졌지만 답을 찾을 수 없었다. 어떤 책도 내 상황을 설명해주지 않았다. 나는 사랑을 쏟아부으며 오직 한 사람만 바라보는 '사랑 샤워' 기법을 시도해봤는데, 아서 안에는 내 사랑으로도 차마 다 채울 수 없을 만큼 깊은 우물이 있는 것처럼 보였다. 아서는 만족하는 법이 없었고 자주 괴로워했다.

아서가 두 살쯤 되던 어느 날, 동네 친구와 나는 신생아를 포대기에 안은 채 주차장에 서 있었다. 아서가 친구의 딸에게 갑자기 달려들며 때리려 하자 아이는 경기를 일으키듯이 울어댔다. 당황한 나는 사과했고 최근 아서에게 때리는 문제가 좀 있다고 설명했다. 친구는 딸을 달래면서 나를 향해 걱정하지 말라고 말했다. 그는 딸이 난생처음 겪은 일이라 놀란 것뿐이라며 웃었다. "누가 누굴 때리는 걸 한 번도 본 적이 없거든. 맞는 게 뭔지 몰라!" 그가 말했다. 나는 얼굴이 시뻘게졌고 속이 울렁거렸다. 아서를 잡아끌고 유아차에 앉힌 후, 아서가 피곤한 것 같다는 둥의 말을 중얼거리며 최대한 서둘러 달아났다. 집에 가는 내내 울었다. 친구의 아이는 누군가 때리는 걸 본 적이 없는데 내 아이는 자기 여동생과 나를 매일 때리려 든다. 친구는 아서가 집에서 누가 누굴 때리는 모습을 **보고 배웠다고** 생각했을까? 그의 아이는 순수하고 아서는 그렇지 않다고 생각할까? 나는 그의 말 속에서 내가 싱글맘이니까 아마도 뭔가 원인 제공을 했을 거라는 메시지를 읽었다.

수치심

이후 몇 년 동안 이 사건을 곱씹으며 그 말은 정말로 무슨 의미였을지 생각했다. 엄마로서 깊은 수치심을 의식적으로 경험한 건 그때가 처음이었다. 하지만 얼굴이 달아오르고 속이 뒤집히는 이 수치의 증상들은 이내 익숙한 것이 되었다. 내가 엄마라면 당연히 해내야 한다고 생각하는 일들에 실패할 때마다 이런 신체 반응이 반복해서 나타났다. 나는 내 아들이 부끄럽지 않았다. 나는 나 자신이 부끄러웠다. 아서에게 도움이 될 만한 것 중에 내가 놓치고 있는 모든 것이 부끄러웠다. 카페 테이블에서는 아이들이 커가면서 모든 일이 더 수월해진다는 이야기가 오갔지만 아무것에도 공감할 수 없었다. 내 아들의 요구는 날이 갈수록 까다로워져 가는데, 나만 이런 뒤죽박죽 세상에 남겨진 것 같았다. 내가 조심스럽게 아서 이야기를 꺼내자 사람들은 이해가 안 된다는 듯 멍한 표정을 지어 보였다. 그 반응에서 그들이 내가 뭔가 잘못하고 있다고 생각한다는 걸 알아차렸다. 다른 사람들은 모두 좋은 엄마가 되는 법을 아는데 나만 모르는 것 같았다. 내 평생 가장 외로웠던 순간이었다.

아서의 때리는 행동이 심해지자 나는 뭔가 조치를 취하기로 결심했다. 우선 아동심리학 온라인 강좌를 찾았다. 도움은 되었지만 강좌를 듣는 동안 불안감이 점점 커져갔는데, 그 이유를 콕 집어 말할 수 있게 되기까지는 시간이 꽤 필요했다. 강사인 심리학자는 자신의 임상 경험을 예로 들어 수업을 진행했다. 사생활 보호를 위해 가명으로 언급된 그 아이들은 모두 유년기 초기 트라우마를 겪은 아이들이었다. 첫 세션이 끝나자마자 나는 노트북을 덮고 30분을 울었다. 내가 아서에게서 본 행동은 달리 돌봐줄 사람이 없어서 엄마가 야간 근무를 하는 동안 매일 밤 홀로 남겨졌던 아이의 행동과 흡사했던 것이다. 그로부터 몇 달 지나지 않아 자폐 진단 검사를 받기 시작했지만, 내 아들이 느끼는 극단적 괴로움의 원인이 나일 수도 있다는 생각은 하룻밤 새 사라지지 않았다. 자폐 진단을 받고 나서는 자책을 멈출 수 있었으나 가능한 한 최선을 다해 아들에게 필요한 모든 걸 지원해야 한다는 압박감은 오히려 더 커졌다. 조언을 해주는 사람도 없고 '괜찮은' 엄마가 어떤 모습인지도 알 수 없는 상황이었지만, 나는 찾아봐야 나올 리 없는 답을 끝도 없이 찾아야 했다.

다운증후군을 앓는 맏아들 오스카를 돌보는 세라 로버츠(1장 44쪽 참조)는 때론 결코 제대로 해낼 수 없을 것 같은 기분이 든다고 말한다. 파티나 모임에 가도 그의 한쪽 귀는 언제나 오스카를 향해 열려 있어서 다른 사람이 하는 말은 한 귀로 흘려들을 뿐이다. 그는 자주 '극성 엄마'라고 비난받지만, 만일 그가 오스카 곁을 지키지 않았다가 무슨 일이 생기면 사람들은 그에게 무책임하다고 할 것이다. 해도 욕먹고 안 해도 욕먹는 이런 상황은 현대 어머니들이 공통적으로 겪는 일이긴 하지만 장애 아동의 부모일 때는 그 수준이 완전히 다르다. 가끔씩은 실제로 아무도 보고 있지 않을 때조차 비난받는다고 느끼는 사람들도 있다. 세라는 사람들이 오스카에게 기대하는 바가 있고, 더러 오스카가 그 기대에 부응하지 못할 때 사람들이 엄마인 자신을 비난한다고 느낀다. 물론 이런 비난은 불필요한 압박감을 더한다.

최근에는 악의 없이 한 말 한마디에 힘든 아침이 시작되는 경우가 있다. 아서가 심통을 부리면 스쿨버스가 아서를 태워 갈 수 없기 때문이다. 우리가 아침을 무사히 보내기 위해서는 내가 신중하게 대처해야 한다. 하지만 적절하지 못한 시점에 내 입에서 험한 말이 나오거나 빨리 먹으라며 재촉을 하면 모든 게 엉망이 되고, 스쿨버스는 아서를 태우지 않은 채 그냥 가버린다. 이렇게 되면 나는 두 아이를 동시에 각기 다른 학교에 데려다줘야 한다. 게다가 정해진 루틴을 벗어나면 심통을 부리는 아서는 더 화를 내고 우리 모두는 감정적으로 지쳐버린다. 이럴 때 우리의 아침을 재앙으로 이끈 내 실수를 질책하지 않을 수 있겠는가.

상황은 이렇고, 나는 이 상황이 두렵기 때문에 가능한 한 모든 것을 통제하려 한다. 하지만 그건 불가능한 일이다. 우리는 세 시간밖에 못 잘 때도 있고 그렇지 않아도 내 머릿속은 늘 복잡하다. 돈과 날짜 지난 청구서들, 아파서 못 오겠다고 하는 베이비시터의 전화를 걱정하고 딸아이의 천식이 재발하는 건 아닐까도 걱정한다. 그리고 이 모든 걱정이 아니어도 내겐 항상 모든 걸 잘해낼 초능력 같은 건 없다. 아직 이틀이나 남은 휴가 계획을 미리 말해버린 다음에 이제 앞으로 몇 시간 동안 해변에 가자고 조르는 소리를 들어야 한다는 걸 깨닫기도 했다. 아서는 간절히 원하는 것이나 절대 하고 싶지 않은 것이 생기면 같은 말을 몇 시간이고 반복하니까. 나는 아서의 기분이 점점 나빠지고 30분 동안 백 번이나 차 타러 가자고 조르는 걸 들으며 조용히 자책한다. 아서는 바로 다음에 벌어질 일 말고는 미래라는 시간 개념을 잘 이해하지 못한다. 그래서 우리가 정확히 언제 해변에 갈지에 대해 아서가 불안해한다면 그건 내 탓이다. 지금으로부터 이틀이 200년처럼 느껴지기도 한다.

어느 날은 아서가 부엌에 끌고 온 이불 위에 내가 실수로 물 잔을 떨어뜨렸다. 그날 밤, 잘 시간이 되어서도 이불이 채 마르지 않아 나는 다른 이불을 덮자고 아서를 달랬다. 잠자리에 들기까지 평소보다 길고 정신없는 시간이 지나갔지만, 다행히 아서는 이불 속에 들어가 평소처럼 잠이 들었다. 하지만 해결책을 찾았다는 내 안도감은 오래가지 않았다. 새벽 한 시에 깨어난 아서는 땀을 흠뻑 흘리고 있었다. 내가 꺼내준 여벌 이불은 두꺼운 겨울 이불이었고, 아서는 뭔가로 온몸을 다 덮지 않으면 잠을 이루지 못한다는 걸 내가 잊어버린 것이다. 별일 아닐 수도 있다. 아서가 한번 깨면 결코 다시 잠들지 못하며, 새벽 한 시에 하루를 시작하는 일이 이번 한 주에만 벌써 세 번째라는 점을 빼면 말이다. 이튿날 나는 하루 종일 지쳐 있었고, 바보같이 이불에 물을 쏟았다는 생각만 들 따름이었다.

별생각 없이 던진 말, 엎지른 물, 아서가 찾는 간식이 떨어지는 일, 차를 제때 타지 못하는 일. 이런 일들은 누구에게나 짜증스러운 일이지만 내 아들에게는 극도로 기분이 나빠지는 원인이 된다. 일상은 완전하지 않다. 부모로서 나는 아서가 생활 속 불편을 참아내도록 가르쳐야 한다. 하지만 아서에겐 너무 벅차고 복잡한 세상을 계속해서 배우고 상호작용하도록 하려면 가능한 한 아이가 흥분하지 않게 조심해야 한다. 이 두 가지를 동시에 해내기란 마치 가느다란 줄을 타는 것과 같다. 나는 아서가 지내기에 좀 더 수월해지도록 아서를 둘러싼 세상을 통제하려 안간힘을 쓴다. 하지만 자주 실패한다. 그건 애초에 불가능한 일이므로.

통제를 놓아버리기

로이스 프리슬롭스키는 말을 못 하는 자폐인 바브 렌튼바흐와 오랫동안 함께한 공동 연구자이자, 공저자이자, 친구인 교육심리학자이다. 바브와 로이스는 자폐 여성 바브의 경험을 공유하며 그들의 관계와 우정의 힘에 관한 두 권의 책을 집필했다. 로이스는 모든 가족이 잘 살기 위해선 결과를 통제하려는 강력한 욕구를 놓아 버려야 한다고 말한다. 수년간 수많은 신경 발달 장애 아동 가족을 연구해온 그는 통제 욕구가 불안만 가중시키며 그 대가가 매우 크다고 말한다. 그는 캘리포니아에 사는 터라 우리는 스카이프로 대화했는데, 그때 그는 내게 결과에 집착하지 말고 내가 아이의 모든 것이 될 수 없다는 사실을 받아들이라고 조언했다. 물론 그도 그게 말처럼 쉽지 않다는 걸 인정한다. 그러나 인간은 다른 인간에 대해서는 말할 것도 없고 자신의 결과조차 통제할 수 없다. 우리가 현재에 집중하고, 아이들과 함께하는 걸 즐기고, 할 수 있는 일을 하고, 지금이 최선이라는 걸 인정할 수 있을 때 좋은 결과를 얻을 가능성이 가장 크다고 그는 말한다. "통제할 수 없는 것에 대한 통제를 놓아버려야 합니다." 로이스는 연습이 필요할 거라며, 그래도 그렇게 하지 않으면 불안 가득한 삶을 살게 될 뿐이고 그건 누구에게도 좋지 않다고 덧붙였다. 그와 함께해온 바브에 대해서도 마찬가지다. "바브는 통제할 수 없어요! 있는 힘껏 통제를 거부하죠." 로이스가 웃으며 말했다. 나 역시 웃는다. 누가 아서에 대해 묻는다면 나도 같은 대답을 할 것이기 때문이다. 아서는 내가 만나본 어떤 아이보다 자신의 마음을 잘 알고, 무엇으로도 흔들리지 않는다. 내가 시도해보지 않은 게 아니다.

통제 욕구를 놓아버리는 게 우리가 돌봄자로서 좀 더 충만한 삶을 사는 데 어떻게 도움이 될까? 브레네 브라운 박사는 완벽주의를 '우리가 완벽하게 살고, 완벽해 보이고, 완벽하게 행동하면 비난과 비판과 수치심의 고통을 최소화하거나 피할 수 있다는 믿음'이라고 설명한다.[24] 완벽주의가 우리를 보호할 20톤짜리 방패라고 생각하지만, 사실 우리를 억누르는 게 바로 완벽주의라는 것이다. **내가 이걸 완벽하게 할 수 있다면** 하고 혼자 생각했던 모든 시간들을 쉽게 떠올릴 수 있다. 나는 내가 아서를 돌보기 위해 할 수 있는 모든 일을 기꺼이 하리라는 걸 안다. 하지만 결코 완벽하게 해낼 수 없다는 건 모른다. 아서는 통제하거나 조작할 수 있는 인형이 아니다. 아서는 무엇을 할지 말지에 대해 매우 강력한 자신만의 생각과 감정이 있고, 내가 결코 완벽하게 이해할 수 없는 자신만의 어려움이 있다. 완벽주의적 사고가 나를 지배하게 놔둘수록 어쩔 수 없이 실패할 때 더 크게 좌절한다. 오히려 포기할 가능성이 커진다. 그보다 더 걱정되는 것은, 아서가 자신이 무엇을 하든 내게 충분하지 않다고 느낄 수도 있다는 것이다.

사회로부터 받을 비판과 비난 — 예컨대 아서가 또래들처럼 말하고, 행동하고, 학습하도록 돕지 못한 것에 대한 비난 — 의 두려움 뒤에 추한 진실이 숨어 있다는 걸 깨닫기까지 오래 걸렸다. 예전에 나는 타인이 겪는 어려움을 비난하거나 판단하곤 했다. 나는 그들이 충분히 열심히 하고 있는지 의문을 품었다. 정말 충분히 열심히 하고 있는 건가? 스스로 극복하기 위해 할 수 있는 모든 걸하고 있는 건가? 비난과 비판은 도대체 어디서 비롯된 것일까? 그건 우리 내면의 깊은 두려움에서 비롯된다. **우리 중 누구도** 우리에게 벌어지는 모든 일을 통제할 수는 없다는 공포, 우리가 결국은 모두 나약한 존재라는 두려움 말이다. 어떤 약도, 치료법도, 외부의 개입도 바꿀 수 없는 이 사실 앞에 우리는 자주 두려움에 빠진다. 이 세상엔 우리가 통제할 수 없는 것들이 존재한다는 사실을 인정하기보다 타인을 비난하는 게 더 쉽다. 통제를 놓아버리기는 너무 무서우니까.

타냐 사바는 딸 매켄지가 태어났을 때 이미 작업치료사로 일하고 있었다. 그는 매켄지를 낳고 얼마 되지 않아 딸에게 중뇌 기형이 있다는 사실을 알게 되었다. 아이가 잘 먹지도 못하고 자라지도 않았던 것이다. 매켄지의 중뇌 기형은 시력과 뇌하수체 기능 이상을 포함하는 많은 문제를 유발한다. 매켄지가 7주 되던 때 타냐는 딸이 입으로 먹지 못하고 걷거나 말할 수도 없을 거라는 이야기를 들었다. 제스 목스햄처럼 타냐도 첫 2년 동안은 매켄지의 생명을 유지하는 데만 신경 쓰느라 여념이 없었다고 한다. 수유가 큰 문제였던 터라 NG 튜브(코를 통해 위까지 이어지는 영양 보급관)를 삽입했고, 8개월째에 PEG(위에 직접 삽입하여 유동식이 입을 통하지 않고 직접 위에 들어가게 하는 관)로 바꿨다. 매켄지는 음식을 계속 토해냈고 PEG를 썼는데도 2년 반 동안 체중이 통 늘지 않았다. 마침내 타냐는 의사의 조언을 무시하고 유동식 대신 음식을 퓌레로 만들어 딸의 관에 주입하기로 했다. 효과는 즉시 나타났다. 구토가

멎었고 매켄지는 살아나기 시작했다.

작업치료사인 타냐는 직업 특성상 인체와 발달에 대한 이해와 경험이 풍부했기 때문에 딸의 입장을 적극적으로 대변할 수 있었고, 물리치료사와 섭식치료사들이 권하는 모든 것을 매우 높은 수준으로 적용할 수 있었다. 구강 혐오를 없애기 위해 섭식치료를 시도하자 매켄지는 서서히 먹는 법을 배웠다. 물리치료도 성공적이어서 체중이 늘고 걷기 시작했다. 하지만 좋기만 한 것은 아니었다. "저는 줄곧 매켄지의 작업치료사였어요." 타냐가 내게 말했다. 딸의 치료에 오랫동안 개입하면서 타냐는 이것이 결코 쉽지 않은 과정임을 깨닫게 되었다. 모든 활동에 달성해야 할 목적과 치료적 기능이 있었다. "매켄지가 다섯 살쯤 됐을 때 저는 치료사 역할에 몹시 지쳐버렸고, 그냥 '보통 엄마'가 되고 싶었어요." 작업치료사로서의 일과 매켄지를 위한 모든 치료 사이에서 타냐는 마침내 이렇게는 계속할 수 없다는 사실을 알게 되었다.

치료의 필요성과 부담

돌봄자들이 처한 어려움은 돌보는 사람을 1, 2주에 한 번 치료실에 데려가는 것만으론 결코 충분하지 않다는 데 있다. 아이를 데려가고 데려오는 것 외에도 우리는 의료 전문가들이 가르쳐주는 의료적 개입을 충실히 해내야 한다. 곁에 있는 가족으로서 사랑으로 하는 일이지만 책임감을 느끼기도 한다. 타냐는 우리가 언제나 이 모든 일을 잘해낼 수는 없다는 사실과 그럴 때 큰 죄책감과 수치심이 따른다는 사실을 받아들여야 한다고 설명한다. 우리는 아이를 충분히 돌보지 못했다고 느끼거나 절대 '보통 엄마'가 될 수 없으리라 느끼는 것이다.

결국 타냐는 자신과 매켄지의 삶을 바꾸기 위해 극적인 조치를 취했다. 타냐는 시드니에서 하던 전일제 작업치료사 일을 그만두었고 매켄지도 학업을 잠시 중단했다. 그러고는 카라반(이동식 주택)을 사서 6개월간 오스트레일리아 해안 도로를 누비며 여행하기로 한 것이다. 몇 주 만에 타냐는 딸에게 실시하려 했던 많은 의료적 개입을 하지 않게 되리라는 걸 깨달았다. 여행 중엔 모든 걸 할 수 없으니 뭔가 포기해야 했고 타냐는 의료적 개입을 일부 포기하고 여행을 택했다. 긴 여행은 감각 이상과 시각장애를 가진 사람에겐 부담일 수도 있지만, 그들의 카라반은 세상을 탐색하기에 충분히 안전한 기지가 되어주었다. 매켄지가 가능한 한 많은 일을 스스로 할 수 있도록 미리 준비했고, 도로 위의 삶은 매켄지의 속도에 맞춰 느릿느릿 흘러갔다. 안전하게 설계된 곳을 벗어나 우거진 숲과 해변에서도 매켄지는 요리하고, 자연에서 시간을 보내고, 수영을 하고, 걸었다. 전통적인 치료를 중단하고 엄마와 전국을 탐방하는 동안 매켄지의 발달은 훨씬 더 진행되었다.

카라반에서 함께 시간을 보내며 타냐는 매켄지의 불안이 얼마나 심각한지 새롭게 깨달았다. 매일 밤 곁에 누워 들어보니 딸의 수면 호흡이 눈을 뜨기 전에 짧아지고 드문드문 멈추었던 것이다. 과거에는 딸이 깨어날 때마다 지속적으로 높은 수준의 각성 상태에 있다는 걸 몰랐다. 시드니에 살 땐 종일 근무와 학교와 치료 사이에서 허둥대느라 매켄지에게 사는 게 얼마나 힘든지 알아차릴 겨를이 거의 없었다. 도로 위의 느린 생활은 타냐에게 불안이 매켄지가 세상과 상호작용하는 방식에 어떤 영향을 미치는지 제대로 이해할 기회를 주었다.

시드니로 돌아온 후, 타냐는 다시 공부를 하기로 결심했다. 딸과의 여행을 마친 그는 다시 과거의 고단하고 긴 일상으로 돌아가고 싶지 않았다. 인체에 대한 자신의 기술을 활용하여 요가 강사와 마사지 치료사 훈련을 받았고 코치가 되기 위한 수련도 마쳤다. 카라반을 타고 매켄지와 또다시 도로 위에서 여름을 보낸 후에는 장애 아동을 키우는 엄마들에게 안전한 환경에서 편히 쉬고 재충전할 공간과 기회를 주는 휴양 시설을 만들어야겠다는 아이디어가 떠올랐다. 타냐는 다른 엄마들과 함께하는 이 일을 통해 우리를 짓누르는 엄청난 압박감을 이해할 수 있었다. 부모 노릇에 당연히 어느 정도의 죄책감이 뒤따른다 해도, 장애 아동의 부모 노릇은 그 차원이 다르다. 도시의 삶이 주는 스트레스에서 벗어나는 건 타냐에겐 치료/학교/일이라는 쳇바퀴에서 잠시 내려설 수 있는 효과적인 방법이었지만, 우리 대다수는 그런 대담한 선택을 해내지 못할 것이다. 하지만 나는 그들의 경험에서 가정과 삶을 내팽개치지 않으면서도 삶의 속도를 늦추고 무엇이 정말 중요한지 살펴보는 법을 배울 수 있다고 생각한다.

외부의 압박

내적 압박 외에도 '완벽한' 돌봄자가 되어야 한다는 강한 외적 압박이 있다. 나는 아서와 관련해 추가적인 도움을 받으려고 전문가들을 새롭게 만날 때마다 거의 매번 내가 아들을 위해 어떤 노력을 하고 있는지 낱낱이 설명해야 했다. 그들은 비장애 아동을 키우는 내 친구들이라면 결코 겪지 않을 과정을 거쳐 나의 양육 방식을 샅샅이 조사한다. 나는 아서의 엄마이자 주 돌봄자로서 모든 면에서 결점이 없어야만 지원금을 더 받을 수 있다. 그런 심사관들을 상대할 때마다 방어적이 되고 도움을 청하는 나의 요구를 정당화하려 애쓴다. 그리고 그들에 대항하여 싸우는 것처럼 느낀다. 그들은 면담 시간 대부분을 얼마나 많은 아이가 그들이 제공하는 서비스를 필요로 하는지, 얼마나 많은 가족이 우리 가족보다 더 열악한 환경에 처해 있는지 내게 상기시키는 데 쓴다. 이런 말을 듣고 있자면 도움을 받지 말고 모든 걸 나 홀로 해낼 수 있어야 하나 하는 생각이나 수치심이 들지 않을 수 없다.

이는 내가 만나본 돌봄자 대다수가 공유하는 감정이다. 클레어 코테차의 열 살 된 아들 애넌드는 희귀 뇌성마비를 갖고 있어서 생활의 모든 면에서 도움이 필요하다. 최근에는 일대일 활동 지원뿐만 아니라 일대일 간호 돌봄까지 필요해졌다. 클레어는 아들의 관으로 체액이 들어갈까 봐, 예컨대 침이 기도로 들어가 숨을 못 쉬게 될까 봐 잠시도 눈을 뗄 수 없다. 애넌드가 자는 동안 누군가는 깨서 지켜봐야 하고, 자동차를 타고 이동할 때마다 옆에 누군가 앉아 있어야 하며, 하루의 매 순간을 함께해야 한다는 뜻이다. 많은 다른 돌봄자들이 그렇듯이 클레어는 애넌드를 보살피는 일이 물리적으로 더는 감당할 수 없는 수준에 이르자 추가 지원을 받기 위해 심사관들 앞에 나아가야 했다. 그는 그들로부터 밤새 아들 곁을 지키는 건 엄마인 그여야 하고, 매일 아들이 학교에 가 있는 여섯 시간 동안 잘 수 있지 않냐는 말을 들었다. 그들은 클레어도 개인적인 욕구를 가진 인간이며, 돌봐야 할 또 다른 아이가 있고, 처리해야 할 의료 서류도 산더미같이 쌓여 있는 데다, 애넌드를 데리고 가야 할 병원 진료 및 치료 일정이 1년에 최대 150번쯤 된다는 사실은 아랑곳하지 않는다. 정부와 의료진과 교사들의 기본 태도가 우리의 최선을 의심하는 것이라면, 우리 역시 더 열심히 하지 못하는 자신을 탓할 수밖에 없다.

클레어는 자신의 입장을 잘 설득하여 야간 지원을 받아냈다. 이제 매일 밤 열 시에 간호사가 도착할 것이고 클레어와 남편 디펜은 낮 시간에 애넌드 곁을 지키기 위해 밤에 충분히 잘 수 있다. 클레어는 자신과 남편이 함께 저녁 외출을 할 수 있도록 2주에 한 번 저녁 시간에 방문하는 간호사의 돌봄을 요청하고 있다고 했다. 이미 한 번 거절당했지만 포기하지 않는다. 사회서비스(각 지방정부에 속한 돌봄 서비스를 담당하는 조직. 민간이 제공하던 돌봄 서비스를 공공이 직접 제공하기 위해 설립된 부서이다-옮긴이)는 돌봄자가 둘인 이들 가정에 그런 지원을 할 이유가 없다고 느끼는 것 같지만 말이다. 그들이 보기에 부부가 가끔 함께 시간을 보내는 일은 중요하지 않은 요구인 것이다. 다행히 우리가 대화하고 나서 오래지 않아 클레어와 디펜은 한 달에 2.5시간을 추가로 지원받아 함께 시간을 보낼 수 있게 되었다.

나는 클레어에게 애넌드의 호흡기가 악화되었을 때 이야기를 물었다. "애넌드에게 필요한 것을 충분히 제공하고 있다고 얼마나 자신하나요?" 그는 한숨을 쉬며 1년 전 상황이 나빠지기 시작할 때, 부부가 함께 아들의 기도를 확보하기 위한 석션suction 방법을 훈련받았다고 했다. 사회서비스는 첫 훈련이 끝나자 이제 직접 아들에게 석션을 할 수 있지 않겠냐며 지원 포기 양식에 서명하라고 종용했다. 그는 석션을 제대로 못할까 봐 혹은 아들을 다치게할까 봐 걱정되어 서명을 거절했다. 하지만 두 번의 훈련을 더 받은 후에는 마지못해 양식에 서명해야 했다. 끝에 가서는 애넌드의 안전을 다른 사람에게 의존하고 싶지 않았다고 클레어는 털어놓았다. 누군가는 해야 할 일이라면 자신이 직접 하고 싶었다. 지금처럼 애넌드를 진료실에 데려가거나 딸을 데리고 외출을 할 때 간호사의 도움을 받는 것만으로도 충분히 힘들었다. 그는 애넌드에게 필요한 모든 것을 직접 해주고 싶었다. 그러고도 남을 만큼 애넌드를 사랑하니까 기꺼이 다 해내고 싶었다. 하지만 한 사람이 할 수 있는 일엔 한계가 있다. 그는 사회복지사로부터 이미 대부분의 사람들보다 많은 지원을 받고 있으니 더 바라지 말고 감사할 줄 알아야 한다는 말을 들었다. 지금처럼 사회서비스의 자금 역량이 부족한 상황에서 사회적 돌봄이 위기를 맞은 것은 분명하다.[25] 하지만 아이에게 더 나은 것을 주기 위해 애쓰는 부모들에게 마치 그들의 요구가 부당하다는 듯 도움이 필요한 다른 사람들이 있다고 상기시키는 것이야말로 정당한 반응이라고 볼 수 없다. 클레어는 물론 감사하고 있다. 무척이나 그렇다. 그리고 제도가 애넌드의 필요를 채워줄 준비가 되어 있지 않다고 해도 자신만큼은 최선을 다하고 있다는 믿음엔 흔들림이 없다.

클레어는 애넌드와 애넌드의 돌봄자로서 자신에게 필요한 것을 얻기 위해 기꺼이 싸울 준비가 되어 있다. 그리고 클레어의 이야기에서 의료 및 교육 제도가 어떻게 돌봄자들로 하여금 자기 자신과 돌봄자로서의 능력에 의문을 품게 하는지 알 수 있다. 의도한 건 아닐지 모르지만, 우리는 종종 더 많이, 더 잘해낼 수 있는 것처럼 취급된다. 자금이 충분하지 않기 때문에 많은 돌봄자들이 더 잘하기를 요구받고, 혼자 감당할 수 있을 것처럼 보이면 누구라도 지원을 거절당한다. 무너질 정도로 스스로를 몰아붙이지 않으면 도움을 받을 자격이 생길 만큼 충분히 하지 않은 게 된다. 이러한 근시안적인 사고방식은 충격적이며, 우리에게 의지하는 장애 아동과 성인 장애인 모두에게 위험한 발상이다. 모든 사람이 당신에게 더 많은 것을 기대할 때 "나는 이미 충분히 하고 있어"라고 당당하게 말하려면 엄청난 자신감이 필요하다. 나와 대화한 어떤 돌봄자들은 굉장히 절박한 상황에서 추가 지원을 요청했는데도 이기적이라거나 욕심이 많다는 말을 들었다.

만나본 모든 전문가들로부터 노력을 증명하라는 요구를 받을 때, 어떻게 완벽주의자가 되지 않을 수 있겠는가? 돌봄자들은 주당 66파운드에 불과한 돌봄자 수당을 타기 위해서도 백방으로 노력해야 한다. 직원 개개인 중에는 매우 친절한 사람들이 더러 있지만 제도로서 사회서비스와 NHS는 실패했다. 나는 이런 질문을 해서 미안하다거나 더 해줄 일이 있길 바란다고 말하는 친절하고 동정심 많은 사람들과 마주치곤 한다. 하지만 대개 면담을 가면 내가 얼마나 더 할 수 있는지 추궁받고 울면서 우리의 입장을 토로하다가 지쳐서 돌아온다. '아무리 해도 결코 충분해질 수 없다'는 느낌이 끊임없이 머릿속을 쑤시고 든다.

리베카(가명)의 열일곱 살 된 딸은 수년째 중독 문제와 정신질환을 겪고 있다. 그는 내게 아동 정신 건강 분야에서 딸아이의 어려움에 대해 그를 대놓고 비난하는 경우가 많다고 말했다. 그의 딸은 정신과 입원 치료 명령을 두 차례 받았는데 그때마다 딸의 파일에는 여러 문제 가운데 하나로 '방임적인 양육'이 적혀 있었다. 리베카는 딸의 파일에 자신이 수도 없이 언급된다고 했다. 수년간 도움을 구하고 노력했지만 그는 문제의 원인으로 취급될 뿐이었다. 딸이 약물 과다 복용에 이를 때까지 그의 간청은 무시당했다. 그가 수년간 애쓴 끝에 최근에 와서야 딸은 과잉 행동 증후군ADHD과 외상 후 스트레스 장애PTSD라는 공식적인 진단을 받았다. 외상 후 스트레스 장애는 성폭력 때문에 생긴 것이었다. 리베카는 딸에게 도움이 필요하다는 걸 인정받기까지 그토록 오랜 시간이 걸린 데 분노했고 그 긴 세월 동안 나쁜 부모로 비난받은 데 분노했다. 그리고 마침내 꼭 필요한 도움을 받게 되자 그들은 비로소 올바른 길에 들어섰다고 느끼기 시작했다.

돌봄자에게는 공감이 필요하다

우리가 거울을 보며 '나는 오늘 충분히 했어' 하고 말할 수 있는 세상에 살려면, 우리는 우리에게 너무 많은 걸 기대하는 **제도로부터** 공감의 대상이 되어야 한다. 나는 (분명 한 주 전엔 같은 이유로 소아과

의사로부터 칭찬을 들었는데도) 아들에게 과일을 너무 많이 먹인다고 지적하는 치과의사, 도움을 추가로 요청했더니 나의 대처 기술에 의문을 제기하는 치료사, 아들의 도전행동을 보고 집에서 아이에게 경계를 정해주지 못했다고 추측하는 새로운 교사들을 만난다. 긴축재정, 예산 삭감 그리고 장애인들에게 최소한의 지원만 해주려는 정부가 완벽주의의 불을 댕긴다.

남들이 우리를 어떻게 보는지는 우리가 통제할 수 없고 우리가 보통 사람을 훨씬 웃도는 일을 해내야 한다는 기대를 받는 것도 사실이지만, 우리 스스로는 어느 정도 통제할 수 있다. 즉 외부에서 매일 듣는 메시지를 거부하고 대신 거울을 보며 스스로에게 "난 충분히 하고 있어. 완벽하진 않지만 그래도 충분히 해내고 있어" 하고 말해줄 수 있다. 물론 쉽지 않다. 브레네 브라운 박사는 이것을 일상적이고 지속적인 저항운동이라고 부른다. "문화적 압박을 받는 상태에서 우리가 믿는 바를 위해 싸우고 반격하지 않으면, 내가 부족하다는 생각이 굳어지게 된다."[26]

나는 계속 연습한다. 어떤 날은 좀 쉽게 느껴지다가 어떤 날은 아예 불가능한 일처럼 느껴지기도 한다. 바로 이 때문에 자신에게 공감하는 법을 배우는 게 자못 중요하다. 이에 대해서는 이후 장에서 좀 더 살펴볼 것이다. 자신에게 공감하지 못하면, 나는 서류를 작성하고, 전화를 하고, 청구서를 걱정하고, 밤잠을 못 이루는 모든 다른 돌봄자들에게도 공감할 수 없다. 그리고 더 중요하게는, 내 아들에게도 공감을 느낄 수 없을지 모른다.

완벽에 집착한다면 남들은 쉽게 하는 일을 힘들어하는 아이에게 내가 무엇을 가르칠 수 있겠는가? 아이의 잠재력을 발현시킬 해법을 찾아야 한다고 나 자신을 압박하면, 본의 아니게 아들에게 지금 상태론 충분하지 않다고 말하는 꼴이 된다. 샐리 더비(1장 45쪽)는 장애 여성으로서 자신을 돌보는 남편이 완벽할 필요가 없으며, 그저 어느 정도의 이해가 필요할 뿐이라고 짚어 말했다. 샐리가 가능한 한 많은 일을 직접 하고 싶어 하며 때로는 도움이 필요할 때도 요청하기를 주저한다는 걸 알아줬으면 하는 것이다.

아서의 미래에 큰 희망을 품는 동시에 로이스 프리슬롭스키가 지적한 대로 특정 결과에 집착하지 않기는 전적으로 가능하다. 아서의 미래는 모든 발달 이정표를 충족했던 토실토실한 6개월짜리 아기 시절에 내가 상상했던 모습과 다를 것이다. 그러나 차이를 인정한다고 해서 희망을 포기하는 것은 아니다. 내가 완벽한 부모나 돌봄자가 아니라는 걸 인정한다고 해서 좋은 부모가 되기를 포기하는 것도 아니다. 그건 나 자신의 한계를 다정히 받아들인다는 뜻이다. 아서가 또래들은 쉽게 해내는 무언가를 어려워할 때 스스로에게 주길 바라는 바로 그런 종류의 다정함 말이다.

제스 목스햄은 모든 것을 새롭게 보기 시작한 어느 날에 대해 말해주었다. 주중에 오랜 시간 일하는 남편 제임스가 어느 주말 벤과 함께 소파에 앉아 있었다. 둘은 럭비 경기를 보고 있었는데 제스는 부자가 '그냥' 앉아만 있는 게 짜증이 나서 남편에게 왜 벤을 데리고 물리치료를 하지 않느냐고 물었다. 제임스는 그를 돌아보며 "난 그냥 아들이랑 좀 놀고 싶은데. 럭비도 보고" 하고 답했다. 바로 그 순간 벤은 가능한 한 많은 걸 해줘야 하는 아이에서 평범한 꼬마로 바뀌기 시작했다. 뭐든 해주려던 부단한 노력을 한순간에 조절할 수는 없었지만 시간이 지나며 제스는 벤이 치료를 조금 덜 받아도 괜찮다고 생각하게 되었다. 함께 한가로이 쉬는 시간을 보내는 건 가족 모두에게 좋은 일이었다. 내가 아서에게 모든 것을 다 해주지 않아도 아서가 괜찮은 것처럼 말이다. 우리가 우리 자신을 바라보며 지금 이대로도 충분하다고 말해줄 수 있다면 우리 모두 괜찮을 것이다.

3 장애차별주의
장애를 비극으로 만드는 사회

놀라도 괜찮다. 다만, 이제 당신이 놀란 것은 오해 때문이라
는 걸 알아야 한다. 그래야 더 이상 놀라지 않을 수 있다.[27]

_ 제스 윌슨(Jess Wilson), 작가 겸 부모 권리 옹호 운동가

나는 형편없는 사상가인 척하고 있다.[28]

_ 바브 렌튼바흐(Barb Rentenbach), 작가, 무발화 자폐인

임신 32주 차에 딸을 낳은 앨리스 베넷은 출산한 지 며칠 안 되어
처음으로 딸의 권리를 위한 결정을 내렸다. 이후 숱하게 이어질
결정들의 시작이었다. 그는 임신 17주 차부터 딸 라야가 물뇌증을
앓게 되리란 걸 알고 있었다. 물뇌증은 신경관 결함으로 뇌에서
생성되는 뇌척수액이 제대로 빠져나가지 못하여 뇌가 위험한 수
준까지 부풀어 오르는 병이다. 앞에 서서 아기를 살릴 수술에 대

해 설명하던 신경외과 의사는 임신 기간 중 매 진료마다 이 아기는 온전한 삶을 살지 못할 것이며 그에게 짐만 될 거라고 말한 바로 그 의사였다. 그는 의료진에게 아기를 낳기로 결심했으니 더 이상 임신중지를 권하지 말라고 했지만 그들은 임신 기간 내내 강력하게 임신중지를 권했다. 앨리스는 그를 신뢰할 수 없었다. 그래서 갓 태어난 라야를 그 의사에게 맡기지 않기로 결심하고 다른 의사를 요구했다. 그는 앨리스에게 아기를 낳지 않는 편이 좋다고 분명히 밝혔고 앨리스는 그런 의사에게 딸의 생명을 믿고 맡길 수 없다고 느꼈다. 새로운 의사의 집도하에 라야의 첫 두 번의 수술이 성공적으로 끝났고, 4주 후에는 집으로 돌아갈 수 있었다. 앨리스는 어떤 세상에서 딸을 키우게 될지 진즉 알고 있었다. 많은 사람들이 라야는 남들과 같은 기회를 가질 수 없다고 생각할 것이었다. 심지어 앨리스가 믿고 기댈 의료진마저 그렇게 생각했다. 당시 그는 열일곱 살에 불과했다.

장애는 오랫동안 주류 문화에서 숨겨져왔고, 많은 사람들이 돌봄자가 되고 나서야 장애를 처음으로 접한다. 장애인은 TV, 영화 혹은 책에서 좀처럼 보이지 않는다. 장애인에 관한 이야기는 장애인들이 직접 쓴 게 아니며 그래서 우리가 보는 장애인 캐릭터들은 비장애인의 관점에서 그린 경우가 흔하다. 정책 입안자나 지도자 가운데도 장애인은 극소수로, 이 점은 만성질환과 장애가 있는 사람들을 위한 사회적 돌봄 서비스, 특수교육, NHS 서비스의 지원 규모가 터무니없이 작은 데서도 잘 드러난다. 장애차별주의를 처음으로 가까이에서 볼 때, 특히 남들이 우리가 사랑하는 사람을 어떻게 말하고, 취급하고, 무시하고, 저평가하고, 존재 자체를 지워버리는지를 통해서 알게 될 때 사람들은 모멸감에 화들짝 놀란다. 그러나 이 가운데 어떤 것도 장애인들에게는 새롭지 않다. 그들은 이런 일을 평생 겪는다.

비록 잘 인식하지 못한다 해도, 우리 눈에서 멀리 숨겨져 있다 해도 우리 모두는 우리가 사는 비장애중심적 문화의 영향을 받는다. 사랑하는 사람이 장애인이 되거나 장애인으로 태어나서 갑자기 돌봄자 역할을 맡았을 때, 필요 이상으로 슬퍼하게 되는 까닭이 여기에 있다. 우리 사회가 장애인을 대하는 방식과 장애에 따라붙는 차별을 생각해보면 사랑하는 사람이 장애나 만성질환을 갖게 되었을 때 돌봄자들이 왜 그토록 힘든 감정을 겪게 되는지 이해할 수 있다.

2010년 제정된 영국의 평등법은 장애를 통상적인 활동을 수행하는 능력에 실질적, 장기적으로 부정적인 영향을 주는 정신적 혹은 신체적 질환이나 손상으로 정의한다.[29]

다른 돌봄자들과 나눈 모든 대화에서 한 가지 공통점이 있었다. 우리는 모두 장애인인 가족을 사랑하고 돌본다는 이유로 특별하다는 말을 들은 적이 있었다. 내 평범한 일상이 어떤지 말하면 지인은 물기 어린 눈으로 걱정스럽다는 듯 나를 들여다보고 우리 사이에는 자못 불편한 거리감이 감돈다. 사람들이 돌봄자들을 특별하게 볼 때, 그들은 의식적이든 아니든 우리가 돌보는 사람이 사랑하기 힘든 존재라고 암시하는 것이다. 그들이 한숨을 쉬며 "네가 어떻게 그걸 다 하고 사는지 모르겠다" 하고 말하면 실제로는 "그게 내가 아니어서 정말 다행이야" 하고 말하는 것과 같다.

그래서 장애차별주의와 장애인권을 둘러싼 대화는 돌봄자들에게도 무척 중요하다. 영화, 문학, 광고, 정치에서 장애인은 보이지 않거나 오직 부정적으로만 그려지고, 온 사회가 장애는 우리에게 벌어질 수 있는 일 중 가장 나쁜 일이라는 메시지를 주는데 우리가 어떻게 배우자, 부모, 자식을 돌보는 역할을 받아들일 수 있겠는가?

장애를 처음으로 마주치다

나는 자폐인을 처음 알게 된 날을 생생하게 기억한다. 어린 시절 책벌레였던 내게 《베이비시터 클럽Baby-Sitters Club》이라는 시리즈의 최신 호가 나오는 것보다 더 기쁜 일은 없었다. 그 시리즈 가운데 한 권에서 클럽 회장인 커스티가 여덟 살인 수전을 돌보기 시작하는데, 수전은 자폐인이었고 가족들은 수전의 존재를 쉬쉬하고 있었다. 책 전반에 걸쳐 커스티는 서번트 신드롬savant syndrome(자폐인이나 지적장애인이 암산, 기억, 음악 등 특정 분야에서 뛰어난 능력을 보이는 현상-옮긴이)으로 피아노에 탁월한 재주가 있으나 말은 못하는 수전과 교감하려 애쓰지만 어려움을 겪는다. 결론적으로 저자가 전달하려는 메시지는 '우리 모두 다르지만 그래도 괜찮아'였다. 그러나 책을 읽은 후 내게 남은 인상은 그렇지 않았다. 그 가족이 딸을 얼마나 창피해했는지, 어떻게 이웃에게 딸의 '비밀'을 숨겼는지, 새로 낳은 아이가 그들 가족을 '정상적인 가족'이 되게 해주길 얼마나 바랐는지만 기억에 남았다. 30년이 지난 지금도 나는 밖에 나가 노는 게 수전에게 더 좋을 거라 생각한 커스티가 소리를 지르며 거부하는 수전을 피아노에서 떨어뜨려 끌고 나가는 장면을 기억할 수 있다. 작가가 고무적인 결말을 전달하려 했음에도 불구하고 책을 다 읽었을 때 자폐인 아이를 키우는 건 누군가에게 일어날 수 있는 일 중 최악일 게 틀림없다는 생각만 들었다.

  그 후 많은 자폐인을 만났지만, 자폐에 대한 내 인상에는 그 첫 경험이 지대한 영향을 미쳤으리라 생각한다. 로라 도왈트(1장 51쪽)가 말하듯이 우리 마음속에는 특정 장애의 인상을 형성하는 문화적 접점들이 저장되어 있다.[30] 그런데 그러한 인상 대부분을 비장애인들이 만들고 통제한다면 어떻게 될까? 내가 아는 한 《베이비시터 클럽》의 저자는 자폐인이 아니며 단지 자폐 아동을 잠시 돌본 적이 있을 뿐이다. 장애인의 이야기가 비장애인의 렌즈를 통해 다뤄지면 우리는 장애에 대해 매우 편협한 시각을 갖게 된다. 편협하고 사실과 다르며 대개 부정적이다. 장애는 고치고 없애야 할 시련이라는 단일 서사만이 존재한다. 번외 편으로는 장애를 극복한 감동적인 이야기가 있다. 장애에 대한 우리의 지식은 소곤대는 귀엣말, TV, 영화, 아동용 도서 시리즈에서 잘못 표현된 등장인물로 구성된다.

해일리 뉴먼은 갓 태어난 딸 내티가 다운증후군을 갖고 있다는 걸 알게 되었을 때 다운증후군에 대한 첫인상을 떠올렸다. 네다섯 살이었던 해일리는 할머니의 손을 잡고 거리를 걷고 있었다. 그들 앞에 다운증후군을 가진 남성과 그의 어머니로 추정되는 여성이 있었다. 해일리의 할머니는 그들을 피하려고 일부러 길을 건너서 멀리 돌아갔다. 해일리는 그들을 지켜봤다. 사람들은 명백하게 그들을 피하려 했고 그들은 당혹감에 사람들과 눈을 마주치지 않으려 고개를 숙였다. 할머니는 허리를 굽혀 해일리의 귓가에 "저 남자는 저능아란다" 하고 속삭이며 계속 걸어갔다. 신생아 중환자실에서 딸을 내려다보던 순간 해일리에게는 이날의 기억과 두려움이 떠올랐다. 그토록 사랑했던 할머니가 무심코 심어준 것들이었다. 그의 딸은 사람들이 피하고 싶어서 길을 건너는 대상일지도 몰랐다. 할머니의 말도 이전 세대로부터 온 것이겠지만, 이러한 편견은 오늘을 살아가는 사람들에게도 조금씩 스며들어 여전히 우리 삶에 영향을 미치고 있다.

우리가 처음으로 아서의 자폐 진단 가능성을 이야기하던 날은 내게 특별히 슬픈 날이 아니었다. 나는 이미 몇 달이나 그 가능성을 머릿속으로 굴려보고 있었다. 심지어 내 의심이 맞아떨어질까 두려워 검색조차 못 하게 된 지도 몇 개월이 지난 후였다. 오랫동안 기다렸던 진료일이 되었을 때 나는 아서가 단지 좀 늦는 게 아니라, 아예 다른 발달 과정을 겪으리라 어느 정도 확신하고 있었다.

자폐라는 단어는 나를 겁먹게 하지 않았지만, 내가 차마 입 밖에 내지 못하고 감히 생각조차 못 한 무언가가 물밑에 도사리고 있었다. 아서가 끝끝내 말을 못 하고, 겉으로 보기에도 남들과 다르고, 우리 동네에는 없는 특수학교에 가야 하고, 주류의 삶에서 격리되고 배척당하는 자폐면 어쩌나 하는 생각이었다. 자폐는 감당할 수 있어, 하고 속으로 생각했다. 하지만 말도 못 하고 지적장애도 있는 자폐야? 그건 머릿속에서조차 있을 수 없는 일이었다. 그런 미래를 흐릿하게라도 그리는 순간 공포의 감각이 발밑에서부터 기어올랐다. **그렇게 되진 않을 거야**, 나는 몇 번이고 혼자서 되뇌었다.

그 후 몇 년간 자폐인들의 삶이 어떠하리라는 내 추측 대부분이 비자폐인의 관점에 근거하여 형성되었다는 걸 배웠다. 나는 훌륭한 삶, 가치 있고 살 만한 인생에 무엇이 포함되어야 하고 무엇이 배제되어야 하는지를 비자폐인의 입장으로만 봐왔던 것이다. 이것은 자폐에 국한된 일이 아니다. 다발성경화증, 척추 손상 혹은 시각장애와 같은 장애를 갖고 사는 삶이 어떤지 비장애인 가운데 누가 얼마나 제대로 알겠는가? 어쩌면 장애의 현실을 거의 알지 못하기에 그토록 두려워하는 것일지도 모른다.

나는 이제는 대다수가 장애인에 대한 직접적인 차별이 잘못된 것이며 경사로와 같은 접근 수단이 기본적인 인권이 되어야 한다는 데 동의하리라 기대하지만, 장애차별주의는 우리 문화의 훨씬 더 깊은 곳에 흐르고 있다. 1991년 발표한 《편견에 저항하는 자긍심Pride Against Prejudice》에서 저자 제니 모리스Jenny Morris는 페미니즘 운동과 마찬가지로 장애인권 운동 또한 '가장 개인적인 것이 가장 정치적인 것'이라는 패러다임을 통해 잘 이해될 수 있다고 설명한다. 여성이 남성의 '부수적인 존재add on'가 아닌 것처럼 장애인도 '부수적인 존재'가 아니다. 우리는 여성의 경험을 남성에게 묻지 않는다. 여성들은 권리와 요구를 충족시키기 위해 자신의 이야기를 스스로 해오고 있다. 그는 장애인권 운동도 같은 방식으로 이해되어야 한다고 주장한다. 장애인들의 경험이 경청되고 이해되지 않는 한, 그들의 삶은 저평가될 것이기 때문이다. 그는 "우리의 삶이 살 가치가 없다는 가정은 우리의 주관적인 현실이 주류 문화에 설 공간이 없기 때문에 존재한다. 장애는 일반적인 문화에서 주로 비장애인의 관점으로 재현되고, 그들의 두려움과 적대감, 비장애인 문화의 어젠다가 우리가 표현되는 방식을 지배한다"라고 썼다.[31]

장애차별주의는 우리 문화에 너무나 깊이 뿌리내리고 있어서, 몇몇 비장애인 소아외과 의사는 산모에게 어떤 삶이 괜찮은 삶인지 말해줄 수 있다고 생각한다. 인종으로 사람을 판단하는 것은 도덕적으로 옳지 않다고 널리 받아들여지지만, 같은 견해가 장애인들에게는 적용되지 않는 것 같다. 모리스는 당사자를 제외하고는 아무도 무엇이 살 만한 삶이고 아닌지 말할 권리가 없다고 말한다. 하지만 비장애인들이 장애를 두려워하고 오해하는 상황에서 계속해서 비장애인의 렌즈를 통해 전한 이야기만 듣게 되면, 이러한 두려움과 오해는 영속화될 뿐이다.

아서의 첫 진단 이후 암울했던 시기에 나는 두려움에 사로잡혔다. 세상의 먹이사슬에서 바닥에 있는 아이, 따돌림이나 괴롭힘을 당하기 쉽고 필요한 교육도 받기 어려운 아이, 조롱과 동정의 대상이 될 수도 있는 아이를 가졌다는 두려움이었다. 왜 그런 두려움이 생겼을까? 우리 문화가 모든 면에서 내게 그렇게 말하고 있기 때문이었다. 사람들은 아무렇지 않게 '저능아'나 '바보'와 같은 장애차별적인 말을 한다. 성인인 지적장애인은 마치 존재하지 않는 양 우리 눈에 보이지 않는다. 우리 문화는 생산성, 자산 가치, 튀지 않고 잘 적응하기에 집착한다. "넌 정말 잘하고 있어" 같은 말이 필요할 때 내 친구와 지인들은 다른 말이라곤 할 줄 모르는 것처럼 "너무 끔찍하다" 같은 말을 해댄다. 생일 파티에 초대받지 못하고 친구들이 서서히 멀어져간다. 이 모든 때에 나는 우리 문화가 내게 하는 말을 듣는다.

세상이 이럴진대, 이제 막 자폐 진단을 받은 아이의 부모 혹은 사랑하는 사람이 인생을 바꿔놓을 진단을 받게 된 누군가가 깊은 슬픔을 느끼는 것이 당연하지 않겠는가. 모리스는 장애인들이 자신의 가치를 폄하하는 메시지를 매일 접한다고 적고 있다. 장애인을 지원하는 우리도 같은 메시지에 노출된다. 하지만 그런 서사에 매달릴지 말지는 우리가 선택할 수 있다.

앨리 그레이스Aly Grace는 자폐인 오스트레일리아 작가로, 자폐 아동을 키우고 있다. 그는 장애에 대한 감정이 진공 상태에서 생겨나는 게 아니라, 장애인을 출생부터 저평가하고 다른 구성원들에게도 그렇게 가르치는 장애차별주의 사회 안에서부터 존재한다는 글을 썼다.[32] 부모, 배우자, 형제자매, 친구로서, 우리가 할 수 있는 가장 중요한 일은 우리가 그동안 들어온 장애에 관한 이야기를 하나하나 해체하여 분석하는 것이다. 진실인가? 아니면 비장애인의 관점일 뿐인가? 이를 위한 가장 효과적인 방법은 우리가 보고 들은 모든 이야기에 의문을 제기하는 것과 더불어 자신들의 이야기를 스스로 하는 장애인들의 목소리를 찾아 듣는 것이다.

다른 관점

인터넷 세상을 헤매고 다니며 새로이 맞닥뜨린 현실을 이해하려고 애쓸 때, 나는 비자폐인들, 주로 자폐인의 부모와 의학 전문가들이 올린 정보에 압도당했다. 온갖 식단, 치료법, 백신을 맞으면 안 된다는 주장까지……. 건강 보험이 있어서 두 살, 세 살인 아이들을 위해 주당 50시간에 달하는 집중 치료 비용을 댈 수 있는 미국인도 있었다. 한 주에 50시간이라니! 내가 아는 사람 대부분은 전일제 일터에서도 그렇게 오래 머무르지 않았다. 모든 게 먼 나라 이야기처럼 느껴졌다. 하지만 내가 뭘 알았겠는가. 나는 자폐에 관해 아는 게 거의 없었다. 내가 마주한 모든 정보는 자폐를 결함으로 보고 쓴 것이었다. 그러나 내 아들이 부족한 아이이고 훈련받아 교정되어야 한다고 생각하는 이들에게 둘러싸인 한, 나는 우리의 미래에 대한 두려움을 결코 떨쳐낼 수 없을 것이었다. 뭔가 다른 방식을 찾지 않으면 아서와 나 모두가 비참해지리라는 것을 깨달았다.

내가 찾던 다른 방식은 제스 윌슨이 운영하는 '엄마의 일기Diary of a Mom' 블로그를 발견하면서 시작되었다. 제스는 둘째 딸 브룩(가명)이 세 살에 자폐 진단을 받자 브룩과 함께하는 여정을 이해하기 위해 블로그에 글을 썼는데 시간이 지나며 그에게 어떤 변화가 생겼다. 처참하고 두려웠던 감정이 낙관과 감사로 바뀌었다.

무엇이 달라졌을까? 그는 자기 삶의 경험을 직접 쓰고 말하는 성인 자폐인들을 만나게 되었다. 그가 진실이라고 믿었던, 자폐는 비극이라는 생각은 전혀 진실이 아니었다.

제스는 딸이 자폐인이라는 말을 처음 들었을 때 변기에 대고 구역질을 했다고 털어놓았다. 이런 신체 반응이 사회에서 장애, 구체적으로는 자폐를 말하는 방식 때문이라는 걸 이해하기까지는 시간이 걸렸다. '오티즘 스픽스Autism Speaks'와 같은 거대 자선단체들은 아직도 공포심을 팔아 후원을 받고 있다. 그런 단체들이 동정, 슬픔, 두려움과 같은 부정적인 감정에 의존하여 기금을 마련할 때, 그들은 장애를 갖고 사는 사람들의 삶에 직접적인 영향을 미친다. 어떤 사람들은 그런 단체를 통해서만 특정 장애에 대한 지식을 접하고 그 지식이 장애에 대한 사람들의 의견을 형성하기 때문이다. 자신의 두려움이 장애에 대한 사회의 관점을 내재화한 것임을 깨달았을 때 그리고 사회의 관점이 반드시 실제 경험을 반영하지는 않음을 깨달았을 때, 변화가 찾아왔다. 제스는 "그렇게 겹겹이 쌓인 층을 하나씩 벗겨내기 시작했어요. 그러자 '그래, 이건 다면적인 거야. 인생에 안 그런 게 어디 있겠어. 분명히 힘들 때도 있겠지. 짜증 날 때도 있을 테고. 하지만 믿기 어려울 정도로 좋을 때도 있을 거야' 하고 말할 수 있게 됐죠"라고 고백했다.

내가 바브 렌튼바흐의 작품을 알게 된 것도 제스 윌슨을 통해서였다. 사십 대 중반의 무발화 자폐인인 바브는 자신이 '형편없는 사상가'로 가장한 거라고 말한다.[33] 바브는 농담처럼 자신의 어머니를 사랑의 질식 유발자라고 부르는데, 그 말처럼 명랑하고 에너지 넘치는 어머니 바바라는 바브에게 가능한 한 많은 기회를 주려고 노력했다. 열아홉 살이 되던 해 바브는 타이핑 혹은 흔히 촉진적 의사소통법이라고 부르는 방식으로 대화하는 법을 배우기 시작했다. 이는 아주 어려운 작업이었고 바브도 처음엔 딱히 관심이 없었다. 당시 그는 전적으로 돌봄을 받으며 크게 도전하는 일이 없는 삶을 즐겁고 편안하게 느꼈다. 하지만 젊은 교육심리학자 로이스 프리슬롭스키와 함께하는 동안 자신이 얼마나 즐거워하는지 깨닫고 놀랐으며, 곧 자신에게 할 말이 정말 많고 자신만의 독특한 관점으로 세상에 기여할 수 있다는 사실을 알게 되었다. 그들은 꾸준히 함께 작업하며 친구이자 동료가 되었고 10년에 걸친 작업 끝에 마침내 함께 책을 출간했다. 《나는 어쩌면 당신일지도 몰라요 I Might Be You》는 무발화 자폐 여성으로서 바브의 경험과 그가 세상과 소통하는 법을 발견하는 과정에서 로이스와 함께 이룬 교감에 관한 책이다. 두 번째 책 《신경다양성 Neurodiversity》은 전작보다 훨씬 속도를 높여 4년 만에 완성했다. 이 책은 ADHD 환자인 로이스와 바브가 번갈아 쓴 에세이로, 사람들의 생각이 어떻게 서로 다른지 그리고 자신만의 강점을 발견하는 일이 왜 중요한지 살펴본다.

로이스는 '형편없는 사상가로 가장한' 사람들과 작업할 때 가장 중요하게 기억할 점은 그들을 훌륭한 사상가로 대하는 것이라고 말했다. 그들의 말을 경청해야 한다는 뜻이다. 타이핑을 통해 마침내 자신의 관심사를 보다 분명하게 표현할 수 있게 된 바브는 신경 발달 장애를 가진 사상가들의 글을 중심으로 철학과 역사에 관한 책을 읽고자 (또는 오디오북을 통해 듣고자) 했다. 이전에는 누구도 바브가 이렇게 복잡한 지적 활동을 할 수 있다고 생각하지 않았는데, 정작 바브 자신은 고등학교 특수교육이 너무 지루해서 수업 시간에 딴생각에 잠겨 혼자만의 시간을 보냈다고 했다. 드디어 누군가 그를 지적 호기심을 가진 사람으로 대하자 그의 지적 호기심이 빛나기 시작했다.

바브의 글은 내게 직접 경험한 적 없는 세상을 어렴풋이나마 보여주었다. 어떤 두 사람의 경험이 결코 같을 수야 없겠지만, 그는 내 아들의 삶에 대해 그 어떤 비자폐인 전문가보다 더 많은 통찰을 주었다. 소통할 수 없음은 어떤 느낌인지, '형편없는 사상가'로 취급된다는 건 무엇인지, 비자폐인과는 완전히 다르게 총체적인 감각으로 세상을 즐기는 건 어떤 것인지 조금은 알게 되었다. 음성 언어를 사용하지 않고도 멋지고 즐겁고 온전한 삶이 어떻게 가능한지 깨달았다. 바브는 가장 기초적인 활동을 하는 데도 24시간 대인 서비스가 필요하지만, 놀라울 정도로 충만하고 다채로운 삶을 살고 있다. 바브의 삶을 보니 내 아들의 미래가 더 이상 걱정스럽지 않았다. 아서와 내게는 적절한 지원이 필요할 뿐, 아서는 누구나 자랑스러워할 만한 삶을 살 것이다. 물론 쉬운 삶은 아닐지 모른다. 바브도 자폐라는 병을 가진 신체 안에 사는 게 결코 쉽지 않다고 했다. 하지만 훌륭한 삶이다.

《베이비시터 클럽》과 바브 렌튼바흐가 쓴 두 권의 책은 모두 무발화 자폐인에 관한 글이지만 선명한 차이가 있다. 하나는 비장애인이 외부적 관점에서 쓴 책으로, 중증 장애를 시련과 결핍, '어딘가 잘못된 것'으로 그리고 있다. 1980년대에 출간된 어린이 도서를 이 시점에 예로 드는 것이 가혹하다고 생각할 수도 있겠다. 그러나 오늘날에도 비장애인 부모가 자폐에 대해 이와 유사한 관점으로 쓴 책이 수없이 많다. 반면 자신의 이야기를 직접 전하는 바브의 책은 자신이 마주한 어려움을 회피하지 않으면서도 유쾌하고, 재치 넘치고, 자기 자신을 잘 표현하며, 지적이다. 우리는 어디에 더 주목해야 할까? 장애인으로서 인생을 직접 경험한 쪽인가? 아니면 결함과 상실과 고통의 렌즈로 장애를 바라보고, 비장애인과 자폐인을 비교하며 자폐인이 부족하다고 생각하는 쪽인가?

장애의 의료적 모델과 사회적 모델

사회가 장애인과 만성질환자를 바라보는 방식이 돌봄자들의 감정에 어떤 영향을 미치는지 이해하는 것은 중요하다. 이러한 이해는 사랑하는 이가 장애를 갖게 되거나 갖고 태어났을 때 우리가 경험하는 힘든 감정을 설명할 힌트를 제공하기 때문이다. 장애를 바라보는 전통적인 방식은 장애의 의료적 모델인데, 이 모델에서는 장애를 개인의 신체와 연결 짓는다. 이 모델은 장애가 개인의 삶의 질을 떨어뜨린다는 가정하에 장애를 줄이고 교정하거나 치료하는 것을 목표로 한다. 따라서 주로 의학 전문가들이 기능을 고치고 개선해 장애인이 최대한 '정상적인' 삶을 영위하게 하는데 초점을 맞춘다. 이때 장애인은 규범적인 가치에 가능한 한 순응하고자 노력해야 한다. 비장애인 대다수는 바로 이 모델을 통해 장애를 알게 되고, 장애에 대한 거의 모든 문화적 이해의 틀을 규정하는 방식도 이 모델에 따른다. 돌봄자로서 우리는 우리가 돌보는 사람들을 '고쳐야' 하고, 우리 역시 최대한 '정상적인' 삶을 사는 것처럼 보이기 위해 노력해야 한다.

하지만 장애와 만성질환을 바라보는 다른 방식도 있다. 장애의 사회적 모델은 장애인이 사회에 온전히 참여할 수 없는 주된 이유로 배제, 부정적인 태도와 제도적 장벽을 꼽는다. 가장 단순하게는 휠체어 사용자가 경사로나 승강기가 없어 건물에 들어가지 못하는 경우를 예로 들 수 있다. 휠체어가 아니라 경사로와 승강기가 없는 현실이 문제다. 물론 물리적 접근성만이 아니다. 사회적 모델은 장애를 가진 사람들이 삶을 영위하기 위해 사회가 어떻게 변화해야 하는지에 초점을 맞춘다. 어떤 삶도 과소평가하지 않는 것, 충분한 사회적 지원을 제공하는 것, 점자나 오디오와 같은 다양한 형태로 정보를 제공하는 것, 물리적 접근성을 높이는 것, 손상이나 장애로 인한 건강 문제를 고려하여 유연근무제를 도입하는 것 등이 포함될 것이다.

사회적 모델은 특정 손상이 신체적 어려움을 동반할 수 있다는 사실을 부정하지 않는다. 예컨대 만성적인 통증이나 불안은 일상생활에 불편을 줄 수 있다. 그러나 사회적 모델의 핵심은 손상이나 장애를 가진 사람에게 불필요한 어려움을 더하지 말고 그들이 원하는 온전한 삶을 방해하는 사회와 환경을 돌아봐야 한다는 것이다. 사회적 모델은 돌봄자들이 통제 불가능한 장애 그 자체에 초점을 맞추기보다 대중교통 접근성이나 사회적 돌봄 지원과 같은 통제 가능한 것들에 주목하게 해준다.

'돌봄자'라는 표현이 가진 문제

내털리 리에게 시각장애를 가진 열 살배기 딸을 양육한 경험을 들려달라고 연락했을 때, 그는 솔직히 놀랐다고 고백했다. 논리적으로 보면 돌봄자가 맞지만, 그래도 자신을 돌봄자로 생각하기 어려웠기 때문이다. 딸아이의 시각 손상은 가족생활에서 큰 변화를 의미했다. 딸은 퇴행성 시각 질환을 앓고 있어서 언젠가 시력을 완전히 잃게 될 것이었고 정서적으로 많은 지지가 필요했다. 그럼에도 내털리는 돌봄자라는 표현이 매우 불편하다고 설명했다. 돌봄자라는 표현이 그에게 희생자나 구원자를 연상시켜 달갑지 않다는 것이다.

돌봄자라는 표현을 불편하게 여긴 사람은 내털리뿐만이 아니었다. 장애인의 권리와 문화에 관해 쓰는 영국 언론인 프랜시스 라이언Frances Ryan 박사는 돌봄자 같은 표현이 중립적으로 이해되어야 하지만, 현재 우리 사회에서 장애인이나 만성질환자들이 매우 저평가된 탓에 상징적인 용어가 되어버렸다고 말했다. 내털리가 돌봄자라는 용어를 구원자와 연관시킨 것은 이상한 일이 아니다. 그것은 장애인들이 희생자이고, 자율성이 없으며, 비장애인들이 돌봐줘야 하는 존재라는 문화적 사고에서 비롯된다.

루스 리지웨이의 남편 스티브는 5년 전 낙상으로 척추 손상을 입었는데, 루스 역시 '돌봄자'라는 말이 불편하다고 했다. 루스는 이 표현이 스티브에게서 자율성을 앗아가는 것 같다고 했다. 또 남들이 볼 때 스티브가 전적으로 루스에게 의존한다는 인상을 줄까 걱정했다. 그는 타인을 먹이고 씻기는 등 모든 요구를 충족시켜주고 필요한 대인 서비스를 제공하는 사람이 돌봄자라고 생각했다. 스티브는 휠체어를 사용하며 루스에게 신체적으로 전혀 의존하지 않는다. 그는 먹고, 씻고, 화장실을 이용하는 등 대부분의 일을 혼자서 해결하며 독립적으로 움직인다. 이 부부는 '돌봄'보다는 '지원'이라는 표현을 선호했다. 루스가 제공하는 지원은 그때그때 스티브의 건강 상태에 따라 다르다. 그는 척추 손상이 남긴 만성 신경통으로 가끔 잠을 못 이룰 때가 있다. 카테터(위, 창자, 방광 등의 장기 속에 넣어 상태를 진단하거나 영양제, 약품 등을 주입할 때 쓰는 관 모양의 기구―옮긴이) 사용과 같은 시간이 오래 걸리는 일도 생겼다. 그래서 루스는 스티브가 컨디션을 조절할 수 있도록 요리, 청소, 식료품 쇼핑 등의 집안일을 스티브보다 많이 맡는다. 재정적인 책임도 대부분 루스의 몫이다. 스티브도 자신의 사업체를 운영하지만, 사업보다 건강을 우선시해야 하는 경우가 생기므로 루스의 소득이 더 많다. 물론 쉽지 않은 일이고 때론 압박감을 느끼지만 루스와 스티브에게 이런 일은 돌봄이 아니라 배우자를 돕는 일일 뿐이다.

라이언 박사는 수년에 걸친 장애인들과의 인터뷰에서 도움이 돌봄보다 단연 선호되는 용어였다고 말했다. 그 역시 장애 아동을 돌보는 부모에게만 돌봄자라는 말을 사용한다. 돌봄자라는 말이 전적인 의존을 연상시키므로 부모와 아이 관계에서만 적절하다고 느끼는 것이다. 내가 아들과의 관계에서 돌봄자라는 말을 불편하게 느끼지 않는 이유가 여기에 있는지도 모르겠다. 돌봄자라는 말을 부정적으로 보거나 좁게 해석하는 것이 옳은지 그른지를 떠나, 언어는 매우 중요하고 주류에서 밀려나 소외당하는 집단에서는 특히나 그렇다. 사실 누군가를 돌본다는 말과 필요한 도움을 제공한다는 말은 같은 뜻이다. 하지만 우리가 '돌봄'과 '돌봄자'라는 말을 부정적인 함의 없이 자유롭게 사용하려면, 장애에 대한 부정적인 관점을 보다 광범위한 수준에서 먼저 해체해야 한다.

TV 코미디 작가인 사라 깁스Sara Gibbs는 2018년 트위터에서 돌봄을 받는 사람으로서 자신의 경험에 대한 몇 가지 오해를 바로잡았다. 사라는 오랜 세월 다른 사람들에게는 간단한 일을 하는 데 어려움을 겪다가 서른이 되어서야 자폐 진단을 받았다. 그는 자신이 성공적인 커리어를 가졌고 말을 잘한다는 이유로 자폐인의 부모들에게 당신은 자폐인이 겪는 어려움을 이해할 수 없을 거라는 이야기를 자주 듣는다고 했다. 그는 자신이 계속 일할 수 있도록 남편이 주는 모든 도움에 대해 길고 상세하게 설명했다. 그의 남편이 쇼핑, 요리, 청소와 같은 집안일을 거의 다 하고, 사람들과 어울리는 일도 전적으로 맡아준 덕분에 사라는 일할 수 있는 인지적 여유가 생겼다. 그는 남편의 지원이 없다면 지금처럼 글을 쓸 수 없었을 거라며 장애인이 적절한 지원을 받았을 때 어떤 변화가 생기는지 좀 더 드러내놓고 말할 수 있어야 한다고 말했다. 그에게 도움의 유무는 성공적인 커리어와 일을 전혀 할 수 없는 상태를 가르는 차이였다. 남편은 그의 돌봄자이며, 그는 그 점을 전혀 창피하게 여기지 않는다.

'돌봄자'라는 용어는 현재 우리 문화에서 한쪽이 다른 쪽을 일방적으로 도와주는 것을 암시하지만, 설령 높은 수준의 대인 서비스가 포함된다고 해도 돌봄이 반드시 일방통행일 필요는 없다. 내 아들이 물리적으로 안전하게 지내고 독립적으로 활동할 환경을 조성하는 데 내가 필요할지 모르지만, 아서는 내게 무한한 사랑, 웃음 그리고 세상에 대한 완전히 독특한 관점을 준다. 루스 리지웨이는 남편 스티브가 신체적 고통으로 일을 못 할 때 집안일과 생활과 사업체 관리를 모두 책임지지만, 스티브는 놀랍도록 든든하게 루스를 정서적으로 지지해주고 운전할 일이 있을 때마다 직접 나서는 훌륭한 동반자다. 장애와 상관없이 많은 부부들이 이렇게 산다. 사라 깁스는 생활의 자잘한 일 대부분을 남편에게 의존하지만, 남편 존은 굵직한 계획을 세우는 데는 사라가 자신보다 뛰어나다는 사실을 자주 상기시킨다. 그렇다. 돌봄은 일방통행이 아니다.

장애를 바라보는 또 다른 방식

장애를 비극, 상실, 동정의 서사가 아니라 좋을 때도 있고 나쁠 때도 있는 평범한 삶의 하나로 바라보면 어떤 일이 생길까?

　키런 로즈와 미셸 로즈 부부는 나와 부엌 식탁에 둘러앉아 차를 마시며 막내딸 리비의 자폐 진단에 대해 이야기했다. 그들의 디데이는 두려움과 슬픔의 날이 아니었다(많은 부모들이 자녀가 자폐 진단을 받은 날을 디데이라고 표현하곤 한다). 리비는 디데이를 축하하고 싶어 했고 로즈 가족은 기쁘게 리비의 요청을 받아들였다. 자폐 상담사이자 작가인 키런은 23세에 자폐 진단을 받았고, 그의 세 아이 가운데 장남인 퀸은 일곱 살에 자폐 진단을 받았다. 가족은 일찍부터 리비가 자폐인이라는 걸 알고 있었지만 의사와 교사들은 리비가 매우 높은 수준의 불안을 느끼는데도 자폐 가능성을 고려하지 않으려 했다. 리비에게 과독증(연령에 비해 문자를 읽고 사용하는 능력이 훨씬 뛰어나다)(단어 읽기 능력은 매우 뛰어나지만 문장 이해력이 떨어지거나, 자폐 성향을 보이거나, 문자나 숫자 이해력은 뛰어나지만 음성 언어 발달이 늦는 등 다양한 형태로 나타나는 읽기장애의 한 유형-옮긴이) 증상이 있어 두 살에 마인크래프트를 가지고 놀면서 혼자 글을 터득하고, 학문적으로도 높은 지적 능력(리비는 천재 수준의 아이큐를 갖고 있다)을 보였기 때문이다. 로즈 부부는 검사 결과를 들으러 가면서 진단을 거부당할 것을 가장 걱정했다. 리비는 아빠와 큰오빠처럼 자신도 곧 자폐 진단을 받으리라는 생각에 신이 나서 축하 케이크와 파티를 준비하자고 했다. 공식적으로 자폐 진단을 받고 진료실을 나선 오후, 리비는 아빠에게 "그래서 아빠처럼 나도 이제 자폐인인 거예요?" 하고 물었고, 키런은 "넌 원래 자폐인이었어. 다만 이제 그 사실을 다른 사람들도 알게 된 거란다" 하고 답했다. 그들은 집으로 돌아가 케이크를 앞에 두고 리비를 축하했다. 여섯 살인 리비는 자폐를 긍정적으로 보았고, 진단을 비자폐인 또래들은 겪지 않을 일에 도전할 기회로 여겼다.

　이 가족의 경험은 자폐 진단에 관한 보통의 이야기들과 확연히 다르다. 신경 발달 장애를 이처럼 드러내놓고 받아들여 진단 자체를 축하할 일로 여기는 가정은 많지 않다. 그 이유를 더듬어 내려가면 장애의 의료적 모델이 있다. 로즈 가족은 자폐를 다름으로 받아들였지만 의료적 모델은 이를 결함이라는 프레임으로 보기 때문이다. 키런은 그렇다고 해서 자폐인에게 별다른 어려움이 없다는 뜻은 아니라고 인정한다. 그는 성인기 내내 자폐 성향을 숨기고 신경 발달 장애가 없는 사람처럼 살려고 애썼고, 그로 인한 정서적 소진burnout을 반복적으로 경험했다. 그는 아이들이 어떤 어려움을 맞닥뜨리게 될지 잘 안다. 하지만 이 가족은 자폐를 정체성의 중요한 일부로 본다. 자폐는 '좋은 것'도, '나쁜 것'도 아니다. 그냥 자폐일 뿐이다. 자폐인 로즈의 아이들에겐 어려움도 있지만 남들에게 없는 능력도 있다. 아이들이 겪는 어려움은 꽤 심할 수 있고, 일상을 조정하고 아이들을 지원하는 일도 늘 쉽지만은 않을 것이다. 하지만 그렇다고 해서 키런이나 미셸(미셸은 자폐인이 아니다)이 신경 발달상의 장애가 없는 아이들을 바란다는 뜻은 아니다. 그들은 아이들을 있는 그대로 사랑하며 아이들을 바꾸거나 자폐에 대항해 싸우려 하지 않는다. 다만 부모로서 아이에게 무엇이 필요하든 간에 적절한 도움을 제공하는 것이 그들의 책임이라 생각할 뿐이다.

역할 모델

나는 부모가 같은 장애를 갖고 있다면 장애 아동에게 훨씬 좋을 거라 생각한다. 부모가 자신의 손상이나 장애에 따른 컨디션을 잘 돌보고 자신의 권리를 주장하고 일상에 적응해 살아가는 모습을 지켜보면, 자신도 당연히 그렇게 살아갈 수 있다고 생각하게 된다. 하지만 많은 장애 아동들 혹은 이제 막 장애를 얻게 된 성인들은 역할 모델이 필요하다고 느껴도 가까이에 없는 경우가 많다. 주류 매체에 장애인이 좀 더 자주 등장한다면 이 문제를 해결하는 데 도움이 되지 않을까?

해일리 뉴먼은 딸 내티가 한 살이었을 때 동네 콘월 마을에서 쇼핑을 하던 중 갑자기 멈춰섰다. 서핑용품점의 거대한 쇼윈도에 다운증후군을 앓는 어린이가 아동복 모델로 선 사진이 걸려 있던 것이다. 알고 보니 그 아이는 브랜드 소유주의 아이였다. 해일리는 이전까지 다운증후군이 있는 아동 모델을 본 적이 없다는 사실을 처음으로 깨달았다. 그는 지금이야말로 인식을 바꿀 때라고 결심하고는, 최대한 많은 지역 브랜드에 연락해 내티를 광고 모델로 쓸 생각이 있는지 물었다. 그중 유기농 아동복 브랜드인 프루기Frugi에서 해일리의 제안을 받아들여 내티는 다음 광고에서 모델로 서게 되었다. 이 일은 전국 언론의 헤드라인을 장식했고, 해일리와 내티는 아침 TV 생방송에 초대되어 그들의 경험을 이야기하기도 했다. 그리고 마침내 내티는 전국 '개학 준비' 시즌 광고에 등장한 최초의 다운증후군 아동이 되었다.

해일리와 전화 통화를 한 바로 그날 나는 딸에게 레깅스를 몇 벌 사주려고 유명 브랜드 매장에 들렀다. 남아 코너를 지나던 나는 무언가를 보고 슬며시 미소 지었다. 매장 안 포스터에 여러 인종의 아이들과 피부 색소침착증을 가진 소년이 있었던 것이다. 해일리와 나는 이제 열세 살이 된 그의 딸이 광고 하나로 전국 방송 TV 프로그램까지 진출한 이후 패션업계가 얼마나 큰 발전을 이뤘는지 보고 웃지 않을 수 없었다.

이렇듯 세상은 서서히 바뀌고 있지만 여전히 갈 길이 멀다. 에마 가드너는 런던에 위치한 유명 광고회사의 크리에이티브 이사이자 다섯 살배기 도티의 엄마이다. 도티는 희귀 유전질환을 앓고 있다. 진단 직후에 분노와 슬픔을 느꼈던 에마는 곧 이 힘든 감정들이 대부분 사회적 문제에서 기인한다는 걸 깨달았다. 직장에 가서는 더 복잡한 의문을 제기하기 시작했다. 우리는 왜 장애에 대해 말하지 않을까? 사람들은 왜 휠체어를 탄 내 딸에게 동정 어린 시선을 보내는 걸까? 장애에 관한 긍정적인 이야기는 어디에 있으며, 장애인들은 왜 그렇게 숨어 지내게 되었을까? 그는 딸 도티 덕분에 광고업계에 이런 어려운 질문을 던질 수 있어 다행이라고 느낀다. 이후 에마는 미디어에서 장애가 얼마나 보이는지, 어떻게 재현되는지에 대한 광고업계 행사를 기획해왔다. 그는 장애인의 삶을 직접 살아보지 않은 사람으로서 장애라는 말을 잘못 이해하거나 실수할까 봐 두려웠다고 고백했다. 하지만 "왜 장애에 대해 말하지 않나요?" 하며 기꺼이 나서지 않는다면, 문제의 일부가 되는 거라 생각했다. 에마에게 이런 깨달음은 아이의 장애를 알게 되면서 찾아왔다. 그리고 행사를 운영하면서 사람들의 얼굴에 같은 깨달음이 떠오르는 순간을 발견할 수 있었다. 에마의 행사에 참여한 이들은 그동안 장애와 장애의 재현에 대해 문제 제기할 생각조차 해본 적 없다는 걸 알게 된 것이다. 그는 "우리는 모두 이 이야기를 피하고 있어요. 고등교육을 받은 우리 같은 사람들도 이 주제에 대해서는 생각도 안 하고 있다고요" 하고 말한다. 에마의 친척 가운데 한 명은 아직도 도티를 볼 때마다 울며 이 얼마나 슬픈 일이냐고 중얼거린다. 에마는 그에게 단호하게 이제 그만하시라고 말한 적도 있다. 하지만 딸의 인생에 매일같이 영향을 주는 이런 생각들이 미디어에 의해 형성되었다는 것도 안다. 그래서 이제 해결책을 만들어보겠다고 결심한다.

전통적으로 주류 매체는 장애인을 인간으로서 존중할 만한 온전한 존재로 보지 않고 결함으로 취급해왔다. 엄청난 역경을 극복하려 애쓰는 어린이의 '감동 실화'가 몇 시간이고 연이어 방송되는 것을 본 적이 있을 것이다. TV를 보는 비장애인들이 힘들게 번 돈을 자선 모금에 내놓게 하려고 만든 방송이다. 척추성 근육위축증을 앓는 작가 셰인 버코Shane Burcaw는 여덟 살에 이러한 목적으로 카메라 앞에서 이용당한 경험이 있다. 버코는 매해 연구 자금으로 수백만 달러를 모금하는 노동절 기념 근육위축증 환자 협회 MDA, Muscular Dystrophy Association 방송에 출연하기로 했다. 방청객들과 집에서 지켜볼 수백만 시청자 앞에서 그는 친구와 운동장을 뛰고 자신을 옭아매는 휠체어 없이 사는 게 꿈인 아이로 묘사되었고, 수치심을 느꼈다. 셰인은 진행자가 말하는 사람이 도대체 누구인지 알 수 없었다. 그는 걷고 싶다고 생각한 적이 없었고 휠체어는 그를 어디든 데려다주었다. 하지만 진행자는 마치 그가 침실에서 하루 종일 울고 있는 것처럼 말했다. 셰인은 이때 처음으로 세상이 자신을 어떻게 바라보는지 알게 되었다. 동정의 대상, 희망 없는 우울한 삶……. 그리고 이런 장면은 모금에 이용되었다. 그의 어머니가 슈퍼마켓에 가면 노부인들이 다가와 위로를 전한다고 한다. 셰인은 대단히 웃긴 작가인데, 그는 자신의 유머 감각이 어려서부터 길러온 뻔뻔함에서 나온다고 생각한다. 그는 "잘못은 사회가 했지만 장애인을 배척해온 지난 수세기 동안 그 잘못이 너무 깊이 뿌리박혀 버렸으니 화를 내봐야 소용없다. 차라리 웃는 게 낫다"고 적었다.[34] 장애는 슬픔과 동의어가 아니라고 그는 말한다. 하지만 장애를 바라보는 우리의 관점이 전적으로 비장애인의 눈을 통해 형성된다면, 우리는 이런 이야기밖에 만날 수 없다.

감동 포르노

'감동 포르노'라는 말을 만든 사람은 오스트레일리아의 활동가이자 코미디언인 스텔라 영Stella Young이다. 휠체어 사용자인 스텔라는 2014년 TED 연설에서 자신의 교생실습 때 이야기를 들려주었다. 열한 살 소년이 수업 중간 무렵 느닷없이 감동적인 연설은 언제 시작할 거냐고 물었던 것이다. 그는 이 소년이 대부분의 비장애인들처럼 장애를 감동의 소재로만 접했을 뿐이라고 설명한다. 그는 이렇게 말한다 "우리는 거짓을 들어왔어요. 장애는 나쁜 것이라는 생각을 주입당했죠. 그야말로 정말 나쁜 거라고 말이죠. 장애가 있다면 당신은 특별한 사람이 됩니다. 하지만 사실 장애는 나쁜 게 아닙니다. 그리고 사람을 특별하게 만들지도 않습니다."[35]

감동 포르노란 비장애인을 위해 장애인을 대상화하는 것이다. 온라인상에 떠도는 밈meme이나 동영상에는 장애인이 잘 살아가는 모습이 드러나기도 하지만 그것들은 결국 비장애인들이 스스로를 좀 더 괜찮은 사람으로 느끼게 할 뿐이다. 보청기를 처음 껴보는 아기 동영상 혹은 결혼식에서 신부와 춤을 추기 위해 친구들의 부축을 받는 하지마비 신랑 동영상 같은 것들을 생각해보라. 이렇게 널리 공유되는 동영상의 목적은 물론 비장애인들에게 감동을 주는 것이다. 장애인은 이야기되는 대상일 뿐이다. 이는 비장애인 인물이 소극적인 장애인 인물을 구원하는 이야기를 통해서도 가능하다. 예컨대 고등학교에서 인기 많은 비장애인 학생이 장애인 학생에게 졸업 파티에 함께 가자고 청하여 영웅 대접을 받는 이야기들 말이다. 2020년 오스카 시상식도 이에 해당한다. 〈피넛 버터 팔콘The Peanut Butter Falcon〉에 출연한 샤이아 라보프Shia Labeouf는 함께 출연한 잭 고츠아전Zack Gottsagen과 나란히 무대에 섰다는 이유로 온갖 매체에서 '훌륭한 사람'으로 칭송받았는데, 그것은 단지 잭 고츠아전이 가진 다운증후군 때문이었다.

당신이 비장애인이라면 장애인의 이미지를 보여주며 직간접적으로 "핑계 대지 마"라고 말하는 경우를 얼마나 많이 봐왔는지 생각해보라. 이 말은 장애인이 무언가 할 수 있다면 비장애인인 당신도 당연히 할 수 있어야 한다는 뜻이다. 비장애인들은 상황이 아무리 나빠도 장애인은 아니니 괜찮다는 생각을 하도록 유도된다. 이러한 감동 포르노는 우리 문화 깊숙이 뿌리내려 장애인을 돌보는 사람들의 삶에도 영향을 미친다.

모리스는 장애인이 세상으로부터 그들의 가치를 폄하하는 메시지를 매일 접한다고 썼다. 나는 돌봄자들이 책임의 무게에 짓눌려 허덕이는 까닭도 여기 있다고 생각한다. 우리는 생산성과 결과에 집착하는 사회에 살고 있다. 그런 사회에서 장애인의 삶이 가치가 없다면, 장애인을 돌보는 사람도 자신의 가치를 인정받기 어렵다. 장애인이 비장애인에게 우월감을 주는 존재일 뿐이라는 메시지에 둘러싸여 있다면, 배우자나 부모가 장애인이 되어 그들을 돌볼 때 우리에게 무슨 일이 생길까? 장애는 우리에게 일어날 수 있는 일 중 최악이라는, 평생 들어온 메시지는 사실로 받아들여지고 우리는 느끼지 않아도 될 슬픔까지 떠안게 된다.

교차성

교차성(인종, 성별, 민족, 계급과 같은 정체성이 결합되었을 때 원래 없던 차별이나 특권이 발생하는 현상을 일컫는 개념-옮긴이)까지 감안하면 장애인에 대한 직간접적인 차별은 훨씬 심각하다. 우선 장애인이 있는 가정의 30퍼센트가 빈곤층에 속한다.[36] 일터에 장애인 접근성이 부족하거나, 필요한 지원을 받지 못하거나, 다른 가족 구성원이 일터에 있을 때 와줄 유급 돌봄자가 없거나 아니면 장애인과 돌봄자 모두에게 필요한 유연성을 고용주가 보장하지 않기 때문에 장애인이나 가족들은 아예 일을 하지 못하거나, 일을 하더라도 원하는 시간만큼 하기 어렵다. 또 장애 아동을 양육하거나 장애인으로 사는 데는 비용이 아주 많이 든다. 월평균 550파운드가량이 장애 관련 비용으로 쓰인다.

빈곤은 이미 기회에 접근하기 어렵고 여러 사회 활동에서 소외된 장애인과 가족들에게 더 많은 문제를 가져온다. 예컨대 집을 소유하지 못했다면, 이런 일이 생길 수 있다. 두 자폐 아동의 어머니인 한 여성은 최근 그들 가족이 민간 임대 주택에서 쫓겨났다고 말했다. 그들은 아파트 2층에 살았는데, 심각한 학습장애를 가진 아들이 밤에 잠을 못 이루고 반복해서 이리저리 뛰어다니곤 했다. 결국 집주인은 아래층 이웃이 계속 불만을 토로한다며 그들을 내보냈다. 그들은 수개월간 부적절한 응급 수용 시설에 살았고 아이들은 그곳에서 무척 우울해했다. 마침내 위원회에서 좀 더 오래 살 수 있는 공간을 제시했지만, 이 가족이 지난번 집에서 나와야 했던 이유를 완전히 간과한 채 다시 2층에 위치한 아파트를 배정했다. 이 어머니는 울면서 아들의 행동과 1층에 배정되어야 할 필요성을 설명했으나 1층은 휠체어 사용자를 위한 공간이며 그의 아들은 휠체어 사용자가 아니라는 말만 들었다. 몇 달 더 옥신각신한 끝에 이 가족은 그들에게 적합하지만 거주 기간은 더 짧은 집에 배정되었다. 일반적인 믿음과 달리, 많은 장애인 가정이 접근이 용이하고 필요한 것들이 갖춰진 거주지를 얻기까지 몇 년씩 기다려야 한다. 장애인 가족이 혼자 방에 들어갈 수 없는 집, 장애인 가족이 욕실이나 침실에 갈 때마다 돌봄자가 들어서 옮겨줘야 하는 집, 휠체어나 다른 장비가 접근할 수 없는 집에서 수년을 지내는 것이다. 현재 영국에는 주거에 필요한 것들이 충족되지 않은 채 살아가는 장애인이 180만 명에 이른다.[37]

재정적 빈곤이 어떻게 돌봄을 더 어렵게 만드는지는 비교적 상상하기 쉽지만, 인종차별도 한몫한다. 자폐인 아들을 둔 스테이시리는 내게 흑인 아들을 키우는 흑인 엄마로서 아들이 경찰 앞에서 부적절한 행동을 하면 어쩌나 항상 걱정된다고 했다. 아들이 두 살 되던 해부터 그는 경찰이 말을 걸면 항상 멈춰 서서 경청해야 한다고 가르쳤다. 아이가 알아듣게 설명하려고 장난감 경찰차를 보여주며 이야기했다. 흑인이 통상적인 반응을 보이지 못하면 같은 상황에 처한 백인보다 훨씬 더 위험할 수 있다.

마바는 아서와 같은 학교에 다니는 열한 살 소년 라이언도의 엄마다. 우리는 자주 장애 수당 신청 양식이나 수급비 정보를 나눈다. 두 아이가 닮은 점이 많고 관심사도 비슷해서 크리스마스 선물로 뭘 준비하면 좋을지나 어디에 데려가면 좋을지도 함께 이야기하곤 한다. 자메이카 출신인 마바는 공공장소에서 낯선 이들을 만날 때 나나 아서와는 사뭇 다른 반응을 경험했다. 라이언도는 나이에 비해 키가 크고 검은 피부를 가졌다. 자폐 아동이 멜트다운을 겪을 때 간혹 공격적으로 반응할 수 있는데, 버스를 기다리는 동안 어떤 사람이 라이언도가 자신들에게 공격적인 행동을 보였다며 그를 때린 일이 있었다. 흑인 장애 아동을 키우는 마바는 백인 아이를 키우는 나보다 분명 더 많은 어려움을 겪고 있다. 비백인 앞에 드리운 장벽은 우리 사회에 만연한 장애차별주의에 더해져 상황을 더욱 어렵게 만든다.

나는 장애인으로 살아갈 아들의 삶이 걱정되고 두려웠다. 하지만 내 걱정 중 일부는 분명 문화적 편견에서 비롯된 것이었다.

이 사실을 깨닫고는 상상 속 두려움에서 실재하는 두려움을 걸러 낼 수 있었다. 그리고 이제 내 앞에는 정말로 실재하는 두려움만 이 남아 있다. 나는 특수교육 분야에서 부족한 정부 지원을 걱정 한다. 그리고 불충분한 사회적 돌봄 제도를 걱정한다. 돌봄은 결 과적으로 많은 부분 무급 돌봄자들에게 내맡겨졌다. 브리스톨대 학교가 2018년에 실시한 학습장애인 사망률 조사 프로그램LeDeR, Learning Disability Mortality Review Programme은 내가 가장 두려워하는 지 점을 잘 보여준다. 조사 결과에 따르면, 내 아들은 단지 학습장애 를 가졌다는 이유만으로 얼마든지 예방할 수 있는 일을 막지 못해 또래 비장애인보다 20년 일찍 사망할 수 있다.[38] 이런 공포는 내 상상 속에 있는 것이 아니라 실재한다. 그리고 이 모든 두려움의 근원은 하나다. 사회가 장애인을 비장애인과 동등한 가치를 지닌 존재로 보지 않는다는 것. 내 안에 있는 장애차별주의를 설명하는 것이 모든 싸움의 출발점이다. 아서가 교육, 기회, 양질의 보건의 료 서비스 그리고 사회적 돌봄 지원에서 동등한 접근권을 얻을 때 까지 계속 싸우려면 나도 한때 학습장애를 가진 사람들을 두려워 하고 동정했다는 사실을 인정해야만 한다.

셰인 버코는 이렇게 썼다. "아주 어려서부터 내 몸과 사회와 나 를 둘러싼 세상은 오직 하나의 메시지를 내게 주입했다. 나는 아 프고, 다르고, 존재 자체로 불쌍하다고. 사람들은 내 삶에 관해 아 무것도 모르면서 나를 불쌍히 여기도록 프로그램되어 있다. 내 삶이 부정적이고 슬플 거라는 바깥의 시선은 때로 매우 강력하다. 그래서 이 시선을 내재화하면 나는 나를 가장 사랑하는 사람들에게조차 짐 덩어리일 뿐이라는 해로운 믿음이 자라난다."[39]

이런 부정적인 인식에 맞서려면 돌봄자들의 역할이 특히 중요하다. 장애나 만성질환과 함께 사는 삶이 전혀 어렵지 않다거나 인생이 꽃밭인 척하라는 게 아니다. 다만 장애인의 삶도 비장애인의 삶처럼 그 자체로 온당하고 다채롭고 충만하다는 걸 깨달아야 한다는 것이다.

타고난 낙천주의자인 나는 다른 사회를 상상한다. 신생아에게 다운증후군이 나타나도 조산사가 산모에게 출산을 축하하는 사회, 척추 손상을 가진 누군가가 대중교통과 사무실을 이용하는 데 불편함이 없어서 출퇴근을 걱정하지 않는 사회, 시각장애인이 팀에 합류할 수 있도록 기꺼이 사무 환경을 개조하려는 고용주가 많은 사회. 나는 그런 사회를 상상한다. 장애를 얻게 된 사람이 사회의 편견과 배척을 마주하는 대신 장애에 적응하는 데만 집중할 수 있다면 얼마나 좋을까?

그런 세상이라면 돌봄자가 되는 것도 훨씬 덜 두려울 것이다. 돌봄자가 가여운 사람도 아니고 대단한 성자도 아닌, 그저 자연스러운 삶의 형태로 받아들여지는 세상 말이다. 물론 그런 세상이 온다고 해서 잠 못 이루는 숱한 밤이 사라지지는 않을 것이다. 사랑하는 이가 만성 통증으로 괴로워하는 모습을 지켜보는 게 덜 힘들어지지도 않을 것이다. 하지만 우리가 사랑하는 사람들의 가장 기본적인 권리를 지키기 위해 싸우지 않아도 된다면, 얼마나 많은 에너지를 아낄 수 있겠는가? 장애인이 되는 게 인생 최악의 일이라는 생각을 거스른다면, 얼마나 큰 슬픔을 피할 수 있겠는가?

4 기대
가진 적 없으나 잃어버린 아이

당신의 이야기는 끝난 게 아니다. 단지 예상치 못한 전개에
접어들었을 뿐이다. [40]

_ 셰릴 스트레이드(Cheryl Strayed), 전기 작가 겸 소설가 겸 에세이 작가

메리 수전과 숀 매코널 부부는 입양 서류를 작성할 때 장애 아동
을 입양하는 데 관심이 있는지 묻는 항목에 체크하지 않기로 했
다. 당시 26세였던 그들은 장애 아동은 말할 것도 없고 아이를 갖
는 일 자체에 대해서도 거의 아는 게 없다고 생각했기 때문이다.
하지만 입양 기관이 실수로 기준에 맞지 않는 아이를 소개했다.
입양 기관이 보낸 이메일을 열자 가나의 보육 시설에 사는 한 살
배기 여자아이가 있었다. 두 사람은 아이의 무언가에 강하게 이끌
렸고 보자마자 이 아이와 가족이 되리라는 걸 알았다. 입양 기관
은 아이가 뇌성마비 진단을 받았다고 했지만 그 밖에 더 자세한

내용은 알 수 없었다. 불확실한 미래에 뛰어들어야 할까? 메리와 숀은 스스로도 놀랄 만한 답을 내놓았다. 그들은 알 수 없는 미래를 기꺼이 택했고, 훗날 애비엘라라는 이름을 붙여줄 아이를 만나기 위해 첫 방문 계획을 세웠다.

메리와 첫 인터뷰를 할 때, 나는 그들이 입양 과정에서 애비엘라의 장애에 대해 충분히 알고 있었으리라 생각했다. 하지만 메리는 사실 정반대에 가깝다고 했다. 가나에 처음 방문하기 전에 동네 소아과에 가서 그들이 무얼 알고 있어야 할지 물었다. 의사는 아이에 대한 정보가 거의 없으니 확실히 알기 전까지는 모든 종류의 중증 장애가 다 있을 거라 추정하는 편이 낫다고 했다. 의사는 부부에게 아이가 시각, 청각 혹은 근육이나 사지 제어에 이상이 있는지 알아볼 방법을 알려주었다. 가나에 방문한 그들은 시설 정원에 있는 커다란 나무 아래에서 매일 오후 애비엘라를 만나 아이에 대해 알아갔다. 어느 날 오후, 차 한 대가 근처에 서더니 문이 큰 소리를 내며 닫혔다. 애비엘라는 깜짝 놀랐고 메리와 숀은 애비엘라가 들을 수 있다는 증거라고 생각하며 기뻐했다. 그들은 애비엘라의 손상 하나하나를 상실로 보지 않았다. 아이가 그들과 주변 환경에 반응하는 모습을 지켜보는 건 애비엘라의 능력에 대한 지식을 수집하는 것처럼 느껴졌다. 그들은 애비엘라가 볼 수 있는지는 알 수 없었지만, 아이에 대해 더 알게 될 때까지 목소리로 아이와 소통할 수 있었다. 그들은 약 1년 후, 세 번째 방문에서 마침내 애비엘라를 테네시에 있는 집으로 데려왔다. 그때까지도 아이가 어떤 장애를 갖고 있는지 모두 파악하지 못한 채였다.

메리 수전과 숀의 가장 놀라운 점은 그들이 애비엘라의 장애를 상실로 보기보다 단순히 아이의 상태로 봤다는 데 있다. 우리는 장애를 상실의 관점으로 보길 강요하는 문화에 살고 있다. 그러나 이 부부는 그 반대의 관점으로 부모가 되는 더 힘든 길을 택했다. 곧 아이를 갖게 될 부부는 "건강하기만 하면 딸이든 아들이든 상관없어요"라고 말하곤 한다. 하지만 아이가 건강하지 않거나 장애를 갖고 태어났다면 어떨까? 배우자, 형제자매 혹은 부모가 장애를 입거나 만성질환에 걸리면 어떨까? 인생이 언제나 꽃길이기만 할까? 몸과 마음에 아무런 손상 없이 살 수 있을까?

로스앤젤레스에서 일하는 소아신경심리학자 리타 아이첸슈타인Rita Eichenstein은 (그의 표현에 따르면) '별난 아이'를 둔 가정을 전문적으로 다룬다. 그는 자신의 경험에 비추어 볼 때, 예상치 못한 진단 이후 고통 받는 건 바로 우리의 기대 때문이라고 설명한다. 저서 《빗나간 기대Not What I Expected》에서 그는 우리의 개인적이고 문화적인 기대를 면밀히 살펴보는 것이 기대를 내려놓는 데 중요한 첫걸음이라고 말했다. 그가 맡은 환자 오라의 이야기는 아이첸슈타인 박사의 관점을 잘 보여준다. 아이첸슈타인 박사는 난치병을 앓는 어린아이의 엄마이자 호스피스 간병인인 오라에게 이렇게 말한다. "아기가 태어날 때부터 변기를 사용할 줄 안다고 상상해보세요. 그러면 우리는 기저귀를 사용할 거라 기대하지 않을 겁니다. 만일 기저귀가 필요한 아기를 낳는다면 비극이라고 생각할 거예요. 생후 2년 동안 기저귀를 갈아야 한다는 사실이 처참하게 느껴지겠죠. 하지만 현실에서 모든 부모는 기저귀를 갈 수 있어요. 왜 그럴까요? 그게 자연스러운 상태이기 때문입니다."⁴¹

현실이 기대에 들어맞지 않을 때 우리는 고통 받는다. 그럴 때 인간은 슬프고, 화나고, 혼란스럽고, 두렵고, 억울해한다. 의식하든 못 하든 누구에게나 기대하는 바가 있다. 아이들이 다 커서 이제 막 평화롭고 자유로운 여생을 누리려 하자 고령의 부모가 아파 모셔야만 하는 상황이 벌어진다거나, 해외에 직장을 구해 떠나려 할 때 배우자가 만성질환에 걸려 꿈을 포기해야 할 수도 있다. 돌봄자가 되는 건 관계의 변화를 의미하기도 한다. 갑작스럽게 부부 중 한쪽이 다른 한쪽에 훨씬 더 의존하게 될 수 있다. 평생을 가장으로 살아온 부모가 나이 들어서 자식의 도움을 받으며 함께 사는 상황이 벌어질 수도 있다. 미래에 이런 일이 생길 가능성을 모두 받아들인다고 해도, 기대하는 삶의 모습에 이런 장면을 끼워 넣기란 쉽지 않다. 이런 상황은 모두에게 큰 변화를 요구한다. 하지만 시간이 지나 적응을 하면 결국 기대를 놓아버리고 새로운 정상new normal을 찾게 된다.

오라는 딸의 병을 받아들이자 기대뿐 아니라 자의식도 내려놓을 수 있게 되었다고 아이첸슈타인 박사에게 말했다. 아이첸슈타인 박사는 기대와 자의식이 대개 연관되어 있다고 설명한다. 자의식은 상황이 달라질 수 있으며 이를 스스로 통제할 수 있다고 기대하게 만듦으로써 우리를 힘들게 한다. 예컨대 공공장소에서 부모님이 소변을 못 참는 일이 생겼을 때, 이를 부모가 않는 증상의 일부로 받아들이고 안타깝게 생각할 수도 있겠지만 당황하여 어찌할 바를 모를 수도 있다. 그런 일이 벌어지면 뇌는 격렬한 반응을 보인다. 이때 느끼는 당혹감은 억울하고, 분하고, 화나는 감정으로 이어지기도 한다. 이런 감정들은 잘못도 아니고 부자연스러운 일도 아니지만, 우리를 필요 이상으로 고통 받게 만든다. 그러나 기대를 바꾸는 것은 쉽지는 않을지라도 가능한 일이다.

상실감

메리 수전과 숀 매코널과 달리, 나는 처음에 내 아들의 자폐 진단을 **상실로 보았다.** 진단 후 첫 몇 달간 아들을 도울 방법을 찾으려 허둥지둥하는 동시에 결코 일어나지 않을 수도 있는 일들을 곱씹었다. 아서는 영영 말을 못 할 수도 있다. 밤에 무슨 꿈을 꾸었는지 말하지 못하고, 학교에서 무슨 일이 있었는지 말하지 못하고 혹은 아픈지 아닌지조차 말하지 못할 수도 있다. 나는 내 아이가 어디가 아프다는 말도 못 할 거라는 걸 알기 전까지는 내가 아이에게 그런 기대를 하는 줄도 몰랐다. 우리가 가진 기대 가운데 다수는 무의식적이어서 깨지기 전까지는 존재 자체를 모른다. 우리는 아이가 걷고 말하는 걸 당연하게 여기지만, 사실 당연하지 않다. 아서는 자폐 진단을 받기 얼마 전에 처음으로 몇 마디 말을 했다. 나는 아서가 말하기 시작했다고 아서보다 큰 아이를 가진 친구에게 말했다. 그는 안도하는 내 목소리를 듣고 웃으며 "당연히 말하기 시작했겠지. 넌 아서가 열여덟이 되도록 말을 하지 않을 거라 생각했니?" 하고 말했다. 그의 세상에서 발달은 당연한 것이었고, 그는 다른 모든 사람에게도 그러리라 생각하는 것 같았다.

리타 아이첸슈타인은 인간이 추상적인 상실을 애도하는 유일한 종이라고 설명한다. 다른 동물들이 실제로 잃어버린 것을 애도하는 데 반해 우리는 존재한 적도 없는 것을 잃었다고 느낀다. 아이가 말을 하는 것이나 자식들이 자라서 집을 떠나면 배우자와 세계 곳곳을 여행하는 것 같은 기대 말이다. 실제로 일어나지 않았지만 어쩌면 일어날 수도 있었던 일을 곱씹고 아직 벌어지지 않은 일을 걱정하는 인간 고유의 능력이 우리를 이렇게 만든다.

아서가 진단을 받은 초기에 나는 휘몰아치는 감정의 소용돌이를 겪었다. 내가 느낀 감정들을 조목조목 따져보고, 구분하고, 이해하려 애쓰자 흙먼지가 점차 가라앉으면서 무언가가 투명하게 떠올랐다. 내가 느낀 건 상실감이었다. 나는 제스 윌슨을 변기에 대고 구역질하게 했던(3장 110쪽) 바로 그 이유로 겁에 질렸다. 나는 아서가 소외당하고, 무시당하고, 학대당하기까지 하는 소수자 집단의 일원이 될 거라 생각했다. 마음속에 그려놓은 줄도 몰랐던 삶에 작별을 고해야 하는 것도 슬펐다. 아이들과 비행기를 타고 오스트레일리아에 있는 가족들을 방문하는 삶, 아서가 내게 농담을 하고 내 오빠들이 내게 그랬듯이 여동생에게 짓궂게 장난치는 삶, 아서가 유창하게 말하고 나이에 맞는 학습 목표를 달성하여 장래에 다양한 선택지를 갖는 삶 말이다. 물론 나는 내 아들의 미래가 열려 있다고 생각하지만, 이러한 일들은 아직 일어나지 않았고 어쩌면 앞으로도 영영 일어나지 않을지 모른다. 실재하지 않는 것을 잃었는데 상실감이 너무나 생생했다.

추상적인 상실감은 실재하는 상실에 비하면 별것 아니라고 여겨지기 쉽다. 하지만 상상하던 미래를 잃는다는 것은 실재하고 손에 쥘 수 있는 뭔가를 잃은 것만큼이나 중대한 상실이다. 우선, 내 아들이 살아가며 맞닥뜨릴 시련을 생각하면 나는 엄마가 돌아가셨을 때처럼 마음이 미어졌다. 내 아이가 남들과 달라서 슬픈 게 아니었다. 나는 아서가 대다수 사람들에게는 당연한 일을 해내느라 평생을 힘들어해야 한다는 생각에 억장이 무너졌다. 그리고 내가 아서를 잘 돌보지 못할까 봐 겁이 났다.

하지만 리타 아이첸슈타인이 설명하듯이 내가 잃어버린 것은 '완벽한 아이에 대한 환상'이었다. 이 점을 이해하자 비로소 환상을 놓아버리는 과정을 시작할 수 있게 됐다. 내가 사랑하는 아이는 환상 속 아이가 아니었다. 내가 원하는 아이는 지금 내 앞에 살아 있고, 숨 쉬고, 키득대고, 소리 지르고, 정신 산만한 바로 이 아이였다.

후천적으로 장애인이 되거나 장애를 갖고 태어난 가족 구성원에게 '애도grief'라는 말을 쓰는 경우가 많다. 이에 관해 자폐인 권리 옹호 운동가이자 작가인 짐 싱클레어Jim Sinclair는 〈우리를 애도하지 말라Don't Mourn For Us〉라는 기사로 답했다. 그는 부모들에게 '슬퍼해야 한다면 당신들의 잃어버린 꿈을 슬퍼하라. 하지만 **우리**를 애도하지 말라. 우리는 살아 있다. 우리는 실재한다. 그리고 우리는 여기서 당신을 기다리고 있다'고 호소한다.[42] 미리엄웹스터 사전은 애도를 '사별이나 그에 준하는 일로 인한 깊고 강렬한 고통'이라고 정의한다.[43] 애도라는 단어와 죽음의 떼려야 뗄 수 없는 관계를 생각하면, 장애인 가족이 느끼는 감정을 '애도'로 묘사할 때 많은 성인 장애인들이 분노하는 이유를 이해할 수 있을 것이다. 이는 복잡하고 혼란스러운 주제다. 짐 싱클레어도 인정하듯이 반드시 한 번은 설명하고 넘어가야 할 기대의 상실이 있다. 애도라는 단어는 어떤 사람에게는 그가 겪는 압도적인 슬픔을 표현할 완벽한 단어일 수도 있다. 자식이든, 배우자든, 부모든 사랑하는 사람이 장애나 손상 때문에 신체적·정서적 고통 혹은 일상생활의 어려움을 겪으리라 생각하면 감당하기 힘든 감정을 경험하게 된다. 그러나 또 어떤 이들에게 애도라는 단어는 삶 속에 우리가 통제할 수 없는 무언가가 있음을 깨달았을 때 동반하는 상실감이기도 하다.

짐 싱클레어는 적절한 단어를 골라냈다. 영어 단어 'grief'와 'mourning'은 둘 다 애도를 의미하지만, grief는 상실을 둘러싼 내적 경험과 감정을 가리키는 반면, mourning은 이러한 감정의 외적 표현을 의미하기 때문이다. 성인 장애인들은 기대했으나 갖지 못한 아이를 애도하는 부모를 지켜보기가 얼마나 괴로운지 글로써 털어놓았다. 나는 그들이 쓴 글을 오랫동안 아주 많이 읽었다. 부모의 반응이 이러할 때, 그들이 자신과 장애가 있는 신체를 받아들이기란 얼마나 힘들겠는가. 기대를 조정하기 위해서는 우리가 사랑하는 누군가가 삶을 뒤흔드는 진단을 받았을 때 느끼는 강렬한 감정을 안전하게 살펴봐야 한다. 이러한 감정이 무엇이며 어디서 비롯되었는지 충분히 이해해야 앞으로 나아갈 수 있다. 내 경우에는 아들의 미래와 정서적·신체적 안녕에 대한 두려움이었다. 이를테면, 나는 아들이 원활하게 소통하지 못해서 심각한 병에 걸려도 모르고 넘어가거나, 복잡한 거리에서 갑자기 발작을 일으켜 차에 치일까 봐 걱정한다. 물론 많은 돌봄자들이 여러 가지 이유로 수명을 단축할 조건에 놓인 아이, 부모 혹은 배우자를 돌보고 있다. 이러한 측면의 상실과 애도에 대해서는 다음 장에서 살펴보기로 한다.

사람은 누구나 문화적으로든 개인적으로든 각자의 근거와 믿음을 갖는다. 그리고 그 근거와 믿음은 삶의 거대한 변화를 경험할 때 수반되는 무수한 감정을 구성한다. 만일 우리가 이러한 감정들을 혼자서, 상담사나 가까운 친구 혹은 지지 집단의 도움을 받아서 풀어낼 수 있다면, 이 감정들은 더 이상 우리를 뒤흔들지 못할 것이다. 우리는 그러한 감정들을 놓아버릴 수 있다.

아이첸슈타인 박사는 오랜 가족 치료 경험을 통해 부모인 돌봄자가 자신의 감정과 반응을 이해하고 감당하는 정도가 그가 돌보는 사람에게 주는 정서적 영향과 직접적으로 관련되어 있음을 알아냈다.[44] 다시 말해 돌봄자의 정신 건강에 이로운 것이 곧 그들이 돌보는 자식이나 배우자, 부모에게도 좋다는 것이다.

관점

시리타와 롭이 처음 만나 사랑에 빠졌을 때 그들은 홍콩에 살고 있었다. 롭은 글로벌 브랜드의 광고를 맡고 있었고, 시리타는 제품 디자이너였다. 그들은 좋아하는 일을 하며 바쁘게 살았다. 시드니에서 휴가를 보내던 중, 일찍 일어난 시리타는 호텔 방에 쓰러져 있는 롭을 발견했다. 그는 고통으로 몸을 뒤틀며 시리타의 말을 알아듣지도 못했다. 시리타는 황급히 앰뷸런스를 불렀고 병원에 도착해서야 롭의 상태를 알 수 있었다. 그는 뇌출혈로 사경을 헤매고 있다고 했다. 열두 시간에 걸친 뇌 수술이 끝나자 신경외과 전문의는 롭이 살아는 있지만 혼수상태이며 치명적인 손상을 입었을 수 있다고 전했다. 할 수 있는 일이라고는 지켜보며 기다리는 것뿐이었다.

휴가지에서 집으로 돌아갈 수 없었던 시리타는 영국에 사는 롭의 어머니와 누이가 시드니에 도착할 때까지 병원에 머물며 롭의 곁을 지켰다. 3주 후 롭은 의식을 되찾았지만 말하지도, 서지도, 펜을 들지도 못했다. 또다시 3개월이 지나고 나서야 그는 영국에 돌아갈 수 있을 정도로 회복되었다. 두 사람이 홍콩에 있는 집과 직장과 소득을 전부 잃은 것은 아주 순식간의 일이었다. 롭은 의사소통 능력과 독립성을 모두 잃었고, 다시 예전으로 돌아갈 수 있을지도 알 수 없었다. 현재 시리타는 전일 돌봄자 역할을 하며 그전까지는 몇 번 본 적도 없던 롭의 부모와 아는 사람 한 명 없는 낯선 곳에서 살고 있다. 그는 온갖 상실이 한꺼번에 몰려왔다고 말했다. 삶의 단 한 부분도, 아주 짧은 순간마저도 예측할 수 없었다. 그들은 삶을 처음부터 완전히 재설계해야 했다.

롭과 시리타 부부는 서머싯에 새 둥지를 틀었다. 내가 그들과 통화하는 동안 그들의 아들 그레이슨은 시리타의 무릎에 앉아 시끄럽게 종알거리며 재채기를 했다. 롭이 뇌 손상을 입은 지 5년이 지난 지금, 그들의 삶은 이전과 많이 달라졌다. 그들이 영국에 돌아와서 만난 신경 전문의는 롭이 살아 있다는 사실에 깜짝 놀랐다. 롭이 그날 죽지 않은 게 기적이라고 했다. 시드니에서 그를 맡은 의료진이 불굴의 의지로 롭을 살린 것이었다. 시리타는 롭이 영국행 여정을 감당할 수 있을 정도로 회복할 때까지 세 곳의 재활센터를 알아봐야 했다. 처음 두 곳은 롭의 부상이 너무 심각해서 재활해봤자 소용없을 거라며 그들을 돌려세웠다. 세 번째 센터를 운영하던 젊은 의사는 롭이 고작 삼십 대라는 사실에 놀랐다. 결국 그가 롭을 받기로 결정했고, 롭이 비행기에 탑승할 만큼 기운을 되찾도록 적극적으로 도왔다.

그 이후로 롭은 링컨셔 병원에서 퇴원하고 시리타는 롭의 부모님 댁에서 종일 그를 돌보게 되었으며, 결혼을 하고, 함께 사업을 시작하고, 영국 끝에서 끝으로 거처를 옮기고, 축복 속에 아들을 낳았다. 롭의 회복은 더디고 힘들었다. 그는 여전히 말하고 걷는데 어려움을 겪는다. 뇌에 손상을 입는다는 것은 하루 만에도 모든 것이 달라질 수 있음을 뜻한다. 그들은 전과는 정반대로 삶의 속도를 늦추어야 했다. 하지만 시리타와 롭의 이야기에서 가장 놀라운 부분은 그가 회복하여 가족들과 함께 일군 삶뿐 아니라 모든 걸 상실했음에도 그 과정에서 많은 것을 얻었다고 생각하는 그들의 강력한 믿음에 있다.

시리타 부부와 같은 사람들이 고난과 상실에도 불구하고 행복하고 자긍심 있는 삶을 사는 까닭 이면에 많은 과학이 작용한다. 같은 과학으로 내가 자폐인인 아들을 키우는 삶에 적응하게 된 이유를 설명할 수 있다.

인간은 무엇이 자신이 행복하게 하는지 예측하는 데 아주 서툴다. 하버드대학교 심리학과 교수 대니얼 길버트Daniel Gilbert가 말한 것처럼, 우리에게는 선천적 편향이 있어서 행복을 가져다줄 거라는 생각에 원했던 것들이 결국 착각으로 끝나는 경우가 많다.[45] 우리를 오랫동안 매우 행복하게 해줄 거라 기대하는 어떤 것들은 실제로 큰 행복을 주지 못하고 때론 잠깐의 행복도 안겨주지 못한다. 마찬가지로 우리는 부정적인 경험을 하면 긴 시간 몹시 비참한 기분을 느끼게 될 거라 생각하지만, 사실 부정적인 경험도 단기간에 약간의 불행만 줄 뿐이다. 이를 충격 편향이라고 부르는데, 누구에게나 이런 경향이 있다.

소득이 일정 수준을 넘어가면 돈이 더 있다고 해서 행복해지지 않는다는 말을 들어봤을 것이다. 이는 부분적으로는 쾌락 적응으로 설명할 수 있다. 인간은 적응력이 매우 좋아 현재 상황에 끊임없이 적응한다. 그래서 더 많은 돈이나 새 차나 새집이 생기면 잠시는 기분 좋을 수 있지만, 새 환경에 자연스럽게 적응하여 예전의 느낌으로 돌아간다. 더욱 흥미로운 사실은 충격 편향이 부정적인 경험에서 더 큰 영향을 미친다는 것이다. 우리는 실제로 나쁜 일이 벌어졌을 때보다 나쁜 일이 벌어질 거라고 생각할 때 더 오래, 더 많이 불행해한다. 그러나 인간은 이른바 '좋은' 일뿐 아니라 어려운 상황에 적응하는 능력도 뛰어나다. 대니얼 길버트 교수에 따르면, 우리는 우리가 가진 회복탄력성을 잘 인식하지 못하는 경향이 있다. 그리고 사실 인간은 탁월한 회복탄력성을 지녔다.

캘리포니아대학교 소냐 류보머스키Sonja Lyubomirsky 교수의 연구에 따르면, 상황이 행복에 미치는 영향은 10퍼센트에 불과하다. 소득 수준, 결혼 및 이혼, 사별, 건강, 장애가 실제로 우리의 행복에 미치는 영향이 미미하다는 뜻이다. 50퍼센트는 유전적으로 결정되고, 나머지 40퍼센트는 행동과 생각에서 비롯된다.[46] 구체적인 수치에는 논쟁의 여지가 있더라도, 우리가 자신의 행복에 영향을 미칠 수 있다고 시사하는 연구는 많다. 상황은 많은 부분에서 통제를 벗어나지만 행동과 사고는 통제할 수 있다. 물론 노력이 들겠으나, 우리는 힘든 상황에서도 행복을 느끼는 방향으로 행동하고 생각할 수 있다.

메리 수전과 숀의 딸 애비엘라는 몇 가지 중증 장애를 갖고 있다. 비슷한 상황에 놓인 많은 부모가 수년간을 슬퍼하며 보낼 정도로 심각한 장애다. 메리와 숀은 애초에 장애 아동을 입양할 계획이 없었는데도 애비엘라를 알게 되자마자 부모로서 기대했던 모습을 수정하기로 했다. 그들이 새롭게 그린 부모의 모습에는 장애가 있는 애비엘라와 그들이 애비엘라의 미래를 예측하지 못하리라는 사실까지 포함되어 있었다. 그들은 애비엘라가 처음 집에 왔을 때, 발작 증세를 보이지 않는다는 것만으로도 기뻐했다. 발작은 애비엘라가 가진 장애에서 흔히 나타나는 증세였기 때문이다. 안타깝게도 기쁨은 오래가지 않았고 애비엘라가 세 살이 되던 해에 처음 일으킨 발작이 모두에게 트라우마를 남기긴 했지만 말이다.

그들은 겁에 질려 앰뷸런스를 타고 병원으로 향하는 시간, 수술 그리고 그 외에 장애 아동을 키우는 부모라면 누구나 겪는 온갖 어려움을 감당해야 했다. 하지만 비장애 아동을 입양할 기회를 놓쳤다는 생각은 들지 않았다. 그들은 기대를 조정할 수 있었기에 장애 아동을 돌보는 데 따르는 통상적인 두려움과 걱정 외에 더한 고통은 없었다. 배우자나 부모의 갑작스럽고 예상치 못한 장애에 적응하는 돌봄자들도 마찬가지다.

사람은 자신의 상황을 객관적으로 평가하는 데도 서툴기 때문에 기대로 인해 좌절하고 고통 받곤 한다. 우리 뇌는 특정 상황에서 느낄 감정을 결정할 때 참조점을 사용한다. 이는 은메달 효과와 같은 연구에서도 잘 드러난다.[47] 심리학자들이 여러 올림픽 경기에서 금메달, 은메달, 동메달 수상자들의 표정을 연구했는데, 결과는 예상을 빗나갔다. 은메달 수상자들이 대개 동메달 수상자들보다도 속상해했던 것이다. 금메달을 아깝게 놓친 은메달 수상자들은 '금메달을 놓쳤다'는 사실이 참조점이 된 반면, 동메달 수상자들은 메달을 아예 못 딸 수도 있었기 때문에 동메달이라는 결과에 아주 만족했다. 객관적으로 동메달이 은메달보다 낮은 등급의 메달이지만 동메달 수상자들이 더 큰 기쁨을 느꼈다. 이런 차이는 수상자들이 자신의 상황을 가늠해보는 참조점에서 비롯된다. 메리 수전과 션 가족은 동메달 수상자에, 목에 걸린 메달은 잊은 채 '비장애 아동의 부모가 될 수도 있었다'는 생각에 빠진 부모는 은메달 수상자에 비유할 수 있다.

우리는 상황을 판단하기 위해 끊임없이 참조점을 활용하는데, 이는 대부분 무의식적으로 이루어진다. 행복과 불행을 예측하고, 상황을 객관적으로 보는 데 서툰 우리의 마음은 참조점을 고르는 데라고 더 나을 게 없다. 다른 동료들이 연봉 25만 달러를 받는 상황에서 혼자 10만 달러의 연봉을 받는 경우와 동료들이 2만 5천 달러를 받는 상황에서 혼자 5만 달러를 받는 경우를 제시하고 피험자의 선호를 측정하는 사회적 비교 실험은 이 점을 잘 보여준다. 절반가량의 참가자가 다른 동료들의 두 배를 벌 수 있다면 기꺼이 5만 달러를 덜 받겠다고 했다.[48]

하지만 참조점을 옮겨 상황을 바라보는 방식을 바꿀 수도 있다. 시리타가 롭의 부상에 대해 이야기할 때, 나는 좋은 삶에 대한 그들의 참조점이 바뀌었다는 것을 알 수 있었다. 두 사람은 그들이 트라우마 경험이라고 부르는 그 시간 동안 깊은 상실감과 슬픔을 감당해야 했지만, 그래도 현재의 삶을 롭이 다치기 전 홍콩에서의 삶과 비교하지 않는다. 그들은 다른 가능성을 생각하기로 했다. 롭이 그날 죽을 수도 있었다는 가능성 말이다. 롭을 간호하면서 아기를 키우는 생활에 적응하기는 쉽지 않았지만, 시리타는 좌절과 어려움을 소셜미디어에서 본 다른 초보 엄마들과는 다르게 느낀다고 했다. 그는 "저는 가족을 위해 빨래를 할 수 있다는 걸 행운이라고 느껴요" 하고 말했다. 존재하지 않았을 수도 있는 가족이기 때문이다.

롭에게 시리타의 돌봄을 받아들이는 데 어떤 어려움이 있었는지 묻자, 그 역시 답하기 괴로워했다. 그는 뇌 손상에 적응하기는 무척 고되었지만 시리타의 존재와 시리타가 그를 위해 한 모든 일을 떠올릴 때면 자신이 얼마나 운이 좋은지 느끼게 된다고 했다. 스카이프를 통해 세 사람이 함께 대화를 나누는 방식은 롭에겐 쉽지 않았고, 나는 이메일로 질문을 보낸 다음 녹음된 음성으로 답을 받게 되었다. 롭과 시리타는 충분한 시간을 두고 고민한 끝에 답을 보내주었다. 두 사람이 보내준 음성 메시지 속에서 롭은 시리타에게 말을 하다가 눈물을 흘렸다. "이 모든 건 당신 덕분이에요. 만약 당신이 없었다면…… 내가 혼자였다면…… 나는 아마 진작 죽었을 거예요."

시리타는 롭과 함께 글을 쓰고, 소셜미디어와 TED 연설을 통해 그들의 이야기를 다른 사람들에게 나누면서 해방감을 느꼈다. 이야기를 나눈다는 것은 비슷한 상황을 겪는 사람들과 만나는 멋진 방법이기도 하지만 그 자체로 그들에게 벌어질 수도 있었던 일을 상기시키는 역할도 했다. 두 사람은 충격적인 그날 그 순간부터 지금까지 그들이 해낸 모든 일과 더 나쁜 일이 일어날 수도 있었는데 그러지 않았다는 사실에 깊이 감사했다. 이는 부정적 시각화negative visualisation로 설명할 수 있다. 한 연구는 두 사람이 함께하지 못했다면 어땠을지 상상하여 15분간 글을 쓰도록 요구받은 커플이 두 사람이 어떻게 만났는지 써보라고 요구받은 커플들보다 훨씬 행복해했다고 밝혔다.[49] 지금 가진 것을 잃을 수 있다는 사실을 상기하면 그 가치를 훨씬 잘 인식할 수 있다. 그리고 우리가 가진 것의 가치를 제대로 인식할 때, 부정적인 상황이 삶에 미치는 영향을 줄일 수 있다. 이미 널리 알려진 바와 같이 감사는 우리의 안녕에 대단히 긍정적인 영향을 주는 인지적 수행이다.

감사

감사란 정확히 무엇이며, 왜 그토록 긍정적인 영향을 줄까? 릭 핸슨Rick Hanson은 저서 《12가지 행복의 법칙Resilient》에서 감사가 상실과 슬픔을 부정하는 것이 아니라 **또 다른** 진실을 보는 것이라고 말한다. 힘든 일을 겪는 **도중에도** 이미 가진 것에 감사할 수 있다.[50] 감사는 지나온 과거나 앞으로 일어날 수도 있는 일이 아니라 지금 현재를 음미하는 것이다. 많은 연구 결과가 감사를 통해 신체적으로나 정신적으로 유익한 효과를 얻을 수 있다고 밝혀왔다. 하루에 다섯 가지씩 감사한 일을 적어본 사람들은 더 많이 운동하고 삶을 더 긍정적으로 느꼈다.[51] 또 감사는 사회적 비교에 대한 뛰어난 해결책으로 작용하기도 한다. 글로 적든, 말하든, 생각하든, 명상하든 우리가 가진 좋은 것들과 주변의 좋은 사람들에 대해 의식적으로 인식할 때 우리는 타인을 부러워하는 마음을 느끼지 않는 경향이 있다.

작가 에밀리와 어밀리아 나고스키Emily and Amelia Nagoski가 저서 《소진Burnout》에서 날카롭게 지적했듯이, '감사하라'는 말은 고통받는 사람들, 특히 여성과 소수자들이 자신의 고통을 입 밖에 내지 못하도록 압박하는 수단으로 쓰이기도 한다.[52] 학교에 장애 학생에게 필요한 시설이 있는지 물을 때 학교에 갈 수 있는 것만으로도 '감사하라'는 말을 듣거나 사회적 돌봄 지원이 말도 안 되게 부족한 상황에서 그나마라도 받을 수 있다는 데 '감사해야 한다'는 말을 들을 때가 있다. 내가 말하는 종류의 감사는 이런 게 아니다. 누구도 다른 사람이 무엇에 감사해야 한다고 말할 수 없다.

메리 수전과의 대화는 온통 감사로 가득했다. 그가 감사하는 마음을 의식적으로 키운 건지 자연스럽게 갖게 된 것인지는 모르지만, 어느 쪽이든 그는 모든 것을 감사하는 마음으로 바라본다. 애비엘라의 발작에 대해서도 마찬가지였다. 그는 딸의 발작을 대체로 통제할 수 있어서 얼마나 다행인지 모른다고 말한다. 언젠가 애비엘라는 감각 처리를 극도로 버거워하며 새로운 환경을 마주칠 때마다 힘들어했던 적이 있었다. 그러나 메리 수전 부부는 이 증상이 딸의 시력이 좋아지면서 생긴 일일 수도 있다는 사실을 알게 되었다. 어찌 보면 감사할 일이 또 하나 생긴 셈이었다. 그는 오랫동안 가족을 도와준 모든 의료진을 칭찬하고 감사를 표한다. 애비엘라를 결함으로만 바라보고 무시하는 행동을 했던 무례한 의사의 이야기를 들려줄 때도 메리 수전은 덕분에 딸의 권리를 대변하는 법을 배우게 되었다며 불쾌한 경험의 새로운 측면을 생각했다. 그 역시 매번 새로운 어려움을 맞닥뜨릴 때 느끼는 힘든 감정을 부인하지는 않는다. 다만 두렵지만 고맙고, 슬프지만 고맙고, 화가 나지만 고맙다고 느낄 뿐이다. 우리 모두가 배우고 키울 수 있는 바람직한 마음가짐이다.

감사하는 마음을 기르는 가장 간단하고 효과적인 방법 가운데 하나는 침대맡에 노트를 두고 매일 저녁 감사한 일 몇 가지를 떠오르는 대로 적는 것이다. 물질에 감사한 마음을 적을 수도 있겠지만, 이는 어떤 이에게는 효과가 없는 경우도 있으니 고마운 사람이나 긍정적인 사건에 초점을 맞추는 편이 좋다.

반드시 적어야만 하는 것은 아니다. 그저 인식하는 것만으로도 충분하다. 매일 아침 샤워를 할 때, 출근길에, 혼자만의 생각에 빠질 수 있는 시간이라면 언제라도 감사한 일을 떠올릴 수 있다. 변화를 이끌기엔 사소한 일처럼 보일지도 모르지만, 앞서 말한 대로 우리 뇌는 우리를 행복하게 하는 것들을 과소평가하는 경향이 있다. 릭 핸슨은 감사한 일에 주기적으로 관심을 기울이면 뇌에 각인이 된다고 설명한다. 처음에는 쓰는 습관이 필요할 수도 있겠지만 어느 정도 시간이 지나면 자연스럽게 애쓰지 않아도 감사한 것들에 집중할 수 있다. 일정 시간마다 감사한 일 떠올리기 알람을 설정하는 방법도 흔히 쓰인다.

비교

인간은 수천 년간 타인과 자신을 비교하며 살아왔고 소규모 집단으로 모여 살 때 이러한 기능은 큰 도움이 된다. 하지만 기존 매체에 소셜미디어까지 합세해 훨씬 더 큰 공동체에서 수많은 비교 대상에 둘러싸여 살게 된 지금, 타인과의 비교는 매우 부정적인 영향을 미칠 수 있다. 우리는 누군가가 세상에 자신을 드러내 보이기 위해 소셜미디어에 올린 이미지와 엉망진창인 자신의 내밀한 삶을 비교한다. 그야말로 참조점을 잘못 택한 경우다. 앞서 확인한 대로, 인간의 뇌는 참조점을 고르는 데 뛰어나지 않다. 그러나 우리는 의식적으로 노력을 기울여 새로운 참조점을 선택할 수 있다.

　장애인 작가들의 작품을 읽고 소셜미디어에서 장애인들을 팔로우하며 많은 통찰을 얻기도 했지만 이러한 활동은 장애가 얼마나 일상적인지 알려준다는 점에서도 도움이 되었다. 온·오프라인에서 나는 우리 집처럼 가족 구성원 중 한 명 이상이 장애를 가진 가족을 여럿 알고 있다. 적극적으로 그들을 찾아나서기 전까지 내 주변에는 대체로 비장애인뿐이었고, 내 참조점은 완전히 빗나가 있었다. 불과 몇 년 전만 해도 내 친구들 — 오스트레일리아에 사는 예전 학교 친구들, 런던에 사는 동료들, 아이들을 통해 알게 된 새로운 친구들 — 은 대부분 기혼자이고, 장애가 없고, 비장애인 아이를 키우고 있었다. 얼마 전부터 나는 다양한 친구들과 가족들을 만나야겠다고 결심했는데, 그 결과 이제 내 참조점은 예전보다 훨씬 더 현실적인 위치로 옮겨 왔다.

우리는 참조점을 의식적으로 바꾸기 위해 많은 노력을 기울일 수 있지만, 주류 문화는 비교를 강요하곤 한다. 사랑하는 사람 중에 NHS에서 상담받는 사람이 있다면 누구라도 그들이 보내는 편지가 얼마나 사람을 비참하게 만드는지 잘 알 것이다. 우리가 받는 편지에서 환자의 이름과 생년월일 밑에는 굵은 글씨로 **문제**라고 적혀 있고, 그 뒤로 진단명이 줄줄이 이어진다. 우리가 '정상적'이지 않으며 그것이 '문제'라고 상기시키는 것이다. 장애가 자신의 일이 아니라고 생각하는 사람들에게는 사소하게 보일지 모르지만, 끊임없이 장애나 차이를 고치고, 치료하고, 제거해야 할 결함으로 여기는 태도는 장애가 없는 상태를 정상으로 가정하고 장애를 나쁜 것으로 보는 의료적 모델을 떠올리게 한다.

아서는 초등학교 3년을 동네에 있는 일반학교에서 보냈다. 학교는 여러 차례 긴 회의를 통해 아서에게 적합한 학습 목표를 개발해 맞춤형 커리큘럼을 설계했고, 아서는 일대일 지원을 받으며 이를 이수했다. 하지만 무슨 이유에서인지 학년 말이 되면 항상 표준화된 성적표가 날아왔다. 아서는 모든 기준 항목에서 뒤처져 있었다. 모든 기준에서 말이다. 아서에게 이런 기준에 맞추라고 요구하는 것은 고래가 자전거를 타길 바라는 것이나 마찬가지였다. 나는 매년 그 성적표를 찢어서 쓰레기통에 버렸다. 그리고 자폐 스펙트럼 장애ASD 아동을 위한 특수학교에서 첫해를 마무리할 무렵, 아서는 다른 아이들이 아닌 학기 초의 자신에 비해 얼마나 성장했는지 기술한 성적표를 받았다. 아주 상세하고 훌륭한 성적표였다. 이 일은 우리가 특수교육을 택한 까닭을 다시금 떠올리게 했다. 일반학교 진학이 가능한 최선의 선택지로 여겨지는 탓에 특수학교의 중요성이 간과되는 경향이 있지만 특수학교는 대단한 가치를 지닌 곳이다. 그곳은 아서를 의무적으로 받아들인 것이 아니라, 존엄한 한 개인으로 받아들이고 대하는 곳이었다. 내가 겪은 바로, 내 아들은 특수학교에서 소규모 학급과 유능하고 헌신적인 교사 그 이상의 가치를 얻었다. 교육 기관이 정한 획일화된 척도로 아이들을 비교하지 않고 장애를 정상적인 것으로 대하는 태도 말이다.

외부에서 가해지는 주류 문화의 기대와 비교 압박에 저항하기는 쉽지 않다. 사람들은 앞으로도 그들의 견해를 우리에게 강요할 것이며, 우리나 우리가 돌보는 사람들의 삶이 다른 삶에 비해 덜 가치 있다고 주장할 것이다. 내가 아서의 학교를 바꾸기 위해 적극적으로 나서기로 결심하자, 장애 아동을 담당하는 교육자는 내게 "아들의 장애를 **체념하고** 받아들이셨군요" 하고 말했다. 또 다른 교육 전문가는 내 딸을 실컷 칭찬하고 나서 "집에 아서 같은 오빠가 있다는 게 어떤 건지 어머니는 모르실 겁니다" 하고 말했다. 돌봄자들이 이런 편견을 맞닥뜨릴 때 인생이 불공평하다고 한탄한들 누가 이들을 비난할 수 있겠는가. 그러나 우리가 가능한 최선의 방식으로 삶을 꾸려가려면 이러한 편견이 사실이 아님을 이해해야 한다. 무지한 생각일 뿐이다. 더 일찍 이들과 멀어지고 삶의 가치를 공유하는 사람들과 함께할수록 상황은 더욱 좋아질 것이다.

감사하는 마음이 우리의 안녕에 일으킨 변화를 증명했던 심리학자 소냐 류보머스키는 낙관주의 역시 유사한 효과가 있음을 발견했다. 그는 낙관주의가 어려움을 부인하고 부정적인 정보를 무시하는 방법이 아니라고 한다.[53] 낙관주의자들이 오히려 위험을 평가하는 데 뛰어나며, 긍정적인 결과는 노력에 달려 있음을 잘 알고 있다고 말한다. 미래를 낙관한다면 목표를 달성하기 위해 일에 열중하고 장애물을 맞닥뜨렸을 때도 중도에 포기하지 않을 가능성이 크다.

원래부터 낙관주의자였는지 아니면 엄마를 돌보던 힘든 시기에 낙관주의를 길러낸 건지는 알 수 없다. 어느 쪽이든, 엄마와의 시간은 극도의 시련이 괴로움뿐 아니라 놀라울 정도로 긍정적인 면도 이끌어낼 수 있음을 보여주었다. 괴로움과 긍정은 동시에 진실일 수 있다. 상황은 어려우면서도 아름다울 수 있고, 두려우면서도 즐거울 수 있다. 아서가 자폐 진단을 받았을 때 순간 끔찍이 두려우면서도 어떻게든 우리 앞에 놓인 시련을 살아낼 수 있으리라 믿었던 것은 아마 이 덕분일 것이다. 진부한 말이지만 나는 이미 내가 힘든 일도 겪어낼 수 있음을 스스로에게 증명했다. 내 안의 어딘가는 내가 기대했던 부모로서의 모습에 아서의 장애와 아마도 평생 지속될 돌봄을 더할 수 있다는 걸 진작부터 알고 있었다. 아서의 엄마가 되는 일에 낙관적인 생각을 가질 수 있다는 사실이 무척 기쁘다. 이러한 방식으로 나는 어린 시절 엄마와 겪은 어려운 시간에도 감사할 수 있었다. 그 경험 덕분에 나는 인생이 항상 순탄치만은 않다는 걸 알 수 있었고, 그 생각은 아이에게 장애가 있다는 사실을 알게 되었을 때 큰 도움이 되었다.

여전히 롭의 부상에서 비롯된 트라우마를 감당하는 중이지만, 롭과 시리타는 삶의 긍정적인 부분을 볼 줄 안다. 이러한 긍정적인 전망을 외상 후 성장이라고 한다.[54] 외상 후 성장은 살다가 마주치는 시련 속에서 의미를 찾을 때 발생할 가능성이 크다. 괴로움 속에서 깊이 있고 만족스러운 삶을 위한 철학을 고민할 때, 시련을 견딜 수 있다는 새로운 믿음, 깊어진 관계, 타인의 고통을 연민하는 마음을 길러낼 수 있다.[55]

롭이 뇌를 다쳤을 때 두 사람은 만난 지 오래되지 않은 연인이었다. 그들이 영국으로 돌아오자 롭의 어머니는 시리타를 따로 불러 롭을 떠나도 괜찮다고, 이해할 수 있다고 말했다. 시리타는 당시에는 그 말에 화가 나고 서운했지만, 이제 와 돌이켜보면 롭의 어머니가 어떤 마음으로 그런 말을 했는지 알 것 같다고 말했다. 하지만 시리타는 떠날 마음이 전혀 없었다. 롭을 너무나 사랑했던 그에게는 선택의 여지가 없었다. 삶이 처음 상상했던 것과 다르게 펼쳐진다 해도 그들은 언제나 함께할 것이었다.

아서가 비장애인으로 태어났다면 우리 삶이 어땠을까 상상해봐도 아무것도 떠오르지 않는다. 말을 유창하게 하고, 친구들과 밤샘 파티를 하러 가고, 나와 오스트레일리아에 함께 가줄 수 있는 상상 속 소년은 사라진 지 오래다. 그 소년은 눈부시게 빛나고 재미난 내 아들 아서가 아니라 전혀 모르는 사람일 것이다. 그 소년에게선 나와 아서가 함께 해낸 일을 찾아볼 수 없고, 나는 우리가 함께 겪은 순간들이 사라지길 원하지 않는다. 그렇다고 해서 힘든 밤을 지내고도 울지 않고 새벽 네 시를 맞이하거나 아들과 내 상황이 좀 편해지길 바라지 않는 것은 아니다. 때로는 상황이 편해지길 진심으로 바란다. 하지만 괴로운 순간은 지나가고 우리가 얻은 통찰은 남는다. 세상 돌아가는 일이 으레 그렇듯 괴로운 밤이 있어서 평온한 밤이 더욱 평온해지고, 도달하기까지 오래 걸릴수록 성취가 더욱 소중해진다. 아서가 대화를 할 수 없어도 괜찮다는 걸 알면 피아노 수업, 시험이나 운동 경기 결과에 훨씬 덜 연연하게 된다. 아서는 자기만의 길을 만들어가고 있으므로 다른 누군가와 비교할 필요가 없다. 다른 모든 사람들이 하고 있는 걸 하지 않는 데서 오는 자유가 있다.

아서가 자폐 진단을 받고 얼마 되지 않아 아서에게 도움이 될 치료법을 찾아 헤매던 무렵, 우연히 미국 신문에서 암울한 기사를 발견했다. 일곱 살 아이를 위해 의료보험이 적용되지 않는 치료법들을 시도하느라 20만 달러의 빚을 지게 된 가족의 사연이었다. 아이가 낫길 바라며 민간 치료사들에게 거액을 쏟아부은 것이다. 그들의 아들은 여전히 말을 못하고 가족은 재정난에 빠졌다. 가족들은 절박한 심정으로 아들이 슈퍼마켓 계산원이라도 될 수 있다면 소원이 없겠다고 했다. 피가 거꾸로 솟는 것 같았다. 우선 슈퍼마켓 계산원이 형편없는 일이라는 가정에 화가 났고 성인이 되었을 때 할 수 있는 일에서 아들의 가치를 찾으려는 모습에 화가 났다. 물론 발달 이정표를 따라갈 수만 있다면 전 재산이라도 기꺼이 내놓으려 하는 부모들의 두려움과 걱정을 착취하는 민간 치료 시장은 말할 것도 없었다.

내가 아서에 대한 희망과 꿈을 버렸을 거라 추측하는 사람들이 많다. 아서의 장애 때문에 내가 아서에게 큰 기대가 없을 거라 생각하는 것이다. 하지만 나는 아서에게 아주 큰 기대를 걸고 있다. 나는 아서가 충만하고 풍요롭고 멋진 삶을 살길 바라고, 사랑하는 사람들 속에 살길 바라고, 아침마다 하루의 목표를 떠올리며 침대에서 일어나길 바란다. 내가 딸에게 갖는 희망과 기대도 똑같다. 물론 두 아이는 매우 다르게 살아가겠지만 나는 둘 중 어느 한쪽의 삶이 다른 쪽의 삶보다 덜 충만할 거라 생각하지 않는다. 누구 하나 덜 사랑하고 사랑받으며 살 거라 생각하지 않는다. 내 두 아이는 그저 다를 뿐이다.

5 애도
우리가 작별을 고하는 방식들

우리 문화에는 무엇이든 고칠 수 있고, 그럴 수 없다면 다 버리고 새롭게 시작할 수 있다는 믿음이 내재되어 있다. 애도는 이런 믿음을 배반한다. 애도는 회피할 수 없고 인내를 요구하며 결국 이 세상엔 고칠 수 없는 일이 있음을 받아들이게 만든다.[56]

_ 줄리아 새뮤얼(Julia Samuel), 심리치료사 겸 아동 상담사

전화를 받은 건 밤 아홉 시였다. 나는 샤워 중이었고 머리카락은 흠뻑 젖어 있었다. 아버지가 찾는다는 말을 듣고 겨우 가운을 걸치고 나왔다. 캐나다에서 일하는 아버지가 근무 시간 중에 영국으로 전화를 하다니, 그럴 만한 일이 있겠거니 했다. 아버지는 흐느끼고 있었다. 그리고 아버지가 마침내 말을 꺼냈을 때 나 역시 몸을 떨며 울기 시작했다. 결국 일어나고 말았어, 하고 혼자 생각했

162

다. 수년간 언젠가는 일어날 거라 예상했던 그 일이었다. 전화를 끊자, 궁금해졌다. 내가 예상했던 게 이런 감정이었나? 나는 이럴 줄 알고 있었나? 젖은 머리카락에서 물이 떨어져 가운을 흠뻑 적시도록 떨림을 멈출 수 없었다. 그냥 추운 건지 충격 때문인지 구분할 수도 없었다. 왜 하필 지금이어야 해? 나는 울면서 생각했다. 지금이면 왜 안 되는데? 하는 대답이 머릿속에 떠올랐다.

이튿날 아침 나는 시리도록 추운 패딩턴역에서 공항행 열차를 기다리고 있었다. 이곳을 생각하면 늘 일곱 살 때 가족들과 런던을 여행했던 일이 떠올랐다. 당시 나는 브라운 부부가 아기 곰 패딩턴(아동 문학 작품 속의 곰 캐릭터−옮긴이)을 만나 함께 살기로 한 그 유명한 기차역을 볼 생각에 잔뜩 들떠 있었다. 패딩턴역은 언제나 마법 같은 곳이자 대모험의 출발지였다. 기차역에는 대략 일고여덟 살로 보이는 두 아이와 그 어머니가 있었다. 그들이 웃고 떠드는 동안 나는 그 모습을 그저 지켜봤다. 크나큰 상실감이 몰려왔다. 내가 알던 우리 가족은 사라져버렸다. 이제 패딩턴역을 생각하면 엄마를 잃은 다음 날 아침 집을 떠나 장례식장으로 향하던 추운 아침만이 떠오를 것이었다. 그 순간, 아주 분명하게 내가 언젠가 누군가의 엄마가 되고 싶어 한다는 걸 알았다. 엄마가 되지 않고는 엄마에 대한 상실감을 진정으로 느끼지 못할 거라는 것도 알았다.

나는 엄마가 살아 있을 때도 숱하게 엄마를 애도했다. 엄마의 병은 당장 죽음에 이르는 병이 아니었지만 엄마의 삶에 대한 통제력은 위태로워 보였다. 나의 애도는 엄마의 죽음을 심적으로 대비하려던 게 아니었다. 나는 예전의 엄마를 잃어가고 있었다. 항상 곁에 있고, 기댈 수 있고, 무슨 일이든 도와줄 엄마. 엄마는 더 이상 그런 엄마가 아니었고 아무리 바라도 다시 그런 엄마가 될 수 없었다. 물론 가끔은 곁에 있었고 기댈 수 있는 존재였지만 나는 삶이 힘들 때 의지할 사람, 내 모든 감정을 받아줄 사람을 잃었다. 나는 엄마의 딸이라기보다 보호자였다. 그 관계도 내겐 소중했고 감사하지만, 어렸던 내가 아는 모녀 관계는 아니었다.

몇 번의 자살 기도 이후, 나는 엄마가 날카로운 모서리에 가까스로 서 있다는 걸, 그래서 언제라도 고꾸라질 수 있다는 걸 알았다. 하지만 동시에 엄마가 잘 버텨서 우리 곁에 머문다 해도 어린 시절에 본 엄마로 돌아갈 수 없다는 것도 알았다. 애도는 이런 생각이 수면 위로 떠오를 때 내가 느낀 감정들을 묘사할 유일한 단어다. 엄마가 죽지 않았다면 병을 잘 관리하며 오래 사셨을 수도 있고 멋진 시간을 누렸을 수도 있다. 하지만 엄마와 나의 역할이 뒤바뀌면서 우리 관계는 완전히 달라져버렸다. 엄마가 정신 건강에 어려움을 겪던 시기에 그래도 엄마가 나를 돌봐줄 수 있을까 고민하기도 했지만 결국 우리가 과거로 되돌아갈 수 있다는 생각은 버려야 했다.

많은 돌봄 상황에서 공통적으로 이런 시나리오가 발견된다. 때로는 평생 동안 특정 방식으로 형성되어온 관계가 갑자기 완전히 바뀌기도 하고 그러한 변화를 수용하기 힘들 수도 있다. 관계 변화는 매우 강한 슬픔, 분노, 억울함 등을 동반한다. 결혼 생활 내내 배우자에게 정서적으로 의지해온 사람이 어느 날 갑자기 돌봄자가 되고 더 이상 지지받지 못할 수 있다. 가족을 든든하게 떠받쳐온 부모는 한없이 약해져 자식들의 도움을 받게 된 상황을 괴롭게 느낄 수 있다. 장애나 질병에 익숙해지는 과정은 쉽지 않다. 도움을 받아들이는 과정도 힘들고 모든 사람이 그들이 받는 돌봄을 고마워하는 것도 아니다. 많은 돌봄자들이 돌봄을 위해 기존에 갖고 있던 직업을 포기하고, 생활환경을 바꾸고, 삶을 바꾼다. 아무리 스스로 선택한 일일지라도 자신에게 쏟아지는 끝없는 요구에 억울한 마음이 들 수 있다.

바뀐 관계를 애도하다

사랑하는 사람이 아직 살아 있는데 애도에 대해 말하기란 쉽지 않다. 하지만 인간의 감정은 바라는 대로 선명하게 정리되지 않는다. 십 대 때도 내가 느낀 감정을 애도라고 생각했었는지는 잘 모르겠지만, 엄마가 돌아가시자마자 지난 수년간 느껴온 감정이 바로 애도였다는 걸 깨달았다. 엄마의 병이 내게 상처를 입혀왔고 내가 엄마를 잃어버린 감정, 즉 애도를 경험했다는 사실을 엄마가 돌아가시기 전까지는 차마 인정할 수 없었다. 엄마가 진짜 내 마음을 알았다면 당신 역시 절망했을 것이다. 물론 편안한 척 가장하지는 않았지만 엄마가 자책할까 싶어 내 감정을 솔직하게 드러낼 수도 없었다.

사랑하는 사람이 정신질환을 앓는 사람들만 이런 경험을 하는 것은 아니다. 예컨대 헌팅턴병, 알츠하이머병, 치매와 같은 진행성 신경질환과 운동 신경 질환도 모두 한 사람에게 정서적·심리적 변화를 가져오며, 이런 변화는 관계를 돌이킬 수 없는 방식으로 바꾸어놓는다. 이처럼 현재로서 알려진 치료법이 없는 경우라면 질병의 끝에는 죽음이 기다리고 있다. 이러한 병에 걸린 누군가를 돌보는 일은 죽어야만 끝나는 정신적·신체적 쇠퇴에 끊임없이 맞춰야 한다는 뜻이다. 아서는 뇌전증처럼 자폐인에게 흔히 발생하는 질병에 더 취약할 수는 있겠지만, 지금으로선 오랫동안 건강하게 살 거라 생각하지 못할 이유도 없다. 하지만 남은 시간은 알지 못한 채 다만 언젠가 사랑하는 이의 죽음으로 자신의 돌봄이 끝날 거라는 사실만 아는 많은 돌봄자들에게는 다른 문제다.

부모님이 언니 켈리와 자신을 앉혀두고 엄마 제니가 헌팅턴병에 걸렸다고 말했을 때 에마 테라노바는 열네 살이었다. 제니는 수년 전부터 이미 자신의 병을 알고 있었지만 더 이상 몇몇 증상을 숨기기가 어려워지자 딸들에게 알리기로 한 것이었다. 그의 어머니는 에마가 태어나기 전, 켈리가 한 살이고 제니가 스물여덟 살이던 해에 돌아가셨고, 돌아가시기 직전에야 헌팅턴병 진단을 받았다. 제니는 보인자(숨겨져 있어서 나타나지 않는 유전 형질을 지니고 있는 사람이나 생물—옮긴이) 여부를 확인하기 위해 유전자 검사를 할 수 있는 1세대에 속했다. 헌팅턴병은 유전질환으로, 아이에게 질병을 유발하는 유전자를 물려줄 가능성이 50퍼센트에 달한다. 이 병은 아주 최근까지도 대체로 숨겨진 질환이었다. 과거에는 가족이나 친척이 이 병으로 죽었다는 것조차 몰랐다. 헌팅턴병은 성격 변화와 여러 정신 건강상의 문제를 일으키기 때문에 이 병에 걸린 사람들은 대개 정신병원에 수용되어 사회에서 격리되었다. 사람들은 병을 이해하지 못했다. 헌팅턴병은 주로 30세에서 50세 사이에 증상이 나타나기 시작(훨씬 일찍 청소년기에 시작되는 경우도 있긴 하지만)하는 일종의 신경질환이며, 뇌에 불가역적인 손상을 입힌다. 전형적인 증상으로는 기분 변화, 우울, 비자발성 움직임, 집중력 저하와 기억 문제를 들 수 있다. 그러다 결국 이동, 삼키기, 말하기, 호흡에 문제가 생긴다. 증상이 시작된 후 약 15년에서 20년 후에 사망에 이른다.

에마가 엄마 제니의 병에 대해 알게 되었을 때, 제니는 이미 신경학적 변화로 이성적인 태도를 유지하거나 화를 통제하기 어려워하는 상태였다. 한쪽 다리와 손가락들이 제니의 의도와 상관없이 움직였다. 에마는 헌팅턴병 이전의 엄마는 따뜻하고, 사랑이 넘치고, 정이 아주 많은 사람이었다고 했다. 헌팅턴병을 진단받았다고 털어놓은 후, 제니는 곧 매우 우울해지고, 자주 억지를 부리고, 함께 지내기 힘들어졌다. 에마는 이런 모습이 병에 따른 자연스러운 결과인지 아니면 딸들이 병에 대해 알게 되자 진단의 무게가 마침내 어머니를 덮친 것인지 알 수 없다. 헌팅턴병의 가혹한 점은 자식들이 부모가 신체적·정신적으로 쇠퇴하는 모습을 지켜봐야 할 뿐 아니라 자신 역시 같은 운명에 처할 가능성이 50퍼센트나 된다는 점을 받아들여야 한다는 데 있다. 제니는 딸들에게 진단에 대해 알리며 딸들과 딸들이 낳을 아이들도 비슷한 미래를 맞이하게 될 거라는 소식도 전했다.

엄마의 헌팅턴병을 알게 된 지 2주가 지났을 때 켈리는 대학으로 떠났고 남겨진 에마는 심해져가는 엄마의 기분 변화 앞에서 더욱 기댈 곳이 없어졌다. "하루는 엄마가 내게 볼로네제를 만들어주며 다정하고 살갑게 굴다가, 이튿날이 되자 내 머리로 팬을 던졌어요." 병의 특성에 대해 제대로 이해하지 못한 에마는 자신이 뭔가 잘못했다고 생각할 수밖에 없었다. 에마는 엄마의 행동을 받아주는 것 같은 아버지의 태도에도 화가 났다. 지금 생각해보면 아버지는 엄마가 그렇게 행동하게 된 게 헌팅턴병 때문이고 다투거나 엄마를 비난해봤자 소용없다는 걸 알았기 때문에 그랬을 거라고 에마는 말한다. 엄마의 상태가 악화되면서 요리, 빨래, 장보기 같은 일은 에마와 아빠의 몫이 되었다. 하지만 쉽지 않았다. 제니는 여전히 많은 일을 스스로 할 수 있다고 확신했으나 합리적인 결정을 내릴 수 없었기 때문에 제니를 안전하게 지키기가 점점 어려워졌다.

에마는 그 시절을 거대한 상실이라고 묘사한다. 어머니의 성격이 너무 많이 변했고 에마는 이제 어린 돌봄자였으며, 자신도 그 병에 걸릴 수 있다는 생각까지 받아들여야 했다. 게다가 헌팅턴병은 말하기 수치스러운 병이었다. 부모님은 에마에게 할머니, 할아버지를 비롯하여 다른 누구에게도 어머니의 병을 들켜선 안 된다고 했다. 결국 에마는 누구와도 자신이 겪는 일을 나눌 수 없었다. 에마만의 일이 아니다. 헌팅턴병을 앓는 부모를 가진 많은 이들에게 이 병은 말할 수 없는 것이 된다. 에마는 이러한 태도가 그들 가족이 맞닥뜨린 문제를 키웠을 거라며, 부모님이 병을 숨기고자 한 까닭을 이해하지만 여전히 화가 난다고 말한다. 일반 대중은 이 병에 대해 잘 이해하지 못하며, 의료 전문가들과 사회복지사들도 마찬가지다. 에마는 십 대 시절 어머니와 쇼핑을 갔다가 어머니의 기괴한 움직임과 분노 때문에 사람들로부터 술에 취했다고 오해받은 일을 기억한다. 만일 어머니가 노인이었다면 치매나 파킨슨병인가 보다 생각하며 사람들이 더 따뜻하게 대해주었을지도 모르겠다고 에마는 말했다. 하지만 십 대 딸을 데리고 온 사십 대 엄마에게 쏟아진 건 조롱과 거친 말뿐이었다. 아프기 전에 어머니는 대단히 자부심이 강한 사람이었기 때문에 발병 이후 외출할 때 자주 겪었던 것처럼 사람들의 멸시를 당했더라면 충격을 받았을 것이다. 하지만 어머니는 병 때문에 점점 더 거리낌 없이 아무 말이나 해댔고, 그 때문에 공공장소에서 어려움을 겪어도 별로 개의치 않는 것처럼 보였다. 에마는 이 모든 일에 온갖 감정이 들었다.

에마가 어머니의 병에 대해 알게 된 지 16년이 지났다. 제니는 여전히 에마의 아버지와 살고, 에마는 남편과 다섯 살 된 딸 로사와 함께 몇 마일 떨어진 곳에 산다. 에마는 대학도 근처에서 다녔고, 그 후에도 부모님이 필요로 할 때 도움이 되고자 늘 가까이에 머문다. 응급구조사로 일하는 그는 전일제로 일하면서도 시간을 쪼개 어머니를 돕고, 어머니의 모든 사회적 돌봄과 병원 일을 조율하고, 자신의 가족을 돌본다. 제니의 증상은 몇 년 동안 꽤 안정되었다. 더 이상 운전을 하거나 홀로 외출할 수는 없지만 화장실 용무와 목욕 등은 혼자 해결할 수 있고 집에 혼자 있을 수도 있다. 물론 어머니가 집에 혼자 있을 때면 에마가 주기적으로 전화를 하거나 수시로 들르곤 한다. 에마가 로사를 임신했을 때 제니의 증상이 갑자기 늘었던 적이 있다. 에마의 아버지는 어느 날 저녁 집에 돌아와 아내가 어둠 속에 앉아 있는 걸 발견했다. 왜 불을 켜지 않았냐고 묻자 제니는 모르겠다고 했다. 그들은 곧 제니가 뭔가 마시는 것도 잊어버리고 끼니도 챙기지 못한다는 걸 알아차렸다. 이제 제니는 먹는 데 도움이 필요하고, 질식할 위험도 있었다. 하루 종일 누군가가 곁을 지켜야 한다는 사실이 분명해졌다. 아버지는 여전히 일하고 언니는 아주 멀리 살아서 정기적으로 찾아오기 힘든 상황에서 에마가 출산 휴가를 받게 되자 결국 사회서비스의 도움을 받을 수 있을 때까지 매일 어머니를 돌보는 건 에마의 몫이 되었다.

에마는 신생아인 로사를 위층에 재워두고 부엌에서 어머니에게 점심을 먹이던 때를 기억한다. 어머니의 목에 음식물이 걸린 그 순간에 로사가 깨어나 울기 시작했다. 어머니는 질식 위험에서 가까스로 벗어났지만 여전히 괴로워했다. 위층에서는 로사가 젖을 달라며 울고 있었고(모유 수유를 했기 때문에 에마가 직접 젖을 먹여야 했다), 아래층에서 아파하며 우는 어머니도 홀로 둘 수 없었다. 이러지도 저러지도 못하는 상황에서 에마는 차라리 몸을 둘로 가르고 싶었다. 그는 아기가 울고 있는데 가볼 수 없다는 게 어떤 느낌인지 어떻게 설명할 수 있겠냐고 말했다. 모든 서류를 제출하고도 1년이 지나서야 제니에게 도움이 필요하다는 사실을 사회서비스로부터 인정받을 수 있었다. 에마는 산후 우울증과 불안장애를 진단받았고, 극심한 소진증후군으로 복직한 지 얼마 되지 않아 병가를 내야 했다. 에마의 아버지도 소진증후군을 경험하여 집 앞에서 쓰러진 적이 있었다. 그로부터 4년이 지난 지금 제니는 휠체어를 사용하고 필요한 모든 것을 유급 돌봄자에게 의지한다. 에마는 역설적으로 요구되는 것이 점점 많아질수록 오히려 감당하기 쉬워졌다고 말한다. 제니는 여러 차례 낙상 사고를 겪으면서도 수년간 휠체어를 거부해서 외출할 때마다 에마를 힘들게 하곤 했다. 이렇듯 자신에게 필요한 도움을 인식하지 못하는 것은 헌팅턴병 환자들에게 아주 흔한 일이며 이 점이 돌보는 사람들의 스트레스를 더할 수 있다. 헌팅턴병에 따른 인지장애를 이해하지 못하면 제니의 행동을 감당하거나 예측하기가 어렵다. 제니가 사회적 돌봄 지원을 받기까지 꼬박 1년이나 기다리게 된 까닭도 사회복지사가 이 병에 대해 전혀 이해하지 못하고 혼자 모든 걸 할 수 있다는 제니의 말을 있는 그대로 받아들였기 때문이었다.

에마는 어머니가 한두 해만이라도 더 그들 곁에 머물렀으면 한다고 했다. 미래를 떠올리면 어떤 생각이 드냐고 묻자 두렵다고 답했다. 이제 어머니는 하루의 대부분을 불안해하고 괴로워하며 보내고 있다. 이 점이 단연 가족 모두에게 가장 힘들다. 어느 시점엔가 병이 더 나빠지면 삼키기도 지금보다 더 힘들어질 것이다. 헌팅턴병과 같은 질병을 앓는 사람들에게는 필요한 칼로리를 주입하고 탈수를 방지하기 위해 영양 보급관을 위에 삽입하곤 한다. 하지만 극심한 통증을 호소하는 제니는 스스로 관을 빼버릴 위험이 있어 삽관 시술이 안전하지 않을 수 있다. 제니 역시 사전에 영양 보급관을 원치 않는다는 결정을 내렸었다. 그사이 에마와 언니 켈리는 더는 가족의 상황을 숨기지 않기로 했다. 마침내 제니도 가족의 경험을 공개적으로 말하는 데 동의했고, 켈리와 친구가 2020년에 발표하기로 한 다큐멘터리에도 출연하기로 결심했다.

그는 이제 헌팅턴병을 부끄럽게 여기는 것이 그들을 더욱 고립시킬 뿐이라는 걸 이해하고 신경질환에 대한 대중과 의료계의 인식을 넓히려는 딸의 바람을 지지한다.

지난 몇 년간 일어난 일 중 가장 에마를 두렵게 했던 한 가지는 어머니를 애도하는 다음 단계가 다가온다는 사실이었다. 부모님이 에마와 켈리에게 엄마의 헌팅턴병을 알리던 날부터 예견된 일이었다. 에마와 켈리는 지난 수년간 달라진 엄마와의 관계에 적응해오면서 그들도 언젠가는 죽음을 피할 수 없으리라 생각해왔다. 에마는 이십 대 초반에 자신에게 헌팅턴병 유전자가 있는지 확인하고자 유전자 검사를 받았다. 이 병의 특징과 보인자들의 자살위험 때문에 검사를 받기 전에 유전자 상담을 반드시 받아야 한다. 에마는 그 시점에 지금의 남편을 만났고, 어머니의 병을 솔직하게 털어놓았다. 두 사람은 검사 결과에 따라 아이를 가질지 여부를 결정하기로 했다. 드디어 결과가 나오던 날, 에마는 한달음에 어머니에게 달려가 보인자가 아니라는 반가운 소식을 전했다. 불과 몇 년 전에는 켈리가 헌팅턴병 유전자를 물려받았을지도 모르는 상태에서 계획에 없던 임신을 하게 되어 검사를 결심하기도 했다. 제니는 그때쯤엔 소통하기가 더 어려웠지만 켈리가 보인자가 아니라는 말을 듣자 눈물을 흘렸다. 제니의 딸들에겐 제니와 그의 어머니가 경험한 것과 완전히 다른 미래가 펼쳐질 것이다. 에마는 딸들이 보인자가 아니라는 소식이 제니에게 큰 안도감을 주었다고 확신한다. 제니에게 어떤 느낌이었는지 묻자 그는 '**말로 다할 수 없는 큰 기쁨**'이었다고 말했다.

예기 애도

우리 사회에서는 좀처럼 예기 애도를 말하지 않는다. 생애 말기 둘라end-of-life doula(둘라는 출산 시 그리고 생애 말기 지원과 관련하여 가족과 전문가 돌봄 간 간극을 메우기 위해 특별 훈련을 받은 인력으로, 생애 말기 둘라는 죽음과 상실감 등에 더 잘 대처할 수 있도록 지원하며, 삶을 가능한 한 의미 있게 마무리하도록 돕는다—옮긴이)인 애나 라이언스는 임종을 앞둔 사람이 가족과 친구들 사이에서 죽음을 받아들일 수 있도록 돕고 대개 죽음 이후까지도 보살펴준다. 애나는 우리가 죽음에 대해 더 솔직하게 더 자주 이야기해야 한다고 믿는다. 죽어가는 시간 역시 삶의 중요한 부분이며 임종은 삶의 자연스러운 결말이라고 생각한다. 그는 예기 애도를 인정하는 게 아주 중요하다고 했다. 죽음을 앞둔 사람이나 그 돌봄자, 사랑하는 이의 죽음을 앞둔 사람들이 예기 애도를 경험하는 것은 자연스러운 현상이다. 애도의 감정은 죽음이 닥쳐올 때까지 기다려주지 않는다. 우리는 죽음이 오기 훨씬 전에도 애도를 경험할 수 있다. 사랑하는 사람들이 없는 미래를 상상하고, 그들이 죽기 전에 우리가 겪을 다른 상실에 대해 상상하기 때문이다.

애나는 손님뿐 아니라 그 주변 가족 및 친구들과 함께 일하며 그들에게 무엇이 필요한지 파악한다. 그는 손님의 이익을 대변하는 중심점으로서 손님이 이용하는 여러 서비스를 조율하고, 완화치료와 같은 서비스를 소개할 때도 있다. 가족과 친구들을 준비시키고 그들에게 사랑하는 사람을 직접 도울 수 있다는 자신감을 심어주기도 한다. 애나는 누구라도 사랑하는 이를 돌볼 수 있으며 다만 자신감이 없을 뿐이라고 말했다. 대부분의 돌봄자들에게는 누군가를 돌보는 일이 처음이어서 자신이 해낼 수 있다는 것을 깨닫지 못할 수 있다. 그래서 애나는 돌봄자들에게 할 수 있다는 믿음을 주고자 한다. 그는 자신의 일이 돌봄의 피라미드를 구축하는 것과 같다고 말한다. 맨 위에 아픈 사람이 있고, 바로 밑에 그를 돌보는 사랑하는 사람들이 위치하고, 그 아래에 돌봄자들을 지원하는 사람들이 있다.

병이 진행됨에 따라 사랑하는 사람이 많은 것을 잃어가는 모습을 지켜보는 것은 고통스러운 일이다. 하지만 이때 새로운 측면을 발견할 수도 있다. 루시와 나는 같은 동네에서 함께 자랐다. 내 어머니 크리스틴은 루시에게도 엄마 같은 분이었고, 루시의 어머니 레이도 내게 또 한 사람의 엄마였다. 어린 시절 우리는 막다른 골목 끝에 있는 조용하고 친밀한 동네에서 서로의 집을 왔다 갔다 하며 지냈다. 레이는 한동안 여러 증상을 겪다가 64세에 알츠하이머 진단을 받았다. 진단을 받은 지도 벌써 10년이 되어, 현재는 루시의 아버지 데이비드가 집에서 레이를 돌보고 있다. 이제 레이에게는 24시간 돌봄이 필요하다. 데이비드는 작년에 레이가 겪은 변화를 말해주었다. 꽤 최근까지만 해도 병이 느리고 완만하게 진행되었기에 부부에게는 상황에 따라 레이에게 필요한 것들을 준비할 시간이 있었다. 그러나 이제 데이비드는 가까운 미래의 어느 시점부터는 지금과 같은 방식으로 아내를 돌볼 수 없을 거라는 사실을 알고 있다. 유급 돌봄자들로부터 하루에 몇 시간씩 도움을 받고 있고 자식들도 그를 도와주지만, 레이를 돌보는 일은 대부분 데이비드가 도맡아 해왔다. 레이는 자신의 세 아이 중 한 명이라 해도 데이비드가 아닌 사람에게 오래 돌봄받기를 불편해해서 데이비드는 아이들의 도움을 거절하곤 했다. 하지만 루시와 형제자매들은 무리하다가 아버지마저 잃게 될까 봐 걱정한다. 병이 진행됨에 따라 어머니가 느낄 고통을 줄일 수만 있다면 무엇이든 다 하겠지만, 그들은 어머니가 돌아가신 후에도 아버지가 가능한 한 오래 건강한 삶을 살기를 또한 바란다.

나는 데이비드에게 아내가 죽고 나서 더 이상 돌봄자가 아닐 미래에 대해 생각한 적이 있는지 물었다. 그는 사별 후에도 아버지의 인생이 있을 거라는 자식들의 확신이 긍정적인 효과를 준다고 말했다. 함께 시간을 보낼 손주들이 있고, 관리할 집과 정원도 있으며, 자주 어울리지 못하고 있는 친구들을 만날 수도 있을 것이

다. 가끔은 아주 우울하겠지만 여전히 살아야 할 이유가 아주 많
으므로 돌봄자로서의 삶이 끝나도 충실한 삶을 살리라 생각한다.
데이비드는 최근에 은퇴한 일반의GP로, 질병과 죽음에 익숙한 편
임에도 돌봄자 경험을 통해 큰 깨달음을 얻었다고 한다. 그는 의
사일 때는 집에서 환자를 돌보는 무급 돌봄자들에게 관심을 기울
인 적이 없었는데 직접 겪고 보니 그들의 역할이 상상을 초월한다
고 말했다. 무급 돌봄자의 삶을 설명할 수는 있겠지만 직접 경험
하기 전에는 제대로 이해할 수 없는 부분이 있다. 그는 "진작 알았
다면 좋았을 텐데요" 하고 말했다.

　레이는 가족들에게 한숨 돌릴 시간을 주고자 3주간 임시 간병
을 받는다. 데이비드는 꽤 오래전부터 임시 간병 서비스를 이용
할 수 있었지만 차마 신청하지 못했다. 레이의 시각장애가 심해지
면서 보살피기 까다로워졌기 때문이다. 하지만 손 수술을 받게 되
면서 돌봄을 중단할 수밖에 없었다. 수술 후 최소 일주일간은 운
전이든 물건을 드는 일이든 아무것도 할 수 없어서 전처럼 레이를
돌보는 것이 불가능했고, 그렇다고 해서 수술을 더 미룬다면 손은
돌이킬 수 없게 되고 말 것이었다. 그는 불가피한 상황이 오기 전
지난 2년간 수술을 받으라는 아이들의 말도 듣지 않고 더 많은 도
움을 거절하며 자신에게 필요한 것을 간과해왔다. 그는 누구도 자
신처럼 레이를 돌볼 수 없다는 걸 안다. 물론 힘들지만 이 일을 직
접 할 수 있어서 대단히 기쁘다고 말한다. 그게 레이와 자신 모두

에게 최선이었다. 그는 영원히 이렇게 지낼 수는 없다는 걸 마지 못해 인정했지만 가능한 한 오랫동안 아내를 돌볼 수 있어서 감사 하다고 했다.

애나 라이언스는 사랑하는 사람을 잃은 돌봄자들도 도와왔다. 아이나 배우자 혹은 부모를 돌보는 일은 때로 너무나 힘들고, 그런 일을 수년간 겪고 나면 인생 전체가 그 일을 중심으로 돌아간 다. 그래서 그 시기가 끝나버리면 마음에 커다란 구멍이 생긴다. 아픈 사람을 돌보는 일은 힘겹지만 매일 아침 잠자리에서 일어날 강력한 이유가 된다. 누군가가 당신에게 의존하고 있다면 당신은 해내야만 한다. 갑자기 그 일이 끝나버렸을 때, 사람들은 목적이 사라진 삶을 버거워한다. 애나는 이런 현상을 노부부들에게서 특 히 자주 본다고 말했다. 돌봄자는 대개 모든 걸 혼자 알아서 하며, 좀처럼 남에게 도움을 청하지 않고, 돌봄의 책임 때문에 과거의 사회적 관계들로부터 서서히 물러나게 되어 그들이 돌보는 배우 자 외에 다른 누군가와의 접촉 없이 살게 된다. 따라서 돌보던 대 상이 사망하면 어마어마한 고립감이 닥쳐오는 것이다.

애나의 말처럼, 우리는 죽음과 돌봄을 말하지 않는 경향이 있 다. 죽음은 모든 존재가 공통적으로 겪는 유일한 일이지만 대화 주제가 되기에는 너무 불편한 것이었다. 돌봄은 무급이든 유급이 든 사회적 지위가 낮은 일로 인식되어 대화의 장에서 밀려난다. 그러나 어려운 시기에 서로를 돕기 위해 우리는 죽음과 돌봄의 말하기를 시작해야 한다고 애나는 말한다. 죽음은 결국 삶의 한 부분이다. 누군가가 최대한 오래 최선의 삶을 살도록 돕고 싶다면 죽음에 대해 이야기해야만 한다.

미치와 그의 아버지 모리스는 죽음에 대해 자주 이야기한다. 운동 신경 질환을 진단받은 모리스는 언제가 될지는 몰라도 병으로 죽음에 이르리라 생각한다. 모리스는 혼자 아파트에 살고 정부가 지원하는 유급 돌봄자들이 매일 아침 그의 집을 방문한다. 그는 낮 시간을 혼자 보낼 수 있고, 병원 침대와 전기 휠체어 사이를 오르내리거나 의자를 옮기는 정도의 독립성은 유지하고 있다. 매일 저녁에는 딸들 중 한 명이 와서 저녁 식사를 준비하고 그와 시간을 보낸다. 주 돌봄자는 미치로, 그가 아버지의 모든 의료 및 사회적 돌봄 행정을 조율하고 시간에 맞춰 모리스의 이동을 도와준다.

몬트리올에 사는 모리스 가족은 내가 인터뷰했던 다른 사람들과는 상황이 사뭇 달랐다. 그에게는 의사 조력 자살이라는 선택지가 주어졌고, 그는 언제 삶을 마감할지 스스로 선택하겠다고 했다. 나는 미치와 자매들이 아버지의 결정을 어떻게 생각하는지 물었다. 그는 아버지가 삶을 통제할 수 있게 된 이후로 미래를 훨씬 안전하게 느끼는 것 같다고 말했다. 그래서 그 역시 아버지에게 선택권이 있음에 감사하고 기쁘다. 그는 아버지가 어떤 결정을 내리든 지지할 것이며, 아버지의 마지막이 언제 어떤 방식으로 올지 몰라도 끝까지 그와 함께하겠다고 했다. 그는 삶의 마지막을 결정할 때 아버지가 오직 자신이 원하는 것만 생각하기를 바란다.

죽음에 다다랐음을 알다

미치는 이미 애도를 경험한 적이 있다. 그는 10년 전 스물두 살이던 해에 암으로 어머니를 잃었다. 아버지의 병이 진행되는 동안더는 낯설지 않은 애도의 감정을 느끼며 아버지의 상실을 예견해왔다. 아버지는 지난한 과정 끝에 진단을 받았다. 처음에는 오진으로 불필요한 항암치료를 받기도 했다. 마침내 제대로 된 진단을 받았을 때, 가족들은 절망했다. 캐나다에서는 근위축성 측삭경화증ALS으로도 불리는 운동 신경 세포병이었다. 치료법은 없었다. 올해 초 미치는 생각을 정리하고 유사한 상황에 놓인 사람들과 교류하기 위해 돌봄 경험을 소개하는 블로그를 시작했다. 그는 아버지와 함께한 처음과 마지막을 모조리 쓴다. 처음으로 아버지의 단추를 채워드린 일, 처음으로 아버지의 음식을 잘게 잘라야 했던일, 처음으로 자신의 생일 카드를 직접 썼던 일. 마지막으로 함께한 일들은 이미 오래전 일 같다. 그때는 몰랐지만 한참이 지난 지금 생각해보면 다시는 오지 않을, 뒤늦게 깨달은 마지막 일들. 마지막으로 아버지가 차로 데려다주신 일, 마지막으로 아버지가 혼자서 중요한 전화를 걸었던 일, 마지막으로 아버지가 혼자 요리를 했던 일. 그때가 마지막이었음을 인정하는 일은 그와 아버지 모두에게 긴 시간 천천히 진행되어왔다고 그는 말한다. 하지만 그들 부녀에게 일어난 모든 변화에도 불구하고 그는 아직도 아버지가 자신을 보살핀다고 느낀다. 아버지는 낮 시간에 미치에게 문자메시지를 보내고, 여전히 멋진 유머 감각을 유지하고, 집으로 돌아갈 때면 양손 가득 음식을 들려 보낸다. 그는 아버지의 돌봄자이지만 언제나 아버지의 딸이라는 걸 먼저 생각하고 아버지의 다정한 보살핌을 기억하면 애도의 감정을 달래는 데 도움이 된다고 말한다.

돌봄을 받는 사람이 긴 시간에 걸쳐 운동 기능, 인지 기능, 소통 능력 등을 조금씩 잃어가듯, 돌봄자가 되는 사람도 상실을 경험한다. 미치의 말처럼 아버지에게 일어난 변화는 미치 자신과 부녀 관계에도 영향을 주었다. 돌봄 받는 사람과 돌보는 사람 각자에게 적응할 시간이 필요하다. 작은 상실 하나하나를 비참하게 느낄 수 있다. 조금씩 조금씩 고통스럽게, 한 사람과 그와 만들어온 관계 모두를 떠나보내는 중이므로. 이러한 감정이 애도의 한 부분이라는 걸 인식해야 한다.

돌봄은 다른 관계에도 도미노처럼 영향을 미친다. 누군가를 돌보느라 바쁠 때, 친구들과의 관계는 뒤로 밀려나고, 아이와 보내는 시간은 줄어들고, 배우자와 언제 얼굴을 마주 대했는지도 까마득해지곤 한다. 때로는 이 모든 것이 한 번에 밀려와 슬픔, 분노,

억울함과 고립감을 느끼기도 한다. 부모 중 한 사람에게 집중적인 돌봄이 필요할 때, 많은 이들이 돌봄이 필요한 쪽 외에 다른 부모도 적극적으로 도왔다고 말했다. 한쪽은 죽어가고, 다른 한쪽은 죽어가는 쪽을 돌보느라 자식에게 내줄 여유가 없다. 이런 상황에서 그들은 양친을 한꺼번에 다 잃은 것처럼 느낄 수 있다.

키런 로즈(3장 119쪽)는 아버지가 폐기종과 다른 여러 만성질환으로 생을 마감하기 전 마지막 몇 년 동안 아버지를 돌봤다. 키런과 마찬가지로 그의 아버지도 자폐인이었지만 공식적인 자폐 진단을 받지 않고 살아왔다. 아버지는 키런 가족의 집에서 모퉁이만 돌면 바로 있는 곳에 살았고, 아버지에게 필요한 것들이 점점 늘어나면서 키런은 하루에 스무 시간까지도 곁에 머물며 아버지를 돌보곤 했다. 세 아이를 둔 키런에게는 쉽지 않은 일이었다. 그러나 다른 많은 사람들처럼 그의 아버지도 유급 돌봄자들의 도움을 받지 않으려 했다. 아버지는 평생을 독립적으로 살아왔고 매사에 주변을 통제해서 자신에게 맞추려 하는 사람이었다. 키런은 집에 찾아와 아버지를 돌보기 시작한 유급 돌봄자들에게 이 점을 설명하려 했지만, 아버지에게 자폐 성향이 있다고 하면 시큰둥한 반응이 돌아왔다. 그들은 키런이 유난을 떠는 거라며, 노인이라 그런 것뿐이라고 했다. 키런은 그들에게 아버지를 돌볼 때 접근 방식을 달리해줄 것을 지속적으로 요청했지만 번번이 묵살당했다. 결국 키런의 아버지는 자신에게 도움이 필요하다는 사실을 인정했다. 하지만 사회서비스가 그에게 무엇이 필요한지 이해했더라면 그 과정이 모두에게 이렇게까지 고통스럽지 않을 수도 있었을 것이다.

아버지를 돌보면서 세 아이를 키우는 시간은 힘들었지만 그는 그 경험에 감사한다. 아버지는 평생 일중독이었고, 일하지 않을 때는 술을 마셨다. 키런은 이제 과거를 돌아보며 아버지가 왜 그랬는지 이해할 수 있다. 그건 아버지가 자폐 성향을 숨기는 방식이었다. 아버지가 키런에게 의지하게 되자 가족 전체의 상황은 크게 바뀌었다. 건강이 나빠진 아버지는 더 이상 일로 도망칠 수 없었고 술도 마실 수 없었다. 아버지의 마지막 몇 년은 지난 평생 동안 아버지가 키런과 보낸 시간보다 길었다. 힘든 시간이었지만 둘은 그 어느 때보다 가까워졌다. 아버지는 키런의 집에서 키런의 아이들과 영화를 봤고, 아이들은 할아버지의 무릎에 올라앉기도 했다. 키런이 아이였을 때는 결코 경험하지 못한 일이었다. 아이들과 아버지 사이에서 관계가 자라나는 일을 지켜보는 것은 무척 놀랍고 즐거웠다.

아버지는 집에서 심장마비로 숨을 거두었다. 어느 오후에 키런이 확인 차 그의 집에 들렀던 순간이었다. 마지막 몇 년은 무척 힘든 시간이었지만, 키런은 결코 그 시간을 바꾸고 싶지 않다.

돌봄자와 돌봄 받는 사람 사이의 긍정적인 관계 변화가 언제나 가능한 것은 아니다. 관계는 역전되고 변화하지만, 항상 긍정적인 방향으로 바뀌지만은 않는다. 도움이 필요하다는 사실을 인정하거나 필요한 모든 도움을 제공하는 것은 어떤 사람들에게는 무척 어려운 일이고, 그러한 긴장으로 관계에 균열이 생길 수도 있다. 돌봄자들은 종종 그들이 어떤 요구를 받아도, 그들의 관계가 어떤 상태여도, 그냥 떠나버릴 수 없다는 사실을 깨닫게 된다. 그럴 때 돌봄자는 자신이 돌보는 사람에게 억울한 감정이 치밀어오르기도 한다. 물론 키런처럼 관계가 깊어지고 생의 다른 어느 시점보다 더 충만해지며, 극도로 힘든 동시에 그만큼 깊은 보람을 느낄 수 있다는 걸 알게 되기도 한다.

작별을 고하다

엄마의 장례식 전날 밤, 우리 가족은 빈소에 모여 입관을 지켜봤다. 그전까지 내가 목격한 죽음은 증조할머니와 사십 대 초반에 돌아가신 부모님의 가까운 친구분뿐이었다. 장례식에 참석하는 것도 처음이었다. 엄마의 죽은 몸을 보면 어떤 기분이 들지 나는 알지 못했다. 가톨릭교도였던 엄마의 가족들은 가톨릭교 방식대로 장례를 치러야 한다고 주장했고, 나는 그 말을 따랐다. 오빠들과 나는 아버지와 함께 대성전에 서 있었다. 우리 가족이 멜버른에 모두 모이기까지 거의 일주일이 걸렸다. 핍 오빠는 휴대전화도 없이 퀸즐랜드를 여행하던 중이었고, 애슐리 오빠는 미국에, 아버지는 캐나다에, 나는 런던에 있었다. 엄마의 가까운 친구가 엄마를 발견했던 날, 병원에서 걸려 온 전화를 받은 사람은 엄마의 자매들이었다. 엄마를 살리기 위해 더는 할 수 있는 일이 없어지자 생명유지장치를 떼달라고 한 것도 이모들이었다. 이모들은 그때 엄마에게 마지막 인사를 할 수 있었지만, 우리 남매들은 장례식 전까지 엄마를 보지 못했다. 소성전에 들어서자, 뚜껑 열린 관 속에 엄마가 누워 있었고 나는 혼자가 아니라 다행이라고 생각했다. 엄마는 아주 작고 약해 보였다. 엄마는 마흔 살 생일에 산 드레스를 입은 채였다. 목이 높이 올라간 에드워드 시대 스타일에, 빈티지 레이스로 장식된 드레스였다. 장의사가 엄마를 멋지게 치장해주었지만, 나는 목 주변에서 엄마가 어떻게 죽었는지 알려주는 상흔을 알아보았다. 갑자기 아주 생생하게 느껴졌다. 엄마의 손에 묵주를 쥐어줄 때는 차가운 피부가 느껴졌다. 엄마는 평온해 보였지만 자고 있는 게 아니었다. 나는 큰 한숨을 내뱉었다. 이모들이 왜 우리가 엄마를 봐야 한다고 말했는지 갑자기 이해가 되었다. 이것은 내가 그동안 걱정하며 그려왔던 상상 속 시나리오가 아니었다. 엄마는 정말로 돌아가셨다.

다른 친척들이 엄마를 보러 간 사이, 우리는 대성전에 돌아와 앉아 이야기를 나누었다. 아버지가 주먹다짐이 될 뻔한 다툼 끝에 옛 약혼자를 돌려세우고 엄마의 곁을 차지했다는 이야기를 자랑스럽게 들려주는 동안 우리는 웃고 떠들었다. 우리가 태어나기 전

이야기를 더 듣기를 기다리면서 모두는 차례로 엄마에게 마지막 인사를 건넸다. 아이였을 때, 십 대였을 때, 젊은 아내였을 때 엄마의 이야기였다. 자매 중 중간이었던 엄마는 할아버지의 사랑을 독차지했는데, 정확히 당시 내 나이였을 때 할아버지가 갑자기 돌아가셨다고 했다. 나는 아까보다 두려움이 훨씬 덜하다는 걸 깨달았고, 다른 모든 사람들이 엄마를 보고 나자 혼자서 다시 엄마를 보기로 결심했다. 나는 엄마에게 다가가 이번엔 제대로 손을 잡았다. 엄마를 바라보며 매우 자랑스러운 엄마였다고 말했다. 우리 곁에 머물기 위해 얼마나 애썼는지 잘 안다고 말했다. 내가 열네 살에 돌아가시지 않아서 기뻤다고 말했다. 좀 더 잘 돌봐드렸어야 했고, 엄마의 고통을 멈추기 위해 내가 더 많은 것을 했어야 했는데 하지 못해 아쉽다고 말했다. 내가 바랄 수 있는 최고의 엄마였다고 말했다. 엄마의 통찰력과 사랑과 온정 덕분에 나는 엄마의 병과 죽음에 대해 마음의 준비를 할 수 있었다.

장례식은 엄마가 자란 동네에 위치한, 엄마가 어린 시절 다녔던 성당에서 치러졌다. 참석한 사람을 모두 알 수는 없었지만 성당 안이 꽉 들어찼다. 2월이었고 더웠다. 나의 가장 친한 친구 머리사와 나는 장례식 때 입을 검은 옷을 구하기 위해 하루 종일 돌아다녔다. 늦여름 세일 기간에는 찾기 힘든 옷이었다. 가게 직원들에게 엄마의 장례식에 입고 갈 옷을 찾는다고 말할 때 그들이 당황하는 표정을 보며 묘한 쾌감을 느꼈다. 머리사와 나는 차 안으로 돌아와 이 이야기를 하며 웃었다. 장례식 준비, 유언장 낭독 그리고 다른 온갖 것들을 결정한 후에 정말 필요했던 한숨 돌리는 시간이었다. 긴 장례 미사가 끝난 후 나는 엄마의 관을 따라 성당을 빠져나왔다. 사람들이 우리 뒤를 따라 나오기 시작하자 그제야 가물가물한 기억 속에서 아는 얼굴들이 눈에 들어왔다. 그중 많은 이들을 수년간 보지 못했다. 하지만 특별히 눈에 띄는 한 명이 있었다. 내가 다닌 학교의 사감 선생님이 장례 미사에서 혼자 조용히 빠져나오는 걸 봤다. 4년 전 학교를 떠난 후 한 번도 뵌 적이 없었다. 새 학기가 시작된 지 얼마 되지 않았고, 우리 집은 예전에 다니던 학교에서 차로 두 시간이나 떨어진 곳에 있었다. 도대체 그분은 어떻게 내 어머니가 돌아가신 걸 알았는지, 어떻게 학기 중에 휴가를 내고 장례식에 온 건지 알 수 없었다. 그 순간 갑자기 엄마가 아파서 나를 돌볼 수 없던 시절에 학교가 내게 얼마나 큰 의미였는지 말하고 싶은 강한 충동을 느꼈다. 나는 선생님들이 나를 지원하고 격려하기 위해 해준 모든 일을 결코 잊지 못할 거라고 말하고 싶었다. 하지만 우느라 목이 메어 한마디도 입 밖으로 꺼내지 못했다.

런던으로 돌아가는 길이 두려울지 궁금해졌다. 엄마가 살던 집을 정리한 후 모든 유품을 우리 셋이 나눠 가졌고, 내 몫은 위탁 보관소로 보낸 후였다. 발길이 떨어지지 않을지도 모르겠다고 생각했다. 하지만 2주 후 나는 런던으로 돌아가길 고대하고 있었다. 새로운 일과 새로운 동거인들이 나를 기다리고 있었다. 완전히 새로운 인생이었다. 내 세상을 뒤엎을 전화가 오진 않을까 전전긍긍하지 않아도 되는 삶이었다. 더 이상 나 자신 말고는 다른 누구도 책임지지 않아도 됐다. 수년간의 걱정이 끝난 후 느낀 기묘한 해방감이었다. 나는 진작 지구 반대편으로 이사했지만 언제든 전화받을 준비가 되어 있어야 했고, 두려움에 가득 찬 전화를 처리해야 했고, 집으로 돌아갈 계획을 세워야 했다. 하지만 이제 엄마와 나 사이의 끈이 끊어졌다. 엄마와 나 사이뿐 아니라 고향과 나를 연결하는 끈도 끊어졌다. 엄마가 사라진 지금 내게는 고향 집도 구심점도 없었다. 기이하고 불안을 자아내는 느낌이었다. 자유라기보다 자유낙하에 가까웠다. 온몸에 살아 있다는 감각이 들끓었다. 차갑게 식은 엄마를 마주해서인지 내 몸은 그 어느 때보다 더 살아 있는 것 같았다. 엄마가 아무것도 느끼지 못하는 반면, 내게는 고통과 흥분과 두려움과 불안이 너무나 생생했다. 나는 한껏 집중했다. 이런 감정은 내가 사랑하고 살아 있다는 뜻이었다. 나는 내게 일어날 수 있는 최악의 일을 지금 경험했다고 스스로에게 일러두었다. 이제 더 이상 두려울 게 없었다.

물론 내 생각은 틀렸다. 15년이 지난 후 결혼에 실패하고 어떻게 돌봐야 할지 도통 모르겠는 아이를 키우면서 엄마의 죽음이 남긴 상처가 도로 벌어진 것 같았다. 애도의 감정이 그 어느 때보다 강하게 다시 떠올랐다. 나는 엄마를 찾으며 울었고, 가장 필요할 때 당신이 내 곁에 없다는 사실에 억울해했고 분노했다. 살아 계셨다면 엄마는 아서를 무척 아껴주었을 터였다. 나는 아서와 놀아주고 아서가 흥분하면 달래주는 엄마를 상상할 수 있었다. 엄마가 살아 계셨더라면 아서는 인생에서 대단히 많은 것을 얻었을 것이다. 어머니를 여읜 채 몇 년을 살고 나서야 통화할 엄마가 있으면 어땠을지 상상하게 되었다. 엄마가 오후 내내 잠만 자던 기억, 술에 취한 채 차를 타려고 했던 기억이 떠올랐다. 장기 입원 때의 기억과 내가 당신께 더 잘해주지 않는다고 다투던 장면도 떠올랐다. 수년간 생각하지 않았던 것들이다. 나는 엄마가 돌아가셨을 때뿐 아니라 그전 수년간 엄마를 서서히 놓아버리면서 애도해왔다. 자식들이 나를 위해 같은 일을 한다고 상상하면 속이 울렁거렸다.

　아서의 자폐 진단 이후 처음으로 멜버른에 방문한 것은 가장 친한 친구인 머리사의 결혼식에 참석하기 위해서였다. 결혼식 전날 밤 나는 머리사의 어머니 셜리 곁에 앉아 지난 2년 동안 무슨 일이 있었는지 말했다. 셜리는 은퇴한 일반의이자 다섯 아이의 어머니였다. 머리사가 장녀였고 둘째 딸 야스민은 다운증후군을 갖고 태어났다. 아서가 어떤 어려움을 겪고 있는지, 지원이 얼마나 부족한지, 아들에게 필요한 것을 해주기 위해 내가 어떤 공부를 하는지 털어놓자, 셜리는 미소를 지으며 내게 엄마로서 명심해야 할 가장 중요한 것을 일깨워주었다. "아이가 장애를 갖고 태어나면 세상이 끝났다고 생각하지만, 그렇지 않단다." 야스민은 열세 살에 갑자기 세상을 떠났다. 나는 그 순간 야스민이 살아 있었다면 20년이 지난 지금까지 셜리가 야스민에게 얼마나 많은 것을 줄 수 있었을지 생각했다. 그는 야스민이 항상 다른 자식들보다 엄마를 더 필요로 할 거라는 걸 알았을 테지만, 야스민은 이제 없다. 셜리는 바로 지금 내가 가진 모든 것에 집중해야 한다고 일깨워주었다. 며칠 후 싱글맘의 삶으로 돌아가기 위해 런던에 도착했을 때, 나는 삶이 던진 과제들을 해결할 새로운 에너지로 충만했고, 아서와 시련과 그 모든 것이 함께하는 삶을 경험할 수 있다는 데 깊은 감사를 느꼈다.

6 자기 돌봄

돌보는 사람에게도 돌봄이 필요하다

자신을 돌보라는 말은 자신만 생각하라는 말이 아니다. 자신도 생각하라는 말이다.[57]

_ L.R. 노스트(L.R. Knost), **작가**

수지 리딩은 임신 9개월째 어느 날 밤 아버지와 함께 병원을 찾았다. 아버지는 벌써 수개월이나 상태가 좋지 않았고 원인을 알 수 없는 이상한 증상에 시달렸다. 그날 밤 의사들이 아버지를 살렸지만 집으로 돌아갈 수도, 예전의 상태를 회복할 수도 없다는 게 분명해졌다. 아버지가 돌아가시고 15개월이 지나서야 희귀한 종류의 운동 신경 질환이라는 진단이 내려졌다. 그사이 수지는 맏딸 샬럿을 낳았고, 입원한 아버지를 돌보고 이후 요양 시설로 옮기는 과정에서 어머니를 도왔다. 또 어머니가 봉와직염으로 병원 치료를 받을 때 아버지가 입원한 병원과 어머니가 입원한 병원까지 시드니 끝과 끝을 오가며 어머니를 돌봤다. 그 와중에 영아산통 때문에 한 번에 한두 시간밖에 못 자는 신생아까지 돌봐야 했다. 심리학 학위가 있는 웰니스 코치로 수년간 여성들에게 피트니스와 요가를 통한 자기 돌봄을 가르쳐온 수지였지만 이때만큼은 처음으로 기력이 고갈돼 요가 매트를 펼 힘조차 없다고 느꼈다.

이 돌이킬 수 없는 변화의 시기를 잘 넘어가기 위해서는 몇 가지 변화가 더 필요했다. 그리고 수지가 그 첫발을 내디딜 수 있게 도와준 사람은 산후 상담사였다. 시간이 지나면서 수지는 과거에 의지했던 모든 조언과 방법들이 더 이상 목적에 맞지 않는다는 걸 깨달았다. 한번은 20분간 명상을 하고, 해변을 달리고, 시간을 내어 친구들을 만나고, 하루에 여덟 시간을 자려고 했는데, 갑자기 이 가운데 무엇도 제대로 할 수 없었다. 이 중 하나만 해내려 해도 생각만으로 숨이 막혔다. 스스로를 잘 돌볼 줄 안다고 생각해온 사람으로서 수지는 몹시 혼란스러웠다.

자기 돌봄이라는 말은 일종의 유행어가 되었고, 뜨거운 목욕과 충분한 휴식이 필요하다는 기사가 쏟아지고 있다. 그 때문에 이 말에 냉소적으로 반응하기 쉽다. 자기 자신 말고는 누구도 책임질 일 없는 사람들이 자기 돌봄을 말할 때 극에 달한 개인주의처럼 보일 수도 있다. 여성운동가이자 작가인 로리 페니Laurie Penny는 2016년 자기 돌봄을 일부로 하는 웰니스 열풍에 대한 글을 썼다. 그는 웰니스가 '삶이 결핍과 편견에 대한 끝없는 투쟁이라서 비참하거나 화가 난다면, 문제는 항상 자신에게 있다. 사회는 미치지 않았고 엉망도 아니다. 미치고 엉망인 것은 바로 당신이다'라는 생각을 영속화한다고 적고 있다.[58] 이 책에서 자기 돌봄에 대한 글을 쓰면서 나는 무급으로 가족을 돌보는 우리를 지원해야 할 사회의 집단적인 책임을 자기 돌봄이 결코 대체할 수 없다는 점을 분명히 밝혀두고자 한다. 요가를 좀 한다고 해서 부족한 휴식과 사랑하는 사람에게 필요한 기본적인 서비스를 얻어내려는 싸움에 쏟아붓는 에너지가 보충될 거라 생각할 수 없다.

이미 감당할 수 없을 만큼 많은 '해야 할 일'에 또 하나를 더하거나 과부하 걸린 자기self에게 우리 자신의 안녕까지 책임지라고 말하려는 게 아니다. 이 장의 목적은 돌봄자들도 누군가에게 자신의 이익을 대변할 수 있고 돌봄 받을 자격이 있다는 걸 상기시키는 것이다. 흑인인권운동가이자 작가인 오드리 로드Audre Lorde는 에세이 《섬광A Burst of Light》에서 암 투병 생활에 대해 이렇게 적었다. '자신을 돌보는 건 자기 중심주의에 빠지라는 게 아니라 자기 보존을 의미한다. 그것은 일종의 정치적 전쟁 행위이다.'[59] 돌봄자들은 돌봄자이기만 한 것이 아니다. 돌봄자들은 대체로 여성이고, 빈곤하고, 실업자이거나 저임금 노동자일 확률이 높다. 그들은 정신적으로든 신체적으로든 건강 약자일 가능성 또한 다른 사람들보다 크다. 또 돌봄자 자신도 장애인이거나 비백인이거나 LGBTQ+(lesbian(여성 동성애자), gay(남성 동성애자), bisexual(양성애자),

transgender(트랜스젠더), questioning(성 정체성을 갈등하는 사람)과 다른 모든 성소수자(plus)를 나타내는 두문자어 – 옮긴이)와 같은 소수집단에 속할 수 있다. 그런 이들이 타인을 돌보면서 대체로 자신의 필요보다 돌보는 사람의 필요를 우선시한다는 맥락을 고려하면, 이들에게 자기 돌봄이란 자기 생명을 구하는 것이나 다름없다. 돌봄자들에게 가장 필요한 건 자신을 돌보기 위해 절대 양보하지 않는 철칙들이다. 그래야 힘든 시기를 버텨낼 수 있다.

사람들이 말하는 자기 돌봄 방법을 하나라도 읽어본 적이 있다면 그 방법들이 말도 안 되게 실현 불가능하다는 걸 알 수 있다. 수면 패턴이 타인의 필요에 달려 있어 전혀 통제할 수 없을 때 수면이 중요하다는 기사를 읽으면 매일 몸이 얼마나 나빠질까, 하는 걱정만 생기지 않겠는가. 직장에 다니면서 누군가를 돌보는 사람에게 건강식을 만드는 일은 불가능해 보일 수 있다. 운동 교실은 꿈도 못 꿀 일이다. 하지만 정말로 이 **모든 게** 불가능할까? 물론 그렇게 느껴질 수 있다. 그리고 때때로 우리는 중요한 것에 우선순위를 매기지 않고 마음 내키는 대로 산다. 하지만 자신을 돌보는 법을 배우지 못하면, 자신과 돌보는 사람들에게 비극적인 결과가 닥칠 수 있다.

돌봄자 소진은 의료 전문가들도 널리 인정하는 현상이다. 저조한 기분, 무력감, 신체적 탈진 외에도 고혈압, 분노, 과잉 반응, 불면증, 약물 남용, 불안과 같은 스트레스 관련 질환을 비롯해 다양한 증상이 나타난다. 가장 우려스러운 증상은 자해, 자살 사고 그리고 돌보는 대상을 해치려는 생각이다. 케어러스 영국의 보고서에 따르면, 주당 50시간 이상 가족 구성원을 돌보는 사람이 나쁜 영향을 가장 많이 받았는데, 25퍼센트는 신체 건강이 나쁘거나 아주 나쁜 상태이며, 29퍼센트는 정신 건강이 나쁘거나 아주 나쁜 상태라고 보고했다.[60] 항상 사회적 돌봄 서비스로부터 지원을 받거나 다른 가족 구성원들에게 도움을 받을 수는 없다. 그러나 돌봄자 자신의 건강과 안녕이 돌보는 사람 못지않게 중요하다는 사실만큼은 결코 잊지 말아야 한다.

자기 돌봄이란 정확히 무엇인가? 우리가 신체적·정신적·정서적으로 건강을 유지하기 위해 주기적으로 사용하는 기술과 습관을 말한다. 수지 리딩은 신생아와 아버지를 동시에 돌보는 새로운 역할에 적응하기까지 혼란스러운 시간을 보냈다. 그는 돌봄자로서 자신에게는 **완전히 다른** 도구들이 필요하다는 사실을 깨닫기까지 시간이 걸렸다고 했다. 이미 지친 몸과 마음에 뭔가를 더하지 않으면서도 훨씬 관리하기 쉬운 도구들이 필요했다. 시간이 지나면서 수지는 기존 방식에 몇 가지 도구를 추가하며 대처해나가기 시작했고 원래의 자신을 되찾을 수 있었다. 수지의 아버지가 돌아가시고 2년쯤 지났을 때, 이번에는 수지 남편의 아버지가 위독하다는 소식이 들려왔다. 걸음마를 하는 큰애와 둘째 아이를 키우고 있던 수지 부부는 아이들을 데리고 지구 반 바퀴를 돌아 영국으로 옮겨 왔고 그의 마지막 몇 달을 함께했다. 물론 힘들었지만 이제는 자신을 지탱하는 법을 익혔기에, 처음 돌봄자이자 새내기 엄마가 되었을 때 느꼈던 소진과 당혹감은 한순간도 느끼지 않았다. 다양한 방법을 익숙하게 다룰 수 있었던 덕분이라고 그는 말한다. 수지는 이런 자신의 경험과 방법을 《자기 돌봄 혁명Self-Care Revolution》이라는 책을 통해 소개하기도 했다.

십 대였을 때 엄마와 나는 엄마의 정신 건강이 나빠진 원인이 무엇일지 긴 대화를 나누곤 했다. 엄마는 전형적으로 자신을 희생하는 엄마였고, 우리를 제대로 돌볼 수 없었던 기간이 몇 차례 있은 후에야 '모든 것'을 하는 게 얼마나 정신 건강에 나쁜지 깨달았다. 내 어머니의 정신 건강을 해친 원인 중 몇 가지는 당신의 통제 밖이었다. 우리는 엄마가 후회하는 것들, 통제할 수 있었고 달리 접근할 수도 있었던 것들에 대해서도 이야기를 나누었다. 엄마는 다른 가족들이 자신보다 중요하다고 잘못 생각해왔다며 부디 내가 당신의 실수에서 교훈을 얻길 바란다고 애걸하기도 했다. 부모나 간병인은 다른 사람의 절실하고 긴박한 요구를 자신의 것보다 앞에 두기 십상이다. 꼭 그렇게 해야 할 때도 있지만, 긴급한 상황이 지나가면 우리 자신에게 필요한 것도 반드시 충족해주어야 한다. 우리에게는 자신을 돌볼 의무가 있다. 엄마가 다른 가족들을 챙기는 만큼 자신의 필요를 생각했더라면 아마 엄마의 삶은 달라졌을 것이다. 어머니는 여생 동안 스스로를 더 잘 돌보지 못한 것을 후회했다.

이 점에 대해 어머니를 비난할 수 없다. 우리는 전통적으로 모든 종류의 돌봄자가 대부분 여성인 가부장제 사회에 살고 있으며, 타인의 요구를 자신의 것보다 먼저 생각하도록 사회화된다. 자신보다 타인을 먼저 생각할 때 칭찬을 받고, 자신의 요구를 먼저 생각하려 하면 이기적이라고 질책당한다. 돌봄의 불평등은 줄어들고 있을지 모르지만 여성이 무급 돌봄의 대부분을 담당한다는 사실은 변함이 없다. 현재 여성은 영국에서 돌봄자의 57퍼센트를 차지한다고 알려져 있지만 실제로는 더 큰 몫을 차지하고 있음을 보여주는 지표들이 있다. 서문에서 언급했듯이, 예컨대 장애 아동을 키우는 어머니의 84퍼센트는 돈을 버는 직업이 없는 반면, 비장애 아동의 어머니들의 경우 이 수치는 39퍼센트에 불과하다. 장애 아동의 어머니 가운데 3퍼센트만이 전일제로 일한다.[61] 나는 장애 아동을 돌보는 일은 대부분 그 어머니가 하고 있다고 봐야 맞는다고 생각한다. 영국 통계청의 생활시간 조사 연구를 2016년부터 살펴보면, 여성은 여전히 무급 가사 노동을 남성보다 60퍼센트 이상 더 많이 하고 있다. 이는 남성이 주당 평균 16시간의 무급 노동을 하는 반면 여성은 26시간 무급 노동을 한다는 뜻이다.[62]

《소진》에서 저자 에밀리와 어밀리아 나고스키는 그들이 만든 용어 '주는 인간 증후군Human Giver Syndrome'에 대해 설명한다. 이는 철학자 케이트 만Kate Manne의 '존재하는 인간Human Beings'과 '주는 인간Human Givers'이라는 이론에 관한 연구에 기초한다. 이 이론은 어떤 인간들은 **존재**로써 인류에 대한 도덕적 의무를 수행하는 반면, 다른 인간들은 **주는** 것으로 인류에 대한 도덕적 의무를 수행한다고 주장한다. 에밀리와 어밀리아는 주는 인간 증후군을 '예쁘고, 행복하고, 차분하고, 관대하고, 타인의 요구를 잘 살피는 것'을 우선시할 도덕적 의무가 있다는 믿음이라고 설명한다.[63] 수년간 내가 알게 된 돌봄자들 가운데 다수가 이 표현에 딱 들어맞는다. 내 어머니는 분명 이 증후군의 희생자였다.

이 이론은 주 돌봄자들이 자신을 위해 시간을 더 쓰려고 할 때 느끼는 죄책감의 많은 부분을 설명해준다. 그러나 우리 사회의 일정 부분은 모든 것을 제공하면서도 아무런 보상을 취하지 않는 돌봄자들의 희생을 딛고 발전해왔음을 인지하기만 해도 돌봄자들이 자신의 필요에 우선순위를 매길 때 느끼는 죄책감을 다소 덜수 있다. 수지 리딩은 사람들이 자기 돌봄을 생각조차 할 수 없다고 느끼는 주된 이유 가운데 하나로 죄책감을 꼽는다. 그는 돌봄자들이 자기 돌봄을 통해 삶의 다른 역할들을 더 잘해낼 수 있다는 사실을 알아차리면 이 문제를 해결하는 데 도움이 되리라 생각한다. 돌봄자가 사랑하는 사람을 더 이상 돌볼 수 없게 되었을 때 어떤 결과가 발생할지 이해하는 것 역시 자신의 건강을 최우선에 둘 동기로 작용할 수 있다. 어떤 돌봄자들은 자신을 돌보는 것이 사랑하는 사람을 돕는 것이라고 이해해야만 자신을 돌볼 수 있게 된다는 수지의 말은 끔찍이도 슬프다. 하지만 어떤 식으로든 우리는 반드시 자기 돌봄에 도달해야 한다. 특히 돌봄자라는 역할을 수행하며 높은 수준의 스트레스를 받고 있을 때 쉬지 않고 자신을 돌보지 않는다면, 장기적인 돌봄 상황에서 제 역할을 해낼 수 없다. 우리는 자신을 위한 시간을 누리고 우리의 건강과 우리 자신에게 우선순위를 둘 자격이 있다.

휴식

밤낮으로 자신을 필요로 하는 가족을 돌보는 돌봄자들에게는 단지 충분히 쉬는 것조차 대단한 과제일 수 있다. 수지는 하루 종일 아버지를 보살피면서 잠을 거의 못 자는 신생아를 돌봤지만 이런 일을 수지만 겪는 것은 아니다. 그는 자기 아이 혹은 손주와 부모를 동시에 돌보는 '샌드위치 세대'에 속한다.

밤에 방해받지 않고 잘 수 없다면, 일과 중에 휴식을 최우선에 두어야 한다. 수지는 기진맥진한 상태에서 산후 상담사를 만났고 상담사는 딸이 잠깐씩이라도 낮잠을 자면 틈틈이 쉬어야 한다고 말했다. 하지만 수지는 낮 시간에 침대에서 자고 싶지 않았다. 아기는 20분에 한 번씩 깨서 울었고 침대에서 나올 때마다 짜증이 불쑥 올라왔다. 짧은 시간 동안 잠들어야 한다는 생각은 오히려 큰 스트레스가 되었다. 그러자 상담사는 과거에 해본 것 중에 도움이 되었던 일을 다시 해보라고 조언했고 수지는 요가 매트에 올라 담요로 몸을 꽁꽁 감싸고 회복에 도움이 되는 자세를 취했다. 때론 잠이 들었지만 꼭 그럴 필요는 없었다. 중요한 건 휴식이었고 이 방식은 스트레스 없는 휴식을 안겨주었다. 아기가 잘 때마다 짧은 시간이라도 계속 휴식을 취했더니 몸에 에너지가 다시 생기는 것을 느꼈고 정신도 맑아졌다.

더 자는 게 불가능할 때 더 자라는 말을 듣는 것만큼 화가 나는 일도 없다. 하지만 잠이 아니라 휴식이라고 생각하면 훨씬 도달 가능한 목표가 될 수 있다. 짧은 시간 동안 여러 번 쉬어도 되고 꼭 침대에 누울 필요도 없다. 휴식에는 누적 효과가 있어서 이렇게 저렇게 챙긴 자투리 시간들이 쌓인다. 요가 매트 요법을 경험하기 전에 수지는 아기가 낮잠을 자는 짧은 시간 동안 그냥 소파에 누워 TV 드라마를 봤다. TV가 도움이 안 된다는 걸 인정하고 나서야 더 좋은 방법을 찾을 수 있었다고 수지는 말했다. 새로운 방법은 정말 효과가 있었다. 그는 다시 온전한 자신을 회복하기 위해 많은 일을 시도했지만 일과 중에 어느 정도의 에너지를 회복하는 것이 그 첫걸음이었다.

수지는 처음에는 잠을 우선순위에 두라고 권한다. 하지만 살다 보면 우리가 수면 패턴을 통제할 수 없을 때가 있기 마련이니 그럴 땐 휴식과 이완을 택하면 한다. 가만히 쉴 시간조차 없다면? 그럴 땐 호흡을 활용할 수 있다. 수지는 이렇게 말한다. "수면, 휴식, 이완 그리고 호흡 모두 부교감 신경계를 활성화합니다. 잘 수 없다면 쉬고, 쉴 수도 없다면 호흡을 이용하세요. 어떤 경우라도 방법은 있기 마련입니다."

호흡

대단한 방법은 필요 없다. 수지는 단순히 숨을 들이마신 직후와 뱉은 직후의 순간에 집중해보라고 권한다. 30초에서 60초면 스트레스 호르몬의 영향을 받은 신경계를 충분히 진정시킬 수 있다. 하루 중에 틈틈이 해보면 지친 몸과 마음에 큰 도움이 된다. 수지가 작은 자기 돌봄 순간이라고 부르는 이런 순간들은 누구에게나 가능하다. 어쨌거나 숨은 쉬기 마련이니 호흡을 효과적으로 충분히 활용하는 편이 좋다. 수지는 호흡을 잘하는지 잘 못하는지 신경 쓰지 않는 점이 중요하다고 강조했다. 애써서 할 일이 아니다. 스트레스를 더할 필요가 없다. 하루 중 어느 때든 심호흡을 하는 것만 기억하면 된다. 일상적인 활동에 호흡하는 습관을 더해 그 활동을 할 때마다 숨쉬기를 떠올릴 수도 있다. 주전자에 물 끓일 때마다 심호흡하기, 신발 신을 때마다 심호흡하기, 빨간 신호에 멈춰 설 때마다 심호흡하기 식으로 습관을 들일 수 있다.

수면

그래도 수면은 필요하므로 어떻게든 창의적으로 수면 시간을 확보할 필요가 있다. 돌봄자의 삶에서 여러 가지가 그렇듯 수면을 확보하는 법도 다른 사람들과 상당히 다를 수 있으나 그래도 괜찮다. 아서는 매일 밤 아홉 시 즈음에 잠들고 매주 한두 차례 새벽 두 시에 깨어나 하루를 시작한다. 더러 운이 나쁘면 일주일에 세 번까지 겪기도 한다. 나는 아서와 내가 잘 잘 수 있도록 할 수 있는 모든 일을 다 하지만 때로는 내 통제를 벗어난다.

지난 10년 동안 프리랜서로 일한 것은 내가 충분한 휴식을 얻을 수 있었던 결정적인 요인이다. 내 시간을 통제할 수 있으면 아서가 중간에 깨서 다시 잠들지 않는 밤에 걱정을 덜 수 있다. 소중한 근무 시간을 낮잠 자는 데 써야 한다니 짜증이 나기도 하지만, 그런 불평은 대개 지친 날 찾아온다. 재택근무를 하는 날 아이들이 학교에 가면 나는 일을 시작하기 전에 잠을 잔다. 마감과 해야할 일 그리고 학교가 끝날 때까지 시간이 별로 없다는 생각으로 머릿속이 꽉 차 잠들기 힘들면, 명상 애플리케이션을 열고 휴식을 취한다는 생각으로 듣는다. 그러면 이내 잠이 든다.

고객들을 만나야 해서 잠을 못 잔 채 강행군을 해야 하는 날도 있다. 주말이나 휴교일이라서 아이들과 함께해야 하는 날은 잘 수 없다. 그런 날에는 최대한 휴식을 취하고 잘 수 있는 때에 잠을 보충하기로 생각한다. 때론 아이들이 아빠를 만나는 다음 주말까지 못 자는 날이 이어지기도 하지만 언제가 됐든 꼭 잠을 보충해두어 야 한다.

메리 수전 매코널(4장 134쪽)은 딸 애비엘라가 제대로 못 자는 시기를 수년간 보낸 끝에 획기적인 해결책을 생각해냈다. 애비엘라는 뇌성마비와 뇌전증이 있어서 약을 많이 먹는데, 이 때문에 갑자기 수면 문제가 발생하기도 한다. 애비엘라가 잘 잘 수 있으면서도 약효가 떨어지지 않을 정도로 약을 조정하기까지는 시간이 걸린다. 몇 개월이 걸릴 수도 있다. 게다가 피로는 발작을 유발하기 때문에 애비엘라가 밤늦게까지 잠들지 못하면 아침에라도 늦게까지 재워야 하고, 늦잠을 자면 그날 밤에 또 쉽게 잠들지 못한다. 악순환이다. 뮤지션인 남편 숀은 투어 공연 때문에 곁에 없을 때가 많고 메리 수전은 남편이 없는 동안 혼자 애비엘라를 돌봐야 하는 상황이었다.

메리 수전은 애비엘라가 잘 때 함께 잘 수 있도록 석사과정을 집에서 이수하는 등 유연하게 일정을 관리해왔지만 그와 별개로 가끔씩은 훨씬 적극적인 휴식을 취하기로 결심했다. 숀이 투어를 떠나기 전후 1년 중 몇 안 되는 시간 동안 메리 수전은 동네 호텔에 48시간 동안 머문다. 호텔을 정하는 기준은 몇 가지 없다. 저렴하고, 밖에 나가 앉을 수 있는 발코니가 있고, 맛있는 음식을 먹을수 있는 곳이면 충분하다. 48시간 동안 그는 자고, 읽고, 먹고, 발코니에서 맥주를 마시며 쉬고, 남편 숀은 애비엘라가 학교에 있는 동안 그를 찾아와 점심 데이트를 즐긴다.

누구에게나 가능한 해법은 아니다. 메리 수전 역시 모두가 이 정도 비용을 쓸 수 있는 것은 아니며 사랑하는 사람을 하룻밤 맡아줄 배우자나 믿을 만한 사람이 없을 수도 있다는 걸 안다. 하지만 몰라서 시도해보지 못했거나 죄책감 때문에 포기하는 사람도 있다고 생각한다. 다른 사람에게 부모나 배우자 혹은 아이 돌봄을 맡기려면 어느 정도의 준비와 계획이 필요하지만, 가능하기만 하면 해볼 만한 가치가 충분하다. 휴식이 절실하게 필요할 때는 여기저기 도움을 구해야 할 수도 있고 돈을 지불해야 할 수도 있다 (이 점에 대해선 8장에서 상세히 다룬다). 하지만 메리 수전은 자신만을 위한 이틀이 다가온다는 생각만으로도 잠 설치는 몇 주를 기꺼이 참을 수 있다고 했다. 나 역시 아이들이 아빠와 시간을 보내는 주말 동안 같은 심정을 느낀다.

수면은 생존에 필수적이다. 만성 수면 부족은 몸과 마음에 부정적인 영향을 준다. 《우리는 왜 잠을 자야 할까Why We Sleep》에서 저자 매슈 워커Matthew Walker는 널리 인정받는 수면의 효과를 설명한다. "하루에 예닐곱 시간도 못 자는 생활이 일상화되면 면역 체계가 망가지며 암 발병률도 두 배 이상 높아진다. 수면 부족은 알츠하이머 위험을 측정할 때도 핵심적인 생활양식 변수로 작용한다. 단 한 주, 약간씩만 수면 시간이 줄어도 혈당 조절에 심각한 영향을 미쳐 당뇨 전증으로 분류될 수 있다. 수면 부족은 관상동맥이 막히거나 약화될 가능성을 높여 뇌졸중, 울혈성 심부전과 같은 심혈관계 질환을 야기할 수 있다."[64] 매일 밤 방해받지 않고 여덟 시간을 잘 수 없는 형편인데 이런 정보를 접하면 겁이 난다. 하지만 돌봄에 따르는 몫을 해내기 위해 또는 생존을 위해서라도 우리에게는 수면 시간이 필요하고, 수면 부족의 위험을 이해하면 어떻게든 수면 시간을 확보할 동력이 생긴다.

자신을 위해서는 도저히 쉴 수 없다면, 당신이 돌보는 사람을 위해서라도 쉬어야 한다. 클레어 코테차(2장 91쪽)는 그러기 위해 사회서비스를 상대로 법정 다툼을 벌여 밤에 아들을 돌봐줄 간호사를 확보했다. 누군가에게는 다른 가족 구성원에게 돌봄을 훈련시키고 친구와 시간을 보내거나 호텔에 가는 일이 될 수도 있다.

내 몸 안의 스트레스 대처법

수면과 휴식은 스트레스와의 싸움에서 좋은 시작점이지만 여기서 끝낼 순 없다. 에밀리와 어멜리아 나고스키는 저서 《소진》에서 스트레스원은 통제할 수 없더라도 스트레스가 갖는 영향 자체에는 대처할 수 있어야 한다고 설명한다.[65] 수지가 신생아와 아버지를 동시에 돌본 지 얼마 안 된 시기에 도움을 청하고자 처음으로 의사를 찾아갔을 때, 그는 스트레스를 받지 않도록 하거나 항우울제를 복용하라는 말을 들었다. 돌봄자들이 그냥 그렇게 '스트레스를 받지 않을 수 있다'는 생각은 모욕적이고 어이가 없다. 하지만 신체 반응에는 대처할 수 있다. 수지는 요가 매트 휴식법으로 어느 정도 에너지를 되찾은 후, 몸에 쌓인 스트레스를 관리해나가기 시작했다.

에밀리와 어멜리아 나고스키가 책에서 지적한 대로, **스트레스원**과 **스트레스**를 구분하는 게 중요하다. **스트레스원**은 통제하지 못할 수 있다. 잠 못 자는 밤, 지원을 받기 위한 싸움, 사랑하는 사람이 만성적인 고통과 우울을 겪고 있으며 우리가 그들을 돌보는 것 모두가 스트레스를 유발하는 스트레스원이며 스트레스는 몸에 쌓인다. **스트레스**란 이러한 스트레스원에 대한 인체의 신경심리학적 반응이다. 스트레스원을 맞닥뜨리게 되면, 위협으로부터 스스로를 보호하기 위해 몸이 반응한다. 이는 투쟁, 도피 혹은 경직 반응으로 알려져 있다. 신체적 위협이든 심리적 위협이든 인체는 같은 방식으로 반응한다. 심박수와 혈압이 상승하고, 엔도르핀이 방출되며, 소화 기능이 둔화되고, 인지된 위협을 마주하는 데 불필요한 다른 기능들도 둔화된다. 이런 생물학적 반응은 몸 전체에 영향을 주며 우리를 생존하게 한다. 하지만 인간은 끊임없는 위협 상태에서 살 수 있도록 설계되지 않았다. "만일 우리가 거기서 빠져나오지 못하면, 우리를 살리려고 한 생리적 반응이 오히려 우리를 서서히 죽일 수도 있다"라고 저자들은 말한다. 몸에서 활성화된 스트레스 주기를 끝내야 하는데, 위협이 끝났다고 말하는 것만으로는 끝낼 수 없다.

에밀리와 어밀리아 나고스키는 저서에서 야생동물로부터 달아나는 초기 인류를 예로 든다. 스트레스 반응은 이런 상황에 대처하기 위해 진화한 결과다. 위협을 인식하면 인체는 최대한 빨리 도망칠 수 있도록 자동으로 생리적인 변화를 일으킨다. 위협에서 벗어나면 마을 사람들은 우리를 둘러싸고 이제 안전하다고 말하며 끌어안아준다. 이로써 스트레스 주기가 완결되고 인체는 다시 이완된 생리 상태로 돌아갈 수 있다. 현대의 스트레스원을 접해도 우리의 몸은 같은 방식으로 반응하지만, 지금의 위협은 대개 도망치거나 물리적으로 막아서는 대처할 수 없다. 우리는 스트레스원이 눈앞에 있을 때도 차분하고 공손한 태도를 유지해야 한다. 예컨대 사랑하는 사람에게 필요한 서비스를 확보하기 위한 면담 같은 상황 말이다. 하지만 자신에게 위협이 끝났다고 말하는 것만으로는 상승한 혈압과 온몸을 휘젓고 다니는 호르몬을 저절로 낮출 수 없다. 그래서 몸이 이 스트레스 반응 주기를 완결할 수 있도록 도구를 쥐여줘야 한다.

움직이기

많은 돌봄자들이 자신을 위해 양보할 수 없는 것 가운데 하나로 땀 날 정도의 운동을 꼽는다. 그것도 매일. 물론 놀라운 일은 아니다. 운동은 몸에 위협이 끝났다는 신호를 보내는 가장 효과적이고 효율적인 방법이다. 그들이 스트레스 주기의 완결에 대해 알았든 몰랐든 한 가지는 분명하다. 운동은 효과적이다.

제스 윌슨의 딸 브룩은 자폐 진단을 받았으며 뇌전증을 앓고 있다(3장 109쪽). 제스는 몇 년 전에 부트캠프Boot Camp(다이어트용 운동 비디오. 강도 높은 동작들을 빠른 속도로 반복하는 방식으로 운동량이 많다-옮긴이)를 발견했다. 뇌전증을 앓는 사람들은 발작을 일으킬 수 있어서 이들의 안전을 책임지는 돌봄자들은 언제나 경계를 곤두세워야 하는데, 제스 역시 다른 돌봄자들처럼 과도한 긴장으로 극심한 스트레스를 받았다. 돌봄자들은 끊임없는 경각 상태에 익숙해진 나머지 인식조차 못 하기도 한다. 브룩은 십 대 초반에 심각한 강직간대 발작을 시작했다. 오랫동안 약을 복용했지만 최소 6주에 한 번꼴로 생명을 위협하는 발작을 겪었다. 6주에 한 번이면 가끔 있는 일처럼 보일 수도 있겠지만 발작이 일어날까 봐 언제나 지켜봐야 하는 것이 문제라고 제스는 말했다. 그는 매일 차로 브룩을 등하교시키면서 주행 중에 발작이 일어날까 봐 불안해했고, 차에서 내릴 때까지 아이를 안전하게 지킬 수 없을까 봐 두려워했다. 집에서조차 잠시도 브룩을 혼자 둘 수 없었다. 가족들은 방을 나설 때마다 누구든 집 안에 있는 사람에게 브룩을 지켜보라고 소리쳐 불렀다. 다행히 지금은 약효가 잘 들어 9개월째 큰 발작 없이 지내고 있지만, 작은 변수에도 약효가 떨어질 가능성이 있어서 안심할 수 없는 상황이다.

제스는 강도 높은 운동이 불안을 다스리는 효과적인 방법이라는 사실을 발견하고 나서 큰 변화가 생겼다고 말했다. 이제 그는 몸에 쌓인 스트레스를 털어내기 위해 적어도 하루 20분 동안 땀 흘리며 운동해야 한다는 걸 안다. 예전에도 많이 걸었고 도움이 되긴 했지만 부트캠프 같은 유산소 운동은 특히나 효과적이었다. 스트레스 반응은 생리적인 것이어서 스트레스를 받는 상황에서 몸을 움직이고 나면 야생동물로부터 도망친 것처럼 이제 위협에서 벗어났으니 스트레스 주기를 끝내도 된다고 몸에 신호를 보낼 수 있다.

나는 약 1년 전에 달리기를 시작했다. 내가 달리기를 즐길 거라고는 상상해본 적 없었지만 달리기가 가진 정신적·생리적 이점을 읽고 해보고 싶어졌다. 달리기는 돈도 들지 않고 언제든 멈출 수 있으니 해볼 만하다고 생각했다. 그러나 내가 달리기를 이렇게까지 사랑하게 될 줄은 정말 몰랐다. 내가 사는 런던 남부에는 달릴 만한 녹지가 많아서 런던의 전경과 탁 트인 하늘, 계절의 변화를 바라보며 달리다가 더 강인해지고 스트레스가 줄어든 상태로 곧장 사무실로 돌아갈 수 있다. 문만 열고 나가면 30분 만에 이 모든 것을 얻을 수 있다. 필요한 것이라곤 40파운드짜리 러닝화와 '카우치 투 5K Couch to 5K'라는 무료 달리기 애플리케이션이 전부다.

운동과 움직이기는 스트레스 주기를 완결하는 최선의 방법 가운데 하나지만 유일한 방법은 아니다. 장애, 질병 혹은 부상 때문에 격렬한 운동을 할 수 없는 사람도 있다. 밖으로 나가거나 수업을 듣거나 헬스장에 가기 어려울 수도 있다. 캄캄한 밤에나 겨우 혼자 집 밖에 나갈 시간이 난다면 운동하기에 안전하지 않다고 느낄 것이다. 운동은 효과적이지만 때로는 가능하지 않고 특히 에너지가 고갈되었을 때 그렇다. 하지만 우리 몸에 더 이상 위협받고 있지 않으니 이완해도 된다는 신호를 보낼 수 있는 다른 방법들도 있다.

창의적 표현

메리 수전은 미국 테네시주 내슈빌 외곽의 농촌에 산다. 그는 너른 공간을 여러 군데 갖고 있어서 헛간 중 하나를 도예 작업실로 바꿀 수 있었다. 남편 숀은 그의 서른 번째 생일에 이베이에서 발견한 물레를 선물하며 작업실 만드는 걸 도와주었다. 숀이 투어 중인데 애비엘라가 잠을 잘 못 잘 때나 박사 학위 공부로 바쁠 때는 작업실을 거의 들여다보지 못하지만, 바쁜 일이 지나가고 조금만 도움을 받을 수 있으면 그곳에서 도자기를 빚으며 시간을 보내는 걸 최우선으로 삼는다. 도자기를 빚는 동안 혼자만의 시간을 가질 수 있고 동시에 무언가를 만들어냈다는 기쁨을 얻을 수 있다. 진흙을 만지는 감각적 경험은 그를 차분하게 가라앉히면서도 즐거움으로 설레게 한다. 창의적 표현은 스트레스가 몸에 주는 영향을 완화하는 좋은 방법이다. 메리 수전의 삶에서 모든 것이 그렇듯이, 그는 유연해지는 게 핵심이라고 말한다. 한동안 작업실에 가지 못할 때도 있지만 그래도 괜찮다. 다른 돌봄자들은 스트레스를 완화하기 위한 창의적 표현으로 노래하기, 피아노 치기, 그림 그리기 등을 소개해주었다.

신체 접촉

끌어안기도 인체에 이로운 영향을 준다. 20초간의 끌어안기는 주변에 위협이 없으니 안심해도 된다고 우리 몸에 신호를 보내는 아주 좋은 방법이다. 연구에 따르면, 끌어안기는 혈압을 낮추고 옥시토신 수준을 높인다.[66] 주변에 접촉할 사람이 없다면, 자기 몸을 만지는 것도 몸을 이완시키는 효과적인 방법이 될 수 있다. 수지 리딩은 향이 좋은 핸드크림을 장만하여 30초 내지 60초 동안 손을 문질러보라고 권한다. 별것 아닌 것처럼 들리지만 기분 좋은 향과 잠시 멈춰서 향을 즐기며 자신의 손을 만지는 행위가 결합되면 대단히 효과적일 수 있다.

소소한 평정의 순간들

자기 돌봄이라고 하면 값비싼 마사지나 강의 혹은 길고 고급스러운 목욕처럼 거창한 무언가라고 생각하기 쉽다. 물론 멋지긴 하겠지만 꼭 필요한 것도 아니고 늘 할 수 있는 것도 아니다. 수지는 장애를 가진 아이의 엄마를 포함하여 여러 초보 엄마들을 지원하는 작업을 하면서 쉽게 사용할 수 있는 다양한 도구가 필요하고, 하루 중에 틈틈이 쓸 수 있어야 하고, 도구를 계속 바꾸고 발전시켜 늘 새로운 상태로 유지해야 한다는 사실을 알게 되었다. 일상적으로 하는 일들 가운데 우리를 돌보는 리추얼을 개발하는 것이다. 우리는 매일 옷을 입는다. 그렇다면 좋아하는 감촉의 옷을 선택할 수 있다. 수지는 고객들에게 '어떻게 하면 매일 하는 활동에 더 많은 따뜻함과 보살핌과 존재감을 불어넣을 수 있을까?'를 자문해보라고 권한다. 사람마다 자기 돌봄 도구 목록이 다르다. 하지만 한 가지 분명한 것은 자기 돌봄의 도구가 비싸고 많은 시간이나 에너지를 요구하는 것일 필요는 없는 점이다. 자신을 돌볼 방법은 무궁무진하며, 여기서는 많은 사람들이 유용하다고 생각하는 보다 평범하고 쉽게 할 수 있는 기술과 도구들을 소개한다.

우선 웃기, 특히 다른 사람들과 함께 웃는 것은 우리의 몸과 마음에 아주 유익하다. 웃음소리는 근육의 긴장을 이완시키고, 옥시토신을 방출하고, 면역 체계를 강화하고, 심장을 보호하는 데 도움이 될 수 있다.[67] 우리가 다른 사람들과 함께 웃으면 관계를 개선할 수 있지만, 혼자 TV를 보며 웃는 것도 충분히 유익하다. 웃기는 몸 안에 쌓인 스트레스를 줄일 수 있는 아주 바람직하고 신나는 방법이다.

울기는 몸에서 스트레스를 제거하는 또 다른 중요하고 손쉬운 방법으로, 울기에 긴장을 완화하고 기분을 고양시키는 위로 효과가 있다는 사실이 연구를 통해 밝혀졌다.[68] 때로 나는 온몸을 휘감는 스트레스에 빠진 것만 같을 때 거기서 벗어나는 데 도움이 되는 유일한 행위가 울기라고 느낀다. 샤워실과 차 안은 내가 큰 소리로 목 놓아 울 때 즐겨 찾는 장소다. 샤워실과 차 안은 안전하고 사적인 공간으로 느껴진다. 모든 눈물을 쏟아낸 후 뜨거운 물로 샤워를 하면 진정된다. 하루를 계속해나가기 전에 한바탕 울어야겠다는 생각이 들 때 차가 긴요하다. 만일 아침에 유독 힘든 시간을 보내고 간밤에 제대로 자지 못해 지쳐 있다면, 눈물 나는 음악을 듣는 게 고객을 만나기 위한 하루를 시작하기 전에 누적된 긴장을 푸는 데 도움이 된다. 거창하게 설명하지 않아도 다들 알고 있겠지만, 울기가 필요할 때 언제든 쓸 수 있는 도구라는 사실은 종종 잊히곤 한다.

아이들은 성인보다 훨씬 더 자주 울고 웃으며, 자신을 위로하기 위해 그러한 도구들을 자연스럽게 사용하는 것 같다. 성인인 우리는 웃기와 울기를 생활 속에서 더 자주 사용할 수 있다는 사실을 의식적으로 떠올려야 한다.

동물은 스트레스를 줄여주는 훌륭한 원천이 될 수 있으며, 반려동물을 키우는 것은 동반자로서의 교감을 제공할 뿐만 아니라 동물을 쓰다듬는 행위로 감각을 진정시키는 측면이 있고 또 가족 모두에게 이롭다. 예컨대 개를 키우면 규칙적으로 밖에 나가 걷게 되어 기운을 북돋울 수 있다. 꼭 대단한 외출일 필요는 없다. 주말에 교외나 해변으로 떠날 수 있다면 좋겠지만, 도심 속 공원이나 집 뒤편의 정원이라도 녹지에서 시간을 보내면 기분과 스트레스 수준에 긍정적인 영향을 줄 수 있다. 수리 리딩은 이것을 자연 치료Nature Therapy라고 부른다.[69] 에너지를 어느 정도 되찾은 후, 수지에게 그다음 단계는 매일 밖에서 시간을 보내는 것이 되었다. 시드니에 살기 때문에 그는 딸을 데리고 해안 절벽을 따라 걷고 잠시 바다를 바라보며 시간을 보낼 수 있었다. 이것은 그의 기분에 강력한 영향을 미쳤고 아버지를 보살피러 다시 병원으로 돌아가는 일이 감당하기에 훨씬 수월해졌다.

자폐 아동을 키우는 한 친구는 자신의 운동 사랑을 바다 수영

도전과 결합시켰다. 이 활동은 운동도 되고, 자연에서 시간을 보낼 수 있고, 어려운 과제를 완수하면서 모금 활동에 참가한다는 목적의식도 갖게 해주는 등 다양한 이점이 있다.

글쓰기

나는 몇 번이고 반복해서 글쓰기로 돌아왔다. 엄마가 돌아가시고 1년 반이 지났을 무렵, 나는 뉴욕에 살고 있었다. 9·11 테러와 그 여파를 겪어내던 시기였다. 당시 뉴욕시의 모든 사람들이 이루 말할 수 없는 스트레스와 불안을 피부로 느끼고 있었다. 사건의 영향을 직접 받지 않은 사람도 마찬가지였다. 나는 프리랜서 작가인 친구와 살고 있었는데, 그는 내게 줄리아 캐머런Julia Cameron의 《아티스트 웨이The Artist's Way》라는 책을 주었다. 이 책은 창조성을 발견하거나 일깨우는 법을 말하는데, 그 주요 도구 중 하나는 모닝 페이지였다. 캐머런은 매일 아침 의식의 흐름에 따라 손으로 글을 쓰면서 종이 세 장을 채워보라고 권한다. 하루를 시작하기 전에 모든 것을 종이 위에 비워내고 머릿속을 깨끗이 하는 것이다. 나는 이 작업이 상당히 중독성 있다고 느꼈다. 그가 책에서 설명하듯이 우리는 매일 글을 쓰지 못할 수도 있고 여전히 해결해야 할 문제들을 회피하기도 한다. 하지만 어찌 되었든 모닝 페이지를 쓰면 우리가 가진 질문에 답하고, 우리의 감정과 우선순위와 가치를 솔직하게 들여다볼 수 있다. 모닝 페이지를 쓸 때는 이런 것들을 숨길 수 없다. 핵심은 다시 읽지 않는 것이다. 이 글쓰기는 보여주기 위한 훈련이 아니라 마음속에서 벌어지는 일을 처리할 수 있도록 단순히 말을 밖으로 뱉는 것이다.

우리 집에서는 불가능한 일이기도 해서 이제 더는 눈뜨자마자 모닝 페이지를 쓰지 않지만, 머릿속을 맴도는 일이 있을 때면 언제든 일기를 쓰면 된다는 것을 안다. 엄마가 된 후 글쓰기를 다시 시작하기까지 오랜 시간이 걸렸다. 이젠 옛날처럼 글을 쓸 시간도, 공간도 없으니까 못할 거라고 생각해왔다. 하지만 결국 짬을 내기 시작했고, 아서의 자폐와 관련한 일들을 감당하기 위해, 돌아가신 어머니나 끝내버린 결혼 생활에 다시금 애도의 감정이 들 때 그것을 처리하기 위해 글을 썼다. 트라우마 경험에 대한 글쓰기가 건강에 주는 긍정적인 영향은 이미 여러 연구를 통해 밝혀졌다.[70] 내겐 다시 읽지 않는 노트들이 쌓여 있다. 그래도 그 노트들은 소기의 목적을 달성했다.

여섯 살 난 자폐 아동 제이콥의 엄마 스테이시 리는 심각한 돌봄자 소진을 겪으며 약 1년 전에 글쓰기를 알게 되었다. 그는 정신과 전문의의 도움을 받아 글을 쓰기 시작했고, 글쓰기는 수년간 간과해온 감정들을 처리하는 데 도움이 됐다. 제이콥이 두 살에 자폐 진단을 받은 이후 스테이시는 아들을 도울 최선의 방법을 찾기 위해 과도하게 애써왔다. 최고의 어린이집과 학교를 찾았고, 그러는 동시에 자신의 경험을 온라인에 공유하고 다른 부모들이 같은 과정을 거치도록 도왔다. 아들에게 가능한 한 최고의 지원을 해주려는 강력한 욕구를 추구하는 동안 그는 아들의 진단과 오랫동안 숨겨온 유년기 트라우마에 대한 감정을 억눌러왔다. 글쓰기는 정신과 의사가 이러한 감정을 처리하는 데 도움이 될 거라고 추천한 몇 가지 도구 중 하나였다. 이제 그는 매일 쓴다. 아침에 눈을 뜨면 가장 먼저 지금 기분이 어떤지 스스로에게 묻고 떠오르는 감정들을 잠시 적는다. 잠자리에 들기 전에는 머릿속을 채운 걱정들을 짧게 글로 쓰면서 잘 잘 수 있게 마음을 비운다. 오랜 세월 감정을 숨겨왔던 스테이시 리는 종이에 감정을 적는 단순한 행위가 모든 것을 바꾸어놓았다고 말한다.

경계 설정

자기 돌봄은 단지 일상에 몇 가지 활동과 기술을 더하는 것만이 아니다. 자기 돌봄은 자신을 위한 경계를 설정하는 것이기도 하다. 특히 돌봄을 갓 시작하여 삶의 모습 전반을 조정해야 하는 상황에서는 더욱 경계를 정하기가 어려울 수 있다. 삶에 큰 변화가 생기면 기존에 갖고 있던 경계들은 모두 사라지고 만다. 누군가를 보살필 때 우리가 정한 경계 중 어떤 것들이 통제권 밖으로 밀려나기 때문이다. 곧 부모가 될 사람이 "주말에 늦잠 자는 건 정말 중요하니 애가 생겨도 그건 꼭 지킬 거야" 하고 말한다고 상상해보자. 불가능해 보일 것이다. 하지만 그렇다고 **모든** 경계를 다 포기해야 한다는 뜻은 아니다. 다만 예전 같았으면 다른 사람들에게 해주었을 일 중 다수를 거절해야 한다는 뜻이다.

상황이 달랐다면 아이들의 학교 일에 적극적으로 참여했을 테지만 나는 현재 두 학교 중 어느 쪽에도 그만큼 관여하지 않는다. 나는 주말마다 온갖 방과 후 활동에 딸을 태워다주는 엄마가 아니다. 내 딸의 활동은 학교 안에서 해결하거나 아니면 함께하는 친구의 부모가 도와줘야만 가능하다. 아들을 데리고 볼일을 보러 다니기엔 위험 부담이 크고 적극적으로 사교 모임을 찾아다닐 수도 없다. 우리는 주말을 느리게, 그리고 관리할 수 있는 선에서 보낸다. 나는 우리 집 정원을 매우 좋아하지만 사실 정원의 상태는 엉망이다. 동네 이웃 중 누군가 우리 집 정원의 상태에 대해 신나게 (혹은 정확히 말해 수동 공격적으로) 떠들어댄다 해도 나는 내가 슈퍼우먼이 아니고 동네 사람 모두를 기쁘게 하는 것보다 나의 정신건강이 더 중요하다고 굳게 믿고 버틴다.

내가 세운 견고한 경계 가운데 하나는 일을 계속하는 것이었다. 그건 말처럼 늘 쉽지는 않았다. 나는 유급 돌봄자들을 고용했다가 실망하고, 아픈 아이들을 데리고 이리 뛰고 저리 뛰기도 하고, 아들을 받아줄 보육 시설은 없고, 하루 두 시간밖에 못 잘 때도 열 시간씩 일해야 했다. 하지만 일을 하고 있으면 나는 아이들 외에 내가 무엇에 관심이 있는지 탐색할 수 있었다. 일을 하면 아서에게 추가적인 지원을 제공하기 위해 돈을 지불할 여력이 생기고 나 홀로 아서를 돌보지 않아도 되므로 부담을 크게 덜 수 있다. 연금도 들 수 있다. 연금은 아이들이 내가 다른 사람들의 도움을 받아들이는 걸 본다는 뜻이기도 한데, 나는 어린 시절에 이런 모습을 좀처럼 볼 수 없었다. 조용한 뒷골목과 숲이 우거진 널따란 공원을 지나 걸어서 40분 거리에 있는 사무실로 출근하는 것도 나의 하루에 큰 즐거움과 공간감을 준다. 조용히 공상하거나 오디오북이나 팟캐스트를 들으며 걷는 출근길은 아이들도 일도 나에게 아무것도 요구하지 않는 평화로운 순간을 만끽할 기회다. 우리에게 어떤 미래가 펼쳐질지 알 수 없지만 일을 계속하는 것은 언제나 나의 최우선 순위에 있을 것이다. 다만 일이 어떤 모습일지에 대해 유연한 태도를 견지해야 할 따름이다.

앨리스 베넷(1장 47쪽)에게 경계는 정반대 방향으로 그려졌다. 보조 교사로 수련 중이던 앨리스는 딸 라야가 학교에 들어갔을 때 다른 학교에서 장애 학생을 지원하는 일자리를 찾았다. 라야에게 적합한 보육 시설을 찾을 수 없었던 앨리스는 딸과 같은 학기 일정을 가진 어딘가에서 일하는 것이 유일한 선택지라고 생각했다. 그러나 1년 후 앨리스는 소진되었고 정신적으로 몹시 힘들었다.

학교에서 종일 일하고 집에서도 두 딸을 살뜰히 챙기며 다정한 양육자가 되는 건 불가능했다. 일을 간절히 원했지만 그만두어야 할 때였다. 그는 지금 다시 공부를 하고 있다. 이번에는 충분한 시간을 갖고 장래에 자신과 가족들에게 무엇이 최선일지 생각하려 한다. 현재로선 공부를 하기로 한 결심이 자기 돌봄을 향한 큰 한 걸음이다.

스테이시 리는 아들이 자폐 진단을 받자마자 자신과 아들의 경험을 온라인에 공유하기 시작했다. 삽시간에 많은 팔로워가 생겼고 수백 통의 메시지를 받게 되었다. 그는 열심히 답장을 했다. 하지만 아들을 돌보면서 낯선 이들과 끊임없이 소통하는 과정에서 소진을 겪었고, 결국 계정을 폐쇄하고 몇 달간 오프라인으로 지냈다. 휴식을 취하면서 그는 자신의 이야기를 공유한 것 자체가 아니라 아무런 경계를 정하지 않은 채 공유한 것이 문제였음을 깨달았다. 그는 다른 계정을 다시 만들었지만 이번에는 직접 알지 못하는 사람의 메시지에 서둘러 답장하지 않고 시간과 에너지가 있을 때만 반응한다. 전직 사회복지사이며 부모를 돌본 경험이 있는 스테이시에게 공유할 만한 정보가 많은 것은 사실이지만 그래도 지금에 와서 그때를 돌이켜보면 건강을 해치면서까지 모르는 사람들에게 지나치게 많은 시간을 할애했다는 생각이 든다.

알츠하이머 환자인 아내 레이를 돌보는 데이비드 로저스(5장 175쪽)는 피아노 연주를 즐긴다. 그는 자신을 위해 헤드폰이 달린

키보드를 구입했다. 레이가 늦잠을 즐기는 터라, 데이비드는 아내를 깨우지 않고 아침 일찍 일어나 한 시간씩 피아노를 연습한다. 레이의 알츠하이머가 진행되면서 두 사람에겐 포기해야 할 것들이 많다. 외식도, 친구들이나 손주들과 시간을 보내는 것도 레이에게 몹시 힘들 수 있기 때문이다. 좋아하는 활동을 계속할 방법을 찾아낸 것은 그의 안녕을 유지하는 데 필수적이었다. 자식들 중 한 명이나 유급 돌봄자가 레이를 돌보는 동안 데이비드는 매주 테니스를 치고 규칙적으로 헬스장에서 운동을 한다. 이 세 가지는 그가 집에서 레이를 계속 돌보기 위해서 절대 양보하지 않기로 결심한 것들이다.

돌봄자에게 자신을 위한 시간은 지키기 어려운 경계일 수 있다. 물론 짬짬이 할 수 있는 일도 많지만, 자신을 위해 더 많은 시간을 내려고 노력할 수도 있을 것이다. 딸이 입학하기 전까지 금요일은 무슨 일이 있어도 딸과 함께하는 날이었다. 딸과 둘이서 아서가 있으면 하기 어렵거나 아서가 관심 없는 활동들을 즐기는 아주 소중한 시간이었다. 딸이 학교에 입학한 후부턴 더 이상 그 시간을 함께할 수 없어 아쉬웠지만 나는 적극적으로 그 시간을 나를 위한 시간으로 정해두기로 결심했다. 그 시간에 돌봄 책임과 생활과 일과 가사노동이 끼어들기 전에 나는 한나절을 따로 빼서 글 쓰는 데 집중하기로 정했다. 사실 그 시간을 나에게 할애하지 않는 편이 차라리 쉬웠을 것이다. 싱글맘이자 프리랜서이자 돌봄자로서 해야 할 일이 언제나 끝도 없이 쌓여 있기 때문이다. 하지만 장기적으로 나를 버틸 수 있게 해주는 것이 무엇인지 결정해야 했다. 약간 더 깔끔한 집과 정원, 덜 수북한 빨래 더미, 좀 더 체계적인 업무 행정은 아니었다. 나는 나를 위한 무언가를 해야만 했다.

두 아이가 각자 다른 학교에 다니는 터라 가정학습일(교사연수일)이 다르다는 장점이 있다. 가정학습일마다 나는 일을 접고 둘 중 학교에 안 가는 아이와 일대일로 시간을 보낸다. 아그네스와는 항상 영화를 보러 가거나 미술관에 간다. 이 두 곳은 아서와는 갈 수 없다. 내가 두 아이를 동시에 돌보지 않아도 되고 아서에게 온전히 집중할 수 있는 날, 아서와는 트램펄린이나 안전한 놀이기구를 타러 간다. 이것은 내가 업무 시간을 유연하게 조절할 수 있어 유지할 수 있는 규칙이다. 싱글맘이면서 아이 한 명 한 명과 따로 시간을 보내는 건 궁극의 사치처럼 느껴진다. 하지만 원하는 바가 완전히 다른 아이들을 키우고 있다면, 이는 분명 지켜낼 가치가 있는 경계다.

자신을 위해 시간을 내고, 쉬고, 자신의 건강과 안녕을 최우선에 두는 것 모두 좋지만 아무리 부지런히 챙겨도 이런 것들로는 충분하지 않을 때가 있다. 인간은 사회적 동물이라서 돌봄자 역할 때문에 때때로 고립되는 상황이 생기더라도 교감에 대한 욕구는 먹고 숨 쉬는 것 못지않게 중요하다. 우리는 자기 돌봄을 혼자서 해나갈 수 없으며 누군가의 보살핌을 받아야 한다. 아울러 우리는 휴식하고 에너지를 재충전할 시간뿐만 아니라 돌봄자로서의 역할을 넘어 온전한 자기가 되는 시간을 가져야 한다. 당장 주어진 돌봄자 역할 외에 강력한 목적의식을 갖는 것은 감당하기 벅찬 상황 속에서 우리가 원래 어떤 사람인지 기억하는 한 가지 방법이 될 수 있다. 많은 사람이 돌봄자가 되면서 이전에 생각지 못했던 목적을 깨닫게 되었다고 말한다. 이 점에 대해서는 추후 더 자세히 살펴보기로 하자.

주기적으로 쉬고 기댈 도구들을 마련해두면 우리의 안녕에 큰 변화를 줄 수 있다. 하지만 느닷없이 한밤중에 아서가 괴로워할 때 나는 아서에게 잠시 나만을 위한 시간을 갖고 싶다고 말할 수 없다. 부모, 배우자 혹은 아이에게 반드시 도움이 필요한 상황이어서 무슨 일이 있어도 온전히 그들과 함께해야 하는 때가 생긴다. 아무리 지치고 스트레스 받아도 대신 맡아줄 사람이 없어 우리가 누군가를 돌봐야만 하는 때가 있다. 아울러 아무리 푹 쉬었다고 해도 신체적 고통이나 정서적 고통을 겪는 누군가를 보살피는 일이 가슴 찢어지게 괴로운 날도 있을 것이다. 아서가 감당이 되지 않던 어느 날, 주저앉아 어제도 쉬었는데 **더 잘 대처했어야** 하는 게 아닌가 자책할 때도 있다. 자기 돌봄만으론 **결코** 충분하지 않은 까닭을 진심으로 이해하고 나서야 나는 자기 연민이라는 개념을 발견하게 되었다. 하룻밤에 여덟 시간을 잔다고 해서 우리가 모든 걸 감당할 수 있게 되거나, 화가 나지 않거나, 정서적으로 소진되지 않는 게 아니다. 상황을 진심으로 인정하고 모든 것을 수용하려면, 쏟아지는 일들을 감당할 수 없게 되는 순간에 자신을 연민하는 법을 배워야 한다. 나는 이 교훈을 아주 힘들게 깨우쳤다.

7 자기 연민
고통의 순간에 나에게 친절할 것

우리가 존경과 애정으로 타인을 대하면 대체로 그들의 가장
좋은 면이 드러난다. 우리 자신을 그렇게 대하면 똑같은 일
이 벌어질 것이다.

_ 릭 핸슨(Rick Hanson), **심리학자 겸 작가**

어느 오전, 공원에서 집으로 돌아가는 차 안이었다. 나는 천천히
조심스레 뒷골목을 지나고 있었고 억지로 심호흡을 했지만 얼굴
을 타고 흐르는 눈물을 멈추려 애쓰지는 않았다. 뒷자리에 앉은
아서는 만화《페파 피그Peppa Pig》에 나온 대사를 혼자서 조용히 반
복하고 있었다. 나는 놀이터에서 아서가 점점 정서적으로 동요하
는 걸 느낄 수 있었다. 모래 흩뿌리기 놀이를 하던 중에 동작이 점
점 커지더니 나중엔 한 움큼 가득 쥐고서 과격하게 뿌려댔다. 그
러던 아서는 결국 곁에 다가간 꼬마 아이를 심하게 밀쳐버렸다.

아이는 울음을 터뜨렸고 나는 사과했다. 아서가 상황을 못 견뎌하는 바람에 나는 아서를 데리고 그곳을 벗어나야 했다. 열 살이 된 아서는 어릴 때보다 훨씬 무거워졌지만 들쳐 안고 어렵사리 차에 탔다. 내려놓으면 바로 옆 붐비는 차도로 뛰어들 게 뻔했다. 아서는 품에서 빠져나가려고 버둥거렸지만 일단 차에 타면 진정하고 안정감을 느낄 거라는 것을 나는 이미 무수한 경험을 통해 알고 있었다. 다른 사람들의 시선은 아랑곳하지 않고 정신을 집중했다.

안전벨트를 채우자마자 아서는 몸부림을 멈추었고 호흡도 가라앉기 시작했다. 몇 분 만에 다시 차분해져서는 간식과 물을 달라고 했다. 나는 늘 챙겨두는 비상 간식을 찾아 가방 안을 뒤졌다. 바삭한 음식은 아서의 신경계를 만족시키고 진정시켜준다. 아까 아서가 팔다리를 버둥거리다가 친 머리가 아파왔다. 차를 몰며 백미러로 아서를 바라봤다. 아서는 나를 보고 "엄마, 안녕" 하고 말하며 옅은 미소를 띠었다. 아서가 보지 못하게 선글라스를 써서 하염없이 흐르는 눈물을 숨겼다. 내가 속상한 게 자기 탓이라고 여기지 않길 바랐다. 나는 아서가 몇 분 전 행동들을 통제할 수 없었다는 걸 안다. 아서가 멜트다운에서 회복하는 능력을 보면 언제나 깜짝 놀란다. 반면 나는 아서의 멜트다운을 대비해 진정하고 집중하는 법을 배우긴 했지만 위험이 지나가자마자 쓰러지고 싶어진다. 그날 나를 위해 했던 일, 휴식과 단잠은 물론 얼마간 도움은 되겠지만 이런 순간이 닥치면 결국 다 소용없었다. 그럴 땐 그냥 힘든 거라고 인정해버린다. 아들이 괴로워하는 걸 지켜보는 건 힘들다. 아서를 안전한 곳으로 데려가는 게 점점 더 힘들어진다. 언젠가 아서가 키도 덩치도 나보다 더 커지면 어떻게 감당할 수 있을지 두려움이 밀려든다.

자기 비난

아서가 한창 멜트다운을 겪고 있을 때만큼 엄마로서 무력하게 느껴질 때가 없다. 멜트다운이 아주 심해지기 전에 진정시킬 때가 간혹 있지만, 때론 완전히 통제가 불가능하다. 어떤 날엔 사랑하는 누군가가 그런 정서적 소용돌이를 겪는 걸 도저히 지켜볼 수 없다고 느낀다. 내가 침착하게 버티면 동요할 때보다 더 빨리 끝내는 데 보탬이 된다는 걸 안다. 이성적으로는 정말 맞는 말이다. 하지만 실제로는 극도의 노력을 요하는 일이다. 바닥에 누워 둘이 부둥켜안고 우는 날들도 있었다. 그럴 때면 나는 속으로 제때에 하지 못한 모든 일을 떠올리며 한바탕 자기 비난을 쏟아낸다. **침착했어야 했다.** 언성을 높이지 **말았어야 했다.** 그 접시를 탁자 위에 올려 두지 **말았어야 했다.** 그리고 바로 내가 그날 저질렀을지도 모르는 모든 잘못들이 떠오른다. 아서가 감당하지 못했다는 건 곧 내가 잘못했다는 뜻이다.

물론 돌봄자로서 나만 힘든 감정으로 고생하는 건 아니다. 어떤 사람들은 다른 가족들이 제 몫을 다하지 않아 억울해한다. 너무 많은 걸 요구받는다고 느낄 수 있고, 일이나 다른 사람들과 보내는 시간을 포기해야 한다는 사실에 화가 날 수도 있다. 남들처럼 자유롭지 못하고 자신을 위해 시간을 쓸 수 없어서 질투가 나기도 한다. 고칠 수 없는 고통을 지켜만 봐야 하는 무력감, 자신이 돌보는 사람과 예전처럼 소통할 수 없어서 오는 외로움으로 힘들어할 수도 있다. 주 돌봄자가 되기를 자처했다 하더라도 온갖 상충하는 감정이 생기고, 이 감정들은 결국 자기 비난으로 이어지기도 한다.

자기 비난은 전혀 이상할 게 없다. 누구나 마음속에 비판하는 목소리를 하나씩 품고 산다. 이 목소리는 너무 쉽게 소환된다. 멀리 돌이켜 생각하지 않아도 내면의 목소리가 큰 소리로 비난의 말을 던졌던 날들을 쉽게 떠올릴 수 있을 것이다. 일, 관계, 신체 이미지, 신체 능력, 지적 능력 혹은 양육, 어떤 부분에서든 더 잘할 수 있었고, 더 잘해야 했고, 더 바르게 처신해야 했다고 느낄 때 엄격하고 신랄한 내면의 목소리는 점점 커진다. 하지만 다른 목소리도 있다. 때론 비난의 목소리보다 조용하고 낯선 목소리다. 그렇지만 이 목소리에 귀 기울이고 이 목소리를 키울 수도 있다. 본능이 우리에게 무슨 말을 하든 간에, 이 목소리는 내면의 비판자보다 훨씬 더 큰 동기부여를 해준다. 이 목소리는 바로 공감과 연민의 목소리다.

자기 연민이란 무엇인가?

미국 텍사스대학교 오스틴캠퍼스에서 인간발달과 문화 부교수로 일하는 크리스틴 네프Kristine Neff 박사는 자존감에 대한 박사 후 과정 연구 중 자기 연민이라는 불교의 개념을 접하게 되었다. 그의 연구에 따르면, 자존감에는 부정적인 측면이 있다. 자존감은 대개 평균보다 뛰어나려는 욕구에 의존하며, 사회적 비교, 편견, 나르시시즘으로 이어지기도 한다. 반면, 자기 연민은 자존감이 아니라 내재된 자신의 가치를 고양하는 것처럼 보였다. 네프 박사는 자존감은 남과의 비교에 의존하지만, 자기 연민은 평가와 판단에 기초하지 않는다고 적고 있다. 다시 말해 남보다 나아야만 자신을 긍정할 수 있는 게 아니라는 뜻이다. 자기 연민의 효과에 대한 학술 연구가 없다는 걸 알게 된 그는 직접 연구에 나섰다. 네프 박사는 2003년에 자기 연민을 다룬 첫 논문을 발표했고, 현재 이 주제와 연관하여 발표된 논문은 수천 편에 달한다. 연구를 심화하면서 자기 연민과 안녕 간에 강력한 연결 고리가 있다는 사실이 네프 박사의 눈에 점점 더 분명해졌다.[71] 자기 연민 수준이 높은 사람들은 덜 우울해하고, 덜 불안해하고, 스트레스도 덜 받는다. 이는 자기 자신을 덜 비난하고,[72] 부정적인 생각을 반추하지 않고,[73] 부정적인 기분에서 빠르게 회복하는 능력[74]과 연관이 있다. 높은 수준의 자기 연민은 높은 행복감, 낙관, 삶의 만족, 동기부여[75]와 연관이 있는 것으로 밝혀졌다. 그렇다면 자기 연민이란 정확히 무엇인가?

네프 박사가 초기 연구에서 정의한 세 가지 주요 요소가 있다. 첫 번째는 마음챙김 혹은 매 순간 자신의 경험을 인식할 수 있는 능력이다. 고통을 긍정적으로 소화하기 위해 우선 고통을 인식해야 한다는 것이다. 이는 자신의 감정을 인정하는 단순한 형태가 될 수도 있다. 두 번째 요소는 보편적 인간 경험이다. 이는 우리가 겪는 고통, 괴로운 감정, 불행이 인간이라면 누구나 경험하는 일임을 인정하는 것이다. 우리는 홀로 고통 받지 않으며, 오히려 고통이 우리를 타인과 연결해준다는 것을 기억해야 한다. 고통 받는 순간에 고립감을 느끼기 쉽지만 고통은 무엇보다 보편적이고 인간적이다. 세 번째 요소는 자기 친절이다. 실수와 실패 앞에 스스로를 책망하게 되는 것은 당연하지만 그럼에도 자신에게 좋은 친구가 되어주어야 한다. 우리는 신랄한 비난 대신 따뜻하고 친절하게 지지하고 보살펴주기를 택할 수 있다.

내가 네프 박사의 연구에 관심을 두게 된 것은 연구 자체 때문만은 아니었다. 그가 처한 개인적인 상황이 내 눈길을 끌었다. 그의 아들 로완이 2007년 자폐 진단을 받았고 그는 자기 연민을 수행하며 그 경험을 무사히 겪어냈던 것이다. 먼저, 자기 연민은 그가 느낀 힘든 감정들을 처리하는 데 도움이 되었다. 그는 자기 연민을 수행하며 자신의 감정을 판단하지 않고 온전히 느낄 수 있었다. 그는 두렵고 슬펐다. 그리고 세상에서 가장 소중한 사람에게 이런 감정을 느낀다는 사실이 마음속 깊이 수치스러웠다. 그러던 중 떠오르는 감정들을 하나하나 연민으로 대하자, 곧 자기 연민을 통해 로완에게 무조건적인 사랑을 주는, 그가 되고 싶었던 부모의 모습이 될 수 있겠다는 생각이 들었다. 자기 연민이라는 방법을 알고부터 그는 공공장소에서 낯선 이들의 따가운 시선이 쏟아지는 가운데도 로완의 멜트다운을 의연하게 겪어내고 언제나 사랑으로 함께하는 부모가 될 수 있었다. 잘 모르는 사람들이 그의 양육 방식에 던지는 비난에 당당히 맞설 수 있었고, 실수하더라도 빠르게 회복하여 엄마가 필요한 아들에게 다시 집중할 수 있었다. 자기 연민은 그에게 바라는 돌봄자가 될 능력을 선사했다.

그의 경험을 글로 읽은 후에 나는 자기 연민이 돌봄에 따르는 괴로움을 완화해주고 아들이 힘든 시간을 보낼 때 진정으로 함께하고픈 내 깊은 바람을 이뤄줄 수 있을지 알아보기 위해 제대로 자기 연민을 수행해봐야겠다고 생각했다.

내가 자기 연민을 느껴도 될까?

자기 연민이라는 개념을 탐색하기 시작할 때 가장 먼저 나타난 장애물은 과연 내가 연민을 느낄 만한 자격이 있는가 하는 질문이었다. 아들이 멜트다운으로 힘들어할 때 연민이 필요한 사람은 내가 아닌 아들이다. 아울러 멜트다운 후에 자기 비난을 하지 않으면 아서에게 맞는 더 좋은 예방법을 못 찾는 건 아닐까 하는 생각도 들었다. 네프 박사와 함께《자기 연민으로 마음 챙기기 프로그램Mindful Self-Compassion Program》을 저술한 크리스 거머Chris Germer 박사는 자기 연민에 습관을 들이려면 우선 자기 연민에 관한 잘못된 믿음들을 해결해야 한다고 말한다. 그는 서구 문화가 자기 연민에 매우 회의적이어서 자신에게 친절한 행동은 자기중심적이고 이기적이라는 믿음이 있다고 한다. 우리는 자신을 친절하게 대할 때 신세 한탄으로 이어질까 봐 혹은 강해져야 하는 순간에 약해질까 봐 염려한다. 그는 실패나 실수를 한 후에 자신을 친절하게 대하면 다음에 더 잘하겠다는 동기부여가 약해지지 않을까 하는 걱정이 자기 연민에 대한 대표적인 오해라고 말한다.[76] 나만 자신에게 더 친절해지는 걸 두려워하는 게 아니었다.

네프 박사는 자기 연민 척도를 개발했다. 이 척도는 자기 연민의 수준을 알 수 있도록 설계된 일련의 질문들로 구성된다. 결과값은 자기 연민의 수준을 낮음, 중간, 높음으로 구분하여 나타낸다. 복수의 연구는 자기 연민이 현 상황에 안주하도록 유도하는 것이 아니라 동기부여를 강화한다는 사실을 보여주었다. 자기 연민 수준이 높은 사람들은 높은 기준을 잘 유지하고[77] 미루기와 같은 자기파괴적 행동을 덜 하는 것[78]으로 밝혀졌다. 그뿐 아니라 가면증후군(자신의 성공이 노력이 아니라 순전히 운으로 얻어졌다 생각하

고 지금껏 주변 사람들을 속여왔다고 느끼면서 불안해하는 심리—옮긴이)
을 덜 경험하고[79] 실패에 대한 두려움도 덜 느끼며[80] 실패했을 때
다시 시도할 가능성도 더 크다.[81] 한 흥미로운 연구는 자기 연민을
연습한 이후 후회되거나 잘못했다고 느낀 행동을 사과할 가능성
이 높아진다고 밝히기도 했다.[82] 자기 연민은 그냥 넘어감으로써
자신을 '봐주는' 것이 아니라, 변명하지 않고 실패를 맞닥뜨릴 수
있도록 회복탄력성과 그릿grit(성공과 성취를 끌어내는 데 결정적 역할
을 하는 투지 또는 용기로, 재능보다는 노력의 힘을 강조하는 개념—옮긴이)
을 강화해주는 것이다.[83]

　자신에게 연민을 베푸는 것이 우리를 더 이기적으로 만드는지
살펴보면 그 반대가 진실인 것 같다. 자기 연민을 가진 사람들은
관계에 임할 때 타인을 더 보살피고 지지하는 경향이 있다. 자신
에게 연민을 느끼는 사람은 배우자를 지지할 여력도 더 많다.[84] 그
들은 문제가 발생했을 때 더 균형 있는 시각을 유지하고 문제를
곱씹는 데는 시간을 덜 쓰기 때문에 자신에게 매몰되는 경향이 **덜**
하다.

　더 구체적인 연구 결과를 들여다보면, 사랑하는 사람이 치매에
걸려 돌봄을 수행하는 사람들을 대상으로 한 연구에서 자기 연민
이 돌봄자 소진을 덜 느끼게 한다는 사실이 밝혀졌다.[85] 자폐인을
돌보는 부모를 대상으로 한 또 다른 연구에서도 자기 연민 수준
이 높은 사람들이 그렇지 않은 사람들보다 스트레스를 덜 받고 우

울감도 덜한 것으로 나타났다. 그뿐 아니라 부모의 자기 연민 수준은 그가 아이의 장애 진단을 얼마나 잘 받아들일지 예측하는 지표로서 아이의 장애 정도보다 훨씬 정확했다. 이는 자기 자신과의 관계가 돌봄자로서 마주한 시련의 강도보다 더 중요하다는 점을 시사한다.[86]

생활 속 자기 연민 수행법

자기 연민을 접한 이후 나는 다음번에 아서가 심한 멜트다운을 겪으면 자기 연민법을 적용해보리라 다짐했다. 새벽 두 시에 하루를 시작하는 날이 오기까지는 그리 오래 걸리지 않았다. 나는 완전히 지쳐 있었고, 그날 처리해야 할 수많은 일에 스트레스를 받았고, 피로에 찌든 느낌에 질리고 화가 났다. 그래서 평소보다 퉁명스럽고 불만스러운 말투로 아서를 대했다. 잠을 못 자는 건 아서도 어쩔 수 없는 일이고 내가 일해야 하는 건 아서의 잘못이 아닌데, 툴툴대지 말고 더 잘했어야지. 난 형편없는 엄마야. 늘 하던 대로 자기 비난이 고개를 들었다. 하지만 새로운 시도를 해보겠다던 다짐을 떠올리자 자기 비난을 멈출 수 있었다. 나는 거머 박사가 힘든 시간을 보낼 때 일상적으로 수행할 수 있다고 권했던 자기 연민 브레이크를 시도했다.

첫 단계는 자신의 감정을 알아채는 것이다. 아서가 내 옆에 앉아 아주 이른 아침을 먹는 동안 나는 조용히 내가 느끼는 감정들에 이름을 붙이기 시작했다. 나는 매우 피곤하다. 나는 쌓인 일감이 걱정된다. 수면 부족으로 몸이 상할까 두렵다. 내가 아프기라도 하면 아서는 어떡하나 싶어 걱정된다. 아서가 내 기분이 나쁜 게 자기 탓이라고 생각할까 봐 걱정된다. 감정에 이름을 붙이는 일은 흥미로웠다. 하나둘씩 단어가 머릿속에 떠올랐고, 하나에 이름을 붙이면 다른 하나가 따라 나왔다. 와, 나는 정말 많은 걸 걱정하고 있구나, 하는 생각이 들었다.

두 번째 단계는 이러한 감정이 나에게만 찾아오는 것이 아니고 보편적 인간 경험이라는 사실을 기억하는 것이다. 나는 친구가 비슷한 걱정을 내게 털어놓는 상황을 상상했다. 대단찮은 일로 걱정한다는 생각은 들지 않는다. 친구의 걱정은 충분히 이해할 만하다. 새벽 두 시에 일어나는 건 누구에게나 힘든 일이다.

세 번째이자 마지막 단계는 자기에게 친절을 베푸는 것이다. 이건 어렵군, 하는 생각이 떠올랐다. 이건 아서에게도 나에게도 어려운 일이다. 이걸 어렵게 느낀다고 해서 내가 나쁜 엄마인 건 아니다. 어렵게 느껴도 괜찮다. 나는 나의 최선을 다하고 있다. 몇 분 동안 이러한 생각을 하며 앉아 있다가 아서의 곁을 파고들었다. 화가 좀 잦아든 것 같았다. 추한 감정을 느낀다는 죄책감도 좀 잦아든 것 같았다. 여전히 피곤하지만 피곤해서 초조한 마음은 좀 진정된 것 같았다. 아서는 나를 보고 웃으며 늘 그렇듯 엄청나게 크고 유쾌한 목소리로 "안녕, 엄마! 좋은 아침이에요!" 하고 말했다. 이 밤에 울리는 아서의 목소리는 평소보다 유독 더 크고 더 유쾌하게 들렸다. 나는 한숨 섞인 웃음을 지으며, "그래, 좋은 아침이라고 치자" 하고 말했다.

나에게 연민을 베풀려는 시도를 늘려가는 과정에서 뭔가 흥미로운 점을 발견했다. 화나거나 속상하거나 짜증 나는 횟수가 줄지는 않았지만 이러한 감정의 소용돌이에서 훨씬 빨리 빠져나오는 것 같았다. 아서에게 생각만큼 충분히 잘해주지 못했을 때 여전히 죄책감을 느끼긴 하지만, 예전만큼 자주 수치심을 느끼지는 않았다. 내가 원하는 대로 반응하지 못했을 때 속상했지만, 그러니 나는 나쁜 엄마라며 자책하지는 않았다. 아서를 더 참아줬어야 했다고 생각될 때도 예전보다 훨씬 빨리 기분이 나아졌고 기꺼이 사과할 마음이 들었다. 게다가 힘든 감정들을 친절하게 대하자 익숙한 편안함이 느껴졌다. 좋은 친구에게 걱정을 털어놓을 때 생기는 그런 편안함이었다. 물론 여전히 아서와 새벽 네 시에 단둘이 남겨질 수 있지만, 누군가가 나타날 때까지 몇 시간을 기다리는 대신 나 자신에게 친절을 베풀 수 있었다. 아서의 멜트다운을 지켜보는 고통이나 소진되는 느낌이 멈추지는 않았지만, 예전이라면 힘들어했을 상황에서도 안정을 찾을 수 있었다. 지난 수년간 다른 누군가가 감정을 겪어내는 과정을 돌보면서도 막상 나 자신에게는 감정을 허락하지 않아왔다는 사실을 비로소 깨달았다.

십 대 초반, 엄마의 상태가 점점 악화되자 나는 엄마에게 감정을 숨기는 법을 배웠다. 내가 보기엔 내 감정들이 엄마의 상태를 악화시킨 게 분명했다. 엄마는 자신의 우울에 깊이 빠져 있어서 내 감정이 비집고 들어갈 틈 같은 건 없었다. 내가 감정을 드러내면 엄마의 감정까지 흘러넘쳤다. 내 감정 때문에 엄마가 감정을 감당하지 못하고 병원에 입원한 적도 있었다. 어른이 된 지금에 와서 돌아보면 그때 우리가 얼마나 불안하고 속수무책인 상황에 처해 있었는지 알 수 있다. 나를 보살필 수 없을 정도로 상태가 나빠진 것은 엄마의 탓이 아니었지만, 나 역시 돌봐줄 사람 없이 우울증에 걸린 엄마를 돌보기에는 너무 어렸다. 이것이 바로 수많은 어린 돌봄자들이 처한 상황이다. 그들에게도 도움이 절실히 필요할 때 다른 사람에게 도움이 되어야 한다. 자기 연민에 대해 읽으면 읽을수록 수행법으로서는 새롭지만, 개념으로서 그리고 나 자신을 돌보는 방법으로서는 꽤 익숙하다는 사실을 깨달았다. 단지 과거에는 그것을 뭐라고 불러야 할지 몰랐을 뿐이었다.

상황이 정말 힘들 때

열네 살 때, 집안 사정이 극도로 어려워졌다. 엄마는 고통 받고 있었고 그해 몇 번이나 입원과 퇴원을 반복했다. 엄마와 함께 사는 사람은 둘째 오빠 핍과 나뿐이었고, 유급 돌봄자의 도움을 받을 수 있는 건 일주일에 두 번 몇 시간씩뿐이었다. 전직 정신 건강 전문 간호사인 모린은 집안 살림을 도와주었고 엄마에게 의지할 상대가 되어주었다. 그는 우리가 데워 먹을 수 있도록 캐서롤(조리한 채로 식탁에 내놓을 수 있는 서양식 찜 냄비를 사용한 요리-옮긴이)을 냉장고에 넣어두고 우리가 혼자가 아님을 상기시켜주었다. 마음 따뜻하고 상식 있는 여성이었다.

어느 날 나는 학교가 늦게 끝나 역에서 엄마를 기다리고 있었다. 엄마가 데리러 오겠다고 약속하고선 또 깜빡했다는 사실에 화가 났다. 아무리 자주 실망했어도 엄마가 어딘가에 있겠다고 약속하면 나는 또 기대하곤 했다. 공중전화로 집에 전화를 걸었지만 아무도 받지 않았다. 나는 전화를 걸고 또 걸었고, 마침내 모린이 받았다. 모린은 집까지 걸어오고 있으면 중간 지점에서 나를 태워가겠다고 했다. 나는 통화하기 전보다 더 화가 나 전화를 끊었다. 몇 마일이나 걸어야 했고, 모린은 엄마가 오지 않는 이유를 말해주지 않았다. 집을 향해 20분쯤 걸었을 때, 모린이 엄마 차를 몰고 나타나 나를 태웠다. 그는 건조한 말투로 오후에 집에 가보니 엄마가 자살 기도를 했고, 내가 전화했을 때는 앰뷸런스가 와 있었다고 전했다. 내가 엄마의 상태를 못 봤으면 해서 집에 도착하는 시간을 늦추기 위해 일부러 걸어오라고 한 것이었다.

나는 남은 한 해 내내 아침 일찍 일어나서, 그리고 매일 학교에서 돌아와 엄마의 방으로 살그머니 들어갔다. 엄마는 대개 침대에 누운 채였고, 나는 엄마가 숨을 쉬는지 확인했다. 나중에는 너무 익숙해진 나머지 이런 행동이 일반적이지 않다는 것조차 느끼지 못했다. 가끔은 뭔가 달라 보이기도 했다. 정원으로 이어지는 프랑스식 대문이 활짝 열려 있거나 차가 사라지고 없었다. 그러면 나는 애타게 엄마를 부르며 찾았다. 심장 박동은 빨라졌고, 공황에 빠질 것만 같았다. 침대에 코 골며 누워 있거나 술에 취해 정원을 돌아다니는 엄마를 발견하면, 그제야 멈췄던 숨을 내쉬었다. 나는 죽은 엄마를 발견할 수도 있다는 생각을 매일 했다. 엄마가 살아 있는 걸 확인할 때마다 커다란 안도감을 느꼈지만 안도감은 그리 오래가지 않았다. 불안은 서서히 다시 쌓여갔고, 다음 날 학교가 끝나면 다시 엄마를 찾아 숨죽이고 집 안을 돌아다녔다. 마음속 깊은 곳에서부터 계속 이렇게 살 순 없다고 느꼈지만 어떻게 끝내야 할지 알 수 없었다.

크리스마스 연휴에 아버지가 우리 남매들을 데리고 시드니 외곽에 사는 친척을 방문했다. 그곳에서 나는 찾고 있는 줄도 몰랐던 해결책을 발견했다. 우리는 한동안 못 봤던 먼 사촌들과 시간을 보냈는데, 그중 한 명이 멀리 있는 기숙학교에 다녔다. 우리가 농장에 사는 동안 오빠가 다녔던 곳과는 다른 종류의 학교였다. 한 학기 내내 학교에 머물며, 매주 금요일이 아니라 학기 중에 오직 한 번의 주말에만 집에 갈 수 있었다. 나는 오스트레일리아에 그런 학교가 있는 줄 몰랐다. 엄마가 있는 멜버른 집으로 돌아가 다시 평소처럼 힘든 일상을 보내던 중, 꼭 이렇게 지낼 필요는 없지 않나 하는 생각이 들었다. 오빠처럼 주말마다 집에 돌아오는 건 딱히 좋아 보이지 않았지만 적당히 먼 곳으로, 정말로 집을 떠나는 건 아주 멋진 아이디어처럼 느껴졌다. 어느 날 아버지와 함께 저녁을 먹으러 갈 때, 나는 아버지의 생각을 물었다. 아버지는 매우 안심하는 것 같았고 곧바로 좋다고 했다. 어떻게 우리를 도울 수 있을지 아무도 모르는 상황에서 내가 아버지에게 실질적인 방법을 알려주었다는 것을, 나 역시 한참 후에야 깨달았다. 아버지와 사는 건 선택지가 될 수 없었다. 아버지는 출장이 너무 잦아서 대부분의 시간을 해외에서 보냈다. 하지만 내가 학교를 위해 집을 떠나겠다면 아버지는 기꺼이 그 비용을 대겠다고 했다. 당시에도 아버지가 나를 기숙학교에 보낼 여력이 되는 건 큰 특권이라는 걸 알았다. 그리고 동시에 그 대가가 단순히 금전적인 것 이상이 될 거라는 것도 알았다.

엄마는 격노했다. 소식을 접한 날 엄마는 내 눈을 보고 당신이 죽으면 내 탓인 줄 알라고 했다. 내가 엄마를 버렸다고 했다. 나는 울면서 나를 이해해달라고 애걸했지만 상황은 오히려 악화되었다. 엄마는 내가 이기적이고 배은망덕하다며 상상할 수 있는 온갖 악담을 퍼부었다. 학기가 시작하기까지는 3주도 채 남지 않았고,

학교에서는 마침 자리가 있으니 내가 원한다면 와도 좋다고 했다. 엄마는 내게 당장 짐을 싸서 나가라고 했다. 내가 무슨 짓을 저지른 거지, 두려움에 떨며 재닛 이모에게 전화를 걸었다. 얼마 지나지 않아 두 이모가 큰 사촌 언니를 데리고 집에 도착했다. 재닛 이모는 엄마를 진정시키려 시도해보고는 내 방으로 찾아왔다. 나는 이모가 기숙학교에 가지 말라고 할 거라 생각했다. 이모들은 엄마를 몹시 걱정하니까 엄마를 위해서라면 뭐든 할 거라 예상했다. 하지만 그 대신 이모는 양손을 내 어깨에 얹고 나를 바라보며 침착하게 말했다. "당장은 힘들겠지만, 네 결정이 맞아."

나는 그 순간 처음으로 내 어깨에 얹힌 무게를 인식했다. 엄마 곁에 머물며 무수히 여러 번 그 손을 잡아드렸지만 내 손을 잡아준 사람은 없었다. 엄마는 난파선과 같았고, 나를 구명보트 삼아 매달렸다. 의도한 건 아니었으나 엄마는 나를 점점 밑으로 잡아끌고 있었다. 문득 나의 본능이 이러다 익사하겠다고, 이제는 나 자신을 구해야 한다고 말했다. 아버지와 이모들이 개입하여 지지해주자 처음으로 상황이 선명하게 보였다. 내가 무슨 짓을 했든 엄마를 구할 수는 없었을 것이고, 엄마가 살든 죽든, 회복하든 못하든, 그건 내 통제 밖의 일이었다. 아무리 침대맡에 앉아 곁을 지키고 숨 쉬는지 확인한다 해도 엄마에겐 아무것도 바뀌지 않을 터였다. 하지만 나 자신은 구할 수 있었다.

그다음 주가 되자 엄마는 점점 마음을 가라앉혔지만 여전히 내게 화가 나 있었고 우리는 거의 말을 섞지 않았다. 새 교복이 도착하고 짐을 다 꾸렸을 때까지도 내가 하려는 일이 엄마의 마지막 잎새를 꺾어버리는 일일지 알지 못한 채, 나는 결국 집을 떠났다.

첫 몇 주간, 낯선 학교에 적응하고, 새 친구를 사귀고, 오가는 길을 파악하면서도 매일 엄마가 돌아가셨다는 전화가 오지 않을까 두려워했다. 그러다 끝내 전화가 오지 않자 그제야 조금씩 안심하기 시작했다. 그리고 처음으로 지난 몇 년간 혼자서 얼마나 많은 일을 해왔는지 제대로 깨달았다. 학교에선 하루 세끼 나를 위한 따뜻한 음식이 제공되었고 내가 식사를 거르지 않는지 확인하는 사람이 있었다. 운동과 과외활동에도 의무적으로 참여해야 했는데, 그건 몇 년 동안 해본 적도 없는 일이었다. 내가 수업을 잘 듣고 있는지 늘 누군가가 확인했고, 매일같이 온종일 친구들에게 둘러싸여 있었다. 엄마를 돌보는 동안 내가 얼마나 고립되어 있었는지, 강렬한 깨달음이 나를 휩쓸었다. 다른 친구들은 집을 떠나 학교에 머무는 생활을 불평하곤 했지만 나는 아니었다. 나는 그곳에서 아주 잘 지냈다. 그렇게 제대로 보살핌 받고 있다고 느낀 건 무척 오랜만의 일이었다.

첫 학기가 끝나고 집에 돌아갔을 때, 엄마는 기분이 좋은 상태였다. 우리는 부엌 식탁에 앉아 엄마가 나를 위해 특별히 준비한 음식을 먹으며 몇 시간이고 이야기를 나누었다. 새 친구들, 수업, 기숙학교의 온갖 이상한 예식 등, 전화로 다 말할 수 없었던 내 새로운 생활을 속속들이 떠들었다. 밤이 되어 자러 가려는데, 엄마가 나를 끌어안고는 내가 옳았다고 말했다. 엄마는 이렇게 행복해하는 나를 보는 게 얼마 만인지 모르겠다고 했다. 엄마가 거의 잊을 뻔했던 예전의 내 모습이었다. 그러고는 내가 집을 떠난 게 자랑스럽다고 했다. 그 말에 무척 기뻤지만 엄마가 내게 하는 모든 말은 어느 정도 과장을 감안하여 들어야 한다는 걸 알고 있었다. 그다음 번에 술에 취했을 때는 모든 게 당신을 떠난 내 탓이라며 고함을 쳤고, 이런 언쟁은 수년간 계속되었다. 엄마는 학교로 돌아가기 전날 밤이 되면 항상 내게 싸움을 걸었다. 매 학기, 시계처럼 정확하게, 어김없이 그랬다. 하지만 나는 엄마가 잠깐씩 회복했을 때, 술을 마시지 않고 스스로 판단할 수 있을 때면 나 자신을 먼저 생각하기로 한 것을 기쁘게 여긴다는 걸 알았다.

물론 여전히 집에서 전화가 올까 불안해했고 선생님이 개인 면담을 하자고 할 때마다 깜짝 놀랐지만, 나는 학교에서 든든하게 지지받고 있다고 느꼈다. 사감 선생님이 내 가정사를 얼마나 알았는지는 몰라도 학교에서 보낸 시간 동안 그분은 바위처럼 든든하게 나를 받쳐주었다. 나는 멀리 떨어져서도 계속해서 전화를 통해 엄마를 돌봤지만, 예전과 다르게 언제 엄마에게 전화를 걸지 내가 정할 수 있었다. 그래도 여전히 모든 연휴를 엄마와 보냈고, 예전처럼 침대맡을 살폈다. 핍 오빠는 기숙학교를 싫어해서 집에 남았지만 내가 떠나기로 했을 때 화를 내거나 억울해하지는 않았다.

하지만 모두가 내 선택을 이해해준 건 아니었다. 학교를 옮긴 후 집에서 보낸 첫 휴일에 내 예전 학교 친구가 엄마의 안부를 물었고 내가 잘 못 지내시는 것 같다고 답하자 이렇게 말했다. "그래, 그러시겠지. 네가 엄마를 떠났잖아." 그 순간 마음속 깊은 곳에서 수치심이 느껴졌지만 다른 무언가도 함께였다. 고작 한 학기를 보냈을 때도 나는 이미 내 선택이 옳았다는 걸 알았다. 집에서 나는 소진되어가고 있었다. 계속 집에 있었다면 고등학교를 마칠 때까지 내 정신 건강이 버텨줬을지, 대학에 진학할 만한 성적은 받았을지 알 수 없었다. 집을 떠난 게 나를 살렸다. 겨우 첫 학기였지만 나는 알 수 있었다.

열다섯 살이 채 안 된 내가 나를 위해 내렸던 그 결정을 지금에 와서 생각해보면 그것이 내가 처음으로 자기 연민을 의식하고 한 행동이었다는 걸 알 수 있다. 그 이후로도 나 자신을 위한 선택을 한 적이 있었지만 그 어떤 선택도 내게 필요한 것을 엄마의 요구보다 먼저 생각했던 그 결정만큼 어렵지는 않았다. 당시에 내가 나를 친절하게 대하지 못했다면 나는 엄마의 주 돌봄자 역할에서 한 발도 물러날 수 없었을 거라는 걸 이제야 깨닫는다. 자기 연민이 없었다면 내게는 심각한 정신질환을 앓는 엄마와 나 자신을 돌볼 책임 없이 고등학교에 다닐 자격 같은 건 없다고 생각했을 것이다.

부드러운 연민과 강한 연민

실패를 마주했을 때 나에게 친절을 베푸는 수행은 부드러운 자기 연민이다. 부드러운 자기 연민은 엄마인 나에게는 낯설었지만, 강한 자기 연민은 이미 수년간 실천해왔다는 사실을 깨달았다. 네프 박사는 연민이 음과 양으로 구성된다고 설명한다. 부드러운 음의 자기 연민은 우리 자신을 위로하고, 부드럽게 대하고, 인정하는 것이다. 반면 강한 양의 자기 연민은 보호하고, 제공하고, 동기부여하는 것을 뜻한다. 강한 자기 연민은 허물어지지 않는 경계를 설정하고 우리 자신과 우리가 돌보는 사람들의 이익을 위해 나설 때 도움이 된다. 우리에게는 자기 연민의 두 가지 측면이 모두 필요하다.

돌봄자들은 강한 자기 연민에 익숙해질 것을 요구받는다. 사회적 돌봄 수혜 자격 심사, 의사와의 진료 약속 그리고 그 외 공동체 곳곳에서 우리 자신과 사랑하는 사람들의 입장을 대변할 일이 생기기 때문이다. 그들이 우리에게 '더 이상은 줄 수 없다'고 할 때도 더 많은 지원을 요구하고 필요하면 법원까지도 가야 한다. 강한 자기 연민은 또한 돌보는 사람이 불편해하더라도 자신에게 꼭 필요한 휴식을 주장할 줄 아는 것이다. 나의 필요가 배우자나 부모나 자식의 요구 못지않게 중요하다고 주장하는 것이다. 돌봄자가 필요로 하는 것이 그들의 요구만큼 강하고 시급하지 않을지는 몰라도 똑같이 중요하다.

간단한 호흡법

부드러운 자기 연민은 쉽지 않지만 나는 계속 연습하고 있다. 힘든 날, 무엇 하나 제대로 되지 않을 때면 네프 박사가 말한 평정 호흡법을 다시 시도한다. 그는 아들이 멜트다운을 겪을 때 이 방법을 쓴다고 설명했다. 다른 누군가를 돌보다가 힘든 순간이 찾아오면 할 수 있는 일이라고는 숨 쉬는 게 전부일 때가 있다. 깊은 숨을 들이마시며 내 감정을 들여다보고 나에게 친절한 말을 해준다. 내쉬는 호흡에 친절과 연민을 아들에게 보낸다. 나를 위해 한 번 들이쉬고 아들을 위해 한 번 내쉬고, 다시 나를 위해 한 번, 다시 아들을 위해 한 번. 마음이 차분해지고 몸이 진정될 때까지 그러기를 반복한다.

익숙해지기 전까지는 자신을 연민하는 감정을 쉽게 불러올 수 없다. 네프 박사는 마음속에 친한 친구의 얼굴을 떠올리라고 권한다. 생각만 해도 따뜻한 감정이 느껴지는 편안한 사람이다. 그리고 그 친구가 이런 일을 겪는다면 어떻게 대해줄지 스스로에게 물어보는 것이다.

처음엔 불편할 수 있다. 아들이 이렇게 힘들어하는데 나를 위해 숨을 쉬라는 게 말이 되나 싶다. 계속 숨을 들이마시고 내쉬면서 나는 내게 이렇게 말해주었다. 이건 나에게도 힘든 일이야. 연민에는 한정이 없다. 아서에게 줄 무언가를 빼앗아 나를 위해 숨을 들이쉬는 게 아니다. 많은 연구에서 나타나듯이 자기 연민은 오히려 타인에 대한 연민을 키운다. 나에게 더 많이 줄수록 아서에게 줄 것도 더 많아진다. 연민은 모든 방향으로 흐른다.

네프 박사는 무급 돌봄자와 유급 돌봄자(간호사, 의사, 응급구조사 등) 모두에게 힘들어도 쉴 수 없을 때 유용한 몇 가지 생활 속 수행법을 권한다. 그는 이것을 '근무 중on the job 수행법'이라고 부른다.

위로의 손길

앞서 말한 자기 연민 브레이크나 호흡법과 더불어 시도할 만한 또 다른 방법은 위로의 손길이다. 스트레스를 받을 때 자기 손으로 몸을 어루만지면서 부교감 신경계를 활성화하여 스스로를 진정시키는 것이다. 이는 포옹처럼 다른 사람이 우리에게 부드러운 손길을 건넬 때와 똑같은 원리로 작동한다. 놀랍게도 우리의 몸은 둘의 차이를 알지 못한다. 정말 힘든 순간을 위해 알아두면 좋다. 자기 몸을 만지라니 이상하고 어색할 수 있지만, 연습하다 보면 누군가가 힘들어할 때 어깨에 손을 얹어주듯 자연스럽게 느껴지기 시작한다.

몇 차례 심호흡을 하고 나서 몸 어디에 손을 얹으면 더 편안하게 느껴지는지 실험해본다. 어떤 이들은 심장 부근에 손을 얹을 때 효과적이라고 하고, 누군가는 뺨을 두 손으로 감쌀 때 편안하게 느낀다. 그 외에도 무릎에 양손을 포개 올리기, 팔짱 끼기, 팔을 가볍게 끌어안기 등 사람마다 선호하는 동작이 다르다. 더 많은 방법은 네프 박사의 웹사이트에서 무료로 열람할 수 있고 네프 박사와 거머 박사의 책에서도 찾아볼 수 있다.

자기 연민의 역설

거머 박사에게 얼마나 자주 자기 연민 브레이크의 효과를 체감하는지 이야기하자 그는 따스한 미소를 짓더니, '효과가 있는 것'이 핵심이 아니라고 알려주었다. 그는 자기 연민이 어떤 상황을 '고쳐준다'는 생각에 사로잡히면 결국 좌절하고 환멸을 느끼게 된다고 설명했다. 문제를 해결하고자 자기 연민을 시도하면 효과가 없다. 자기 연민은 문제 해결법이 아니기 때문이다. 하지만 우리가 사람이고 괴로워하고 있다는 이유로 자신에게 연민을 베풀면, 결국 고통을 덜어준다. 이것이 자기 연민의 역설이다. 까다로운 개념이지만 거머 박사는 나의 이해를 돕기 위해 좋은 비유를 들었다. 아이가 닷새짜리 독감에 걸려 아프다고 상상해보자. 이미 동네 아이 중 여럿이 이 독감을 앓았기 때문에 당신은 심각한 병이 아니며 닷새만 지나면 나을 거라는 걸 안다. 그래도 당신은 아이를 편하게 해주려고 괜찮다고 말해주고, 안아주고, 먹을 것과 마실 것을 가져다준다. 책을 읽어주기도 하고 안심되는 말을 더 많이 해주기도 한다. 당장 독감이 나을 줄 알고 그러는 것이 아니라, 그저 아이가 독감에 걸려 아프니 보살펴주는 것이다. 당신은 독감에 걸렸던 다른 아이들을 봤고, 아이에게 잘해주든 아니든 병이 나으려면 닷새가 걸린다는 사실을 알고 있다. 하지만 아플 때 따뜻한 보살핌을 받는 게 당연하다는 생각으로 아이에게 사랑과 다정을 보낸다. 거머 박사는 자신에게 친절을 베푸는 것이 이와 똑같은 효과가 있다고 말한다. 인간으로 살면서 고통은 피할 수 없다. 아무리 아닌 척해도 인간으로 산다는 것은 여차하면 고통과 실패를 경험한다는 뜻이며, 우리가 사랑하는 사람들도 같은 경험을 한다는 뜻이다. 거머 박사는 이것이 자신을 친절하게 대해야 할 이유라고 말한다.

시련을 수용하기

삶이 고단하고 고통스럽고 힘들 수도 있다는 걸 받아들이면 때론 힘든 상황에서 조금쯤 숨통이 트이기도 한다. 나는 힘든 날, 아서가 심한 멜트다운을 겪어서만이 아니라 심사에서 아서에게 필요한 지원과 접근권을 얻기 위해 싸우다가 긴축재정이라는 돌담을 머리로 들이받는 것만 같고 모든 것이 엉망일 때, 가끔 모든 것을 잠시 멈춘다. 잠깐 숨을 고르며 스스로에게 묻는다. 내가 이 삶에서 원하는 게 뭐지? 그저 편안한 삶인가? 이렇게 말해보면 내가 편안한 삶을 택한 적이 없다는 걸 기억할 수 있다. 편안한 삶을 원했다면 고향을 떠나지 않았을 테고, 안정적이고 안전한 직업을 가졌을 테고, 아이를 낳지도 않았을 것이다. 약 11년 전 임신테스트기에 가는 두 줄이 나타난 순간, 나는 이미 앞으로 고통을 겪게 될수도 있다는 걸 알았다. 다른 사람을 사랑한다는 건 상실과 고통의 가능성을 함께 받아들이는 것이다. 모든 부모는 이를 받아들여야 한다. 물론 언제나 기꺼이 인정할 만한 일은 아니다. 기본적인 서비스마저 싸워서 얻어내야 하거나 다른 사람에겐 간단한 일들이 아서를 너무 힘들게 할 때면 가끔 몹시도 불공평하다는 생각이 든다.

상황을 있는 그대로 받아들이기를 거부하는 것을 흔히 저항이라고 부른다. 저항하면 우리가 겪는 고통은 커진다. 네프 박사는 저항을 우리가 매 순간 겪는 일이 이래선 안 된다는 믿음이라고 설명한다.[87] 그러나 상황을 받아들인다는 것은 정부가 장애인과 그들을 돌보는 사람의 삶에 해를 끼칠 때 이를 수동적으로 용인하거나 내 아들이 어려움을 겪을 때 내가 더 창의적인 해법을 찾지 못하리라 단정 짓는 것과는 다르다. 수용이란 인생에서 자연히 마주하게 되는 고통의 측면 위에 또 다른 고통을 더 얹지 않는다는 뜻이다. 마음챙김은 이 점에서 특히 도움이 되는 것 같다. 자신의 감정을 비판 없이 들여다볼 때, 비로소 그러한 감정을 내려놓을 수 있다. 여러 연구에서 불쾌하고 힘든 감정이나 생각은 억누르면 더 강해진다는 사실이 밝혀졌다.[88] 이러한 상황에서 마음챙김을 적용하면 우리는 감정을 수용하기 시작하고, 거기에 자기 연민을 더하면 어느 정도의 평온을 얻을 수 있다. 네프 박사는 이렇게 썼다. "마음챙김이 묻는다. '지금 이 순간 나는 무엇을 **경험하고 있는가?**' 자기 연민이 묻는다. '지금 이 순간 내게는 무엇이 **필요한 가?**'"[89]

지금 나 자신에게 할 수 있는 가장 친절한 일은 무엇인가?

'지금 나 자신에게 할 수 있는 가장 친절한 일은 무엇인가?' 나는 힘들 때 나 자신에게 이렇게 묻는 습관을 들이고 있다. 질문에 대한 답은 일찍 하루를 마무리하기, 친구에게 연락하기, 달리기 혹은 달리기 건너뛰기, 침대로 돌아가기가 되기도 한다. 언제나 가장 편한 일은 아니고, 내가 원하는 일이 아닐 수도 있지만 가장 **친절한** 일이다. 스스로를 친절하게 대할 때, 아서의 권리를 더 잘 대변할 에너지가 생기고, 고단한 날을 더 잘 견딜 수 있게 된다. 나는 이제 열네 살 때 기숙학교로 떠나기로 했던 결정이 나에게 친절한 행동이었음을 이해할 수 있다. 하지만 어떻게 그런 결정을 할 수 있었는지는 아직도 모르겠다. 내가 긴 여름방학을 버텨내기 위해 사회적 돌봄에 임시 간병 시간을 요구하는 것처럼, 많은 돌봄자들은 언젠가 자신의 필요를 최우선에 두고 지원을 요청해야 할 순간을 맞닥뜨리게 된다.

언제, 얼마나 많은 도움이 필요할지는 사람마다 달라서 옳고 그름을 판단할 수 없다. 어떤 사람에게는 주 돌봄자의 역할을 내려놓고 부모나 배우자에게 24시간 돌봄을 더 잘 제공할 수 있는 요양원을 찾는 것이 어렵지만 꼭 필요한 선택일 수 있다. 혹은 사랑하는 사람이 불편해하더라도 집을 방문하는 유급 돌봄자의 수를 크게 늘리는 일이 될 수도 있다. 때로 돌봄자가 할 수 있는 가장 연민 어린 행동은 한발 물러서서 더 많은 지원을 요청하는 것이다. 자기 연민이라는 관점으로 접근하면 심하게 소진되어 더 이상 사랑하는 사람을 돌볼 수 없게 되기 전에 우리에게 필요한 것을 적극적으로 얻어낼 수 있다.

이 글을 쓰는 지금 나는 자기 연민 기법을 꾸준히 연마한 지 18개월이 되어간다. 어떤 날은 여전히 갈 길이 멀다고 느끼기도 한다.

하지만 이 장을 쓰면서 내가 얼마만큼 발전했는지 궁금해졌다. 나는 자기 연민 검사(온라인에서 무료로 할 수 있다)[90]를 다시 실시하고는 노트 사이에 끼워놓았던 18개월 전 검사 결과지를 꺼내 보았다. 그사이 나의 자기 연민 정도는 중간에서 높음으로 올라가 있었다. 나의 답안을 살펴보면 두드러지게 개선된 부분을 확인할 수 있었는데, 특히 힘든 순간에서 회복하는 데 걸리는 시간과 자기 비난이 크게 줄었다. 특단의 조치 같은 건 없었다. 다만 힘든 순간에 자기 연민 브레이크의 3단계를 따르며 감정을 알아채고, 내 경험이 보편적인 인간 경험임을 떠올리고, 나 자신에게 친절을 베풀고자 노력했을 따름이다.

때론 말처럼 쉽지 않다. 하지만 이 간단한 도구는 내가 힘든 순간에서 빠져나오는 데 큰 변화를 주었다. 힘든 순간이 있다고 해서 하루 종일 힘들어하지 않았고, 힘든 날이 있었다고 해서 한 주 내내 힘들어하지 않았다. 힘들고 고통스러울 때는 있지만 순간일 뿐이었다.

8 공동체
함께일 때 번영하는 종

> 오랜 친구가 되려면 함께 토하는 것만큼 좋은 방법도 없
> 다.[91]
>
> _ 실비아 플라스(Sylvia Plath), 시인

엄마에게서 전화가 왔을 때, 나는 친구 머리사의 집에 있었다. 머리사는 우리 대학교 근처에서 개조하지 않은 널따란 창고에 살았는데, 남는 공간이 더러 있어서 집안 분위기가 너무 힘들 때 내게 숨 돌릴 곳이 되어주었다. 전화 너머로 엄마의 목소리를 듣자마자 상태가 좋지 않다는 걸 알 수 있었다. 나는 머리사에게 수요일 밤 댄스 수업에 가는 길에 우리 집에 들러도 괜찮을지 물었다. 머리사는 우리 엄마를 잘 알고 있었다. 이 넓고 멋진 창고 집의 단점이라면 지독하게 춥다는 것이어서, 그해 겨울 우리는 중앙난방과 풍족한 냉장고의 덕을 보려고 여러 번 우리 집으로 옮겨 갔다. 머리

사는 부엌에서 엄마와 담배나 블랙커피를 함께하곤 했다. 정신과 전문의이자 일반의의 딸인 머리사는 엄마와 솔직한 대화를 나누는 것을 두려워하지 않았고 오히려 즐기는 것 같기도 했다. 우리 집으로 향하는 차 안에서 나는 한동안 잊고 지냈던 두려움을 느꼈다. 지난 한두 해 동안 엄마가 나아진 건지 아니면 내가 엄마의 반복되는 우울증과 폭음에 익숙해진 나머지 예전만큼 마음을 쓰지 않게 된 건지는 정확히 알 수 없었다. 다만 이제 나는 어른이고, 차도 있고, 자기 공간이 있는 친구들도 있으니 언제든 필요할 때 도망갈 수 있다는 건 알았다. 덕분에 엄마와의 관계도 꽤 좋아졌다. 하지만 그날 전화기 너머 엄마의 목소리를 듣고는 뭔가 불안해졌다. 학교를 파하고 집에 돌아오면 의식을 잃은 엄마를 발견하는 게 아닐까 두려워했던 기억이 떠올랐다.

집에 도착했을 때, 엄마는 정문 맞은편에 있는 계단 맨 위에 앉아 있었다. 울면서 말을 더듬고 무릎 위에 있는 뭔가를 만지작거렸다. 나는 머리사에게 커피를 부탁하면서 전화기도 좀 찾아달라고 말했다. 나는 계단을 올라가 엄마 곁에 앉았다. 엄마는 강아지 미미의 목줄 끝을 손에 쥐고 있었다. 체인이 달려 잡아당기면 팽팽해지는 구식 목줄이었다. 나는 엄마의 목에 걸린 쇠사슬을 조심스럽게 풀어 머리 위로 빼냈다. 엄마는 울면서 "병원에 가야 해"라고 말했다. 나는 엄마의 말이 무슨 뜻인지 알았다. 그날 밤 누군가 엄마를 지켜봐야 할 텐데 내게 그 책임을 지우기 싫다는 뜻이었다. 나는 내가 다 해결할 테니 우선 계단을 내려가자고 했다. 우리는 전화기에서 번호를 찾아 엄마의 정신과 주치의에게 전화를 걸었다. 전에도 이런 전화를 수차례 받았던 그는 입원 가능한 병상이 있는지 확인해서 바로 전화해주겠다고 했다. 몇 분 후 그는 엄마가 하룻밤씩 머물던 민영 병원에는 자리가 없지만 공공 병원에는 자리가 있다고 했다. 의사는 위급하다면 엄마를 설득해서 입원시키라고 했다. 어떻게 하고 싶은지 묻자 엄마는 공공 병원은 싫지만 그래도 가겠다고 했다. 내가 짐을 싸는 동안 머리사가 엄마 곁을 지켰다.

시내에 있는 병원에 들어섰을 때, 나는 충격을 받았다. 엄마는 아프기 수년 전부터 민간 의료보험을 들었었고, 그 덕분에 나는 엄마 곁을 지키며 돕느라 힘들었을지언정 꽤나 많은 것으로부터 보호받아왔다. 물론 민영 병원에서도 얼마나 다양한 사람들이 복잡하고 극심한 고통을 겪고 있는지 확인할 수 있었다. 그중엔 내 또래 여자아이들도 있었다. 하지만 강제 입원 구역과 폐쇄 병동을 직접 본 적은 없었다. 엄마는 그날 스스로 병원에 들어갔지만 그곳에 있는 모든 사람이 그렇진 않았다. 온통 타일과 딱딱한 자재로 둘러싸인 병원은 빅토리아 시대를 연상시켰고 흡음이 되지 않아 온갖 소리가 울려퍼졌다. 문 잠긴 병실에서는 비명이 들려왔고 복도를 향해 난 창 너머로는 사람들이 멍하게 TV나 벽을 쳐다보고 있었다. 엄마의 상태가 이런 와중에 잘 모르는 직원에게 엄마를 맡긴 것은 내가 저지른 가장 끔찍한 짓 중 하나였다. 엄마는 겁에 질린 것 같았다. 나는 딱 하룻밤만이에요, 하며 엄마를 안심시키려 했다. 내일이면 다른 곳으로 옮길 거예요. 엄마가 고개를 끄덕였다. 내 엄마라기보다는 어린아이처럼 보였다. 하지만 엄마는 그날 밤 집에 있으면 안 된다는 걸 알았다. 이게 우리의 최선이라는 것도 알고 있었다. 병원 직원은 나를 안심시키며 우리를 밖으로 안내했다. 머리사와 나는 아래층에 있는 차로 돌아가 한동안 아무 말 없이 앉아 있었다. "아무래도 춤추러 못 갈 것 같아." 내가 말했다. 우리는 창고로 돌아가 레드와인 한 병을 따고는 머리사의 구식 오븐 앞에 쪼그리고 앉았다. 그 낡은 오븐 주변이 창고에서 가장 따뜻한 곳이었다. 우리는 나초를 먹으며 몇 시간이고 이야기했지만 그날 오후에 있었던 일에 대해선 한마디도 할 수 없었다.

대학에서 머리사를 만나기 전에도 나는 친구가 많았는데, 그중 일부와는 지금도 퍽 친하다. 하지만 어렸을 때는 우리 집 사정을 거의 모두에게 숨겼다. 어쩌면 친구들은 우리 집에 무슨 일이 있다는 걸 알았을지도 모르지만, 나는 누군가에게 속마음을 내보여도 괜찮겠다고 느낀 적이 없었다. 이는 어린 돌봄자들에게 특히 심각한 문제로, 어린 돌봄자의 89퍼센트가 외로움과 고립감을 느낀다고 보고했다.[92] 그나마 내겐 존재만으로도 큰 힘이 되는 오빠들이 있었지만, 우리는 엄마와의 경험을 자주 말하지 않으려 했다. 1학년 초 머리사와 내가 사진 강의에서 만났을 때 우리는 마치 연애라도 하듯 급속도로 가까워졌다. 오래지 않아 서로의 집에 종류는 다르지만 나름의 트라우마가 있다는 걸 알게 되었고, 아마도 이 점이 우리가 그토록 쉽게 친구가 된 까닭일 것이다. 머리사는 엄마가 부침을 겪을 때 동요하기보다는 실질적으로 문제를 해결하고자 했고 동시에 엄마에게 깊이 공감해주었다. 그런 머리사는 내게 큰 위안이 되었다. 머리사는 와인을 마시고 담배를 피우며 엄마와 나누는 장황하고 노골적인 대화를 두려워하지 않았다. 그런가 하면 엄마의 허튼소리를 참아주지도 않았다. 엄마가 나를 부당하게 대하거나 내게 너무 큰 짐을 지운다고 생각되면 곧장 나를 두둔하고 나섰다. 대학 시절에 엄마와 지내기가 수월했던 건 어쩌면 나이가 들어서일 수도 있고 필요할 때 탈출할 능력이 생겨서일 수도 있다. 하지만 사실은 그 모든 변화를 가져다준 머리사라는 친구가 있어서일지도 모른다.

인간은 홀로 해낼 수 없다

인간은 소집단에서 살도록 진화해왔다. 현대를 살아가는 우리에게는 지금의 생활방식이 일반적으로 느껴질 수도 있겠지만, 인류 역사의 대부분에서는 그렇지 않았다. 애초에 인간은 한 쌍의 부모와 어린 자녀끼리만 함께 살며 긴 출퇴근 거리를 오가고 집 밖에서 장시간 일하는 현대인의 삶을 살도록 설계되지 않았다. 우리는 개인주의에 집착하는 시대를 살고 있으며, 어쩌면 개인주의야말로 자부심이자 자유, 자율성이라고 여기는지도 모른다. 그러나 인간은 원래 상호의존적인 종이다. 우리는 애초에 홀로 해내도록 설계되지 않았다. 그럼에도 많은 이들이 혼자 해내려 한다. 장애차별주의가 장애를 바라보는 우리의 관점을 어떻게 오염시켰는지 알게 되고, 충분한 수면을 취하고, 수용과 자기 연민에 대해 배우는 것은 좋지만, 그래도 우리는 절대 혼자서는 못 한다는 사실로부터 달아날 수 없다. 우리는 애초에 그렇게 태어나지 않았다.

이제 막 돌봄자가 된 사람은 어디를 찾아가야 할지 알지 못하기도 하고 적절한 지원을 찾는 데 너무 많은 장애물이 존재한다고 느낄 수도 있다. 내털리 리는 딸이 현재 시각 손상을 갖고 있으며 희귀 유전질환 때문에 언젠가 완전히 시력을 잃게 될 것이라고 했다. 그는 딸이 이러한 사실에 충분히 관심을 두지 않는다고 토로했다. 내털리는 딸이 시각장애인이라는 정체성을 아직 불편해하고 같은 상황을 겪는 아이들과 어울리고 싶어 하지 않는다는 느낌을 강하게 받았다. 이는 가족 구성원 중 누군가가 아프거나 장애인이 되었을 때, 이를 받아들이거나 공개할 준비가 되지 않은 가족들에게서 흔히 나타나는 현상이다. 삶을 뒤바꾸는 진단을 받은 사람은 그것을 처리하는 데 오랜 시간이 필요할 수 있고, 마음을 비우고 새로운 정체성을 다시 세우면서 오랫동안 슬픔을 느낄 수도 있다. 물론 내털리는 딸이 유사한 장애를 가진 아이들과 어울릴 준비가 될 때까지 충분한 시간을 주고자 했다. 다만, 내털리의 딸이 다른 아이들과 어울리지 않는다면 내털리와 그의 남편 역시 비슷한 상황에 놓인 다른 부모들과 교류하기 어려워지므로 돌봄자로서 그들이 느끼는 염려와 두려움을 나눌 수 있는 상담사를 찾기로 했다.

공통된 삶의 경험

비판 없이 이해받을 수 있다는 점은 비슷한 경험을 하는 돌봄자 공동체를 찾아갈 때의 주된 이점이다. 아서가 자폐 진단을 받았을 무렵, 내겐 친구가 많았지만 우리 가족의 경험은 그들의 경험과 매우 다르고 그들에겐 낯선 이야기여서 매번 세세한 내용까지 장황하게 설명해야 한다고 느꼈다. 혹은 "그래도 난 괜찮아, 정말 괜찮아" 하며 안심시키는 말을 덧붙여야 했다. 그들은 두려운, 동정하는 혹은 슬퍼하는 표정을 지었고 내 감정만으로도 벅찼던 나는 그런 표정들까지 감당할 수는 없었다. 아이를 돌보는 부모 돌봄자들은 친구들과 어떻게 멀어지게 되었는지 말해주었다. 친구들은 우리의 상황을 두고 무슨 말을 해야 할지 모르거나, 우리 앞에서 비교적 사소하게 느껴지는 자기 집안일로 불평할 수 없을 것 같아 우리와 거리를 둔다. 나 역시 모임을 마치고 나올 때 더 고립되고 외롭다고 느낄 때가 많은데, 그건 내가 사람들에게 하는 이야기 중 어떤 것도 다른 사람들의 경험과 비슷한 점이 없어 보이기 때문이다.

이런 종류의 상호작용이 기분을 저조하게 만드는 까닭은 부분적으로는 우리의 이야기가 그들에게 진심으로 와닿지 않을 수 있기 때문이다. 용기를 내어 흉금을 다 털어놔봐야 어쩔 줄 몰라 하는 눈빛만 돌아와 위축되고 역시 나는 혼자구나, 하고 느낄 수 있다. 그래서 우리는 침묵한다. 하지만 다른 사람들도 같은 경험을 한다는 걸 알게 되면 그 반대가 될 수도 있다.

아서가 네 살쯤 됐을 때, 우리 동네 자폐 아동 부모 모임에서 구성원 중 한 명의 집을 빌려 크리스마스 파티를 연다는 소식을 듣게 되었다. 나는 용기를 그러모아 혼자 가보기로 결심하고 15분을 걸어 동네 반대편에 위치한 큰 저택을 방문했다. 그곳에서 나는 환영받을 수 있었다. 음료를 받아들고 금세 대화에 녹아들었다. 몇 시간 후 집으로 돌아갈 때는 아주 오랜만에 내 사람들을 찾았다고 느꼈다. 모두 제각각 집에서 벌어지는 멋지고 황당한 일을 나누며 웃고 떠들었는데, 이런 대화를 할 수 있으리라 기대한 적은 한 번도 없었으며 더구나 우리가 겪은 일을 자랑스러워하게 되리라고는 결코 상상도 할 수 없었다. 그 후 몇 년간 우리 모임은 한 달에 한 번 술자리를 가지려고 노력했다. 때론 변호사와 언어치료사의 연락처를 교환하고, 복지 서비스 지원 심사에 관한 조언을 주고받고, 지역 정부 기관이 또 일을 제대로 하지 않는다고 안타까워하거나 서로의 불평을 들어주곤 했다. 배경 설명을 할 필요가 없다는 사실에 기뻐하며 삶의 다른 부분에 대해서도 아주 많은 이야기를 나눴다. 아이들이 커가면서 생활이 더 복잡해지자, 정기적으로 만나기 어려워졌고 다 함께 시간을 낼 수 없을 때는 메신저 애플리케이션인 왓츠앱WhatsApp에서 모이곤 했다.

대도시에 살고 영어를 쓰는 중산층 여성으로서 나는 모임에서 지지를 얻는 게 비교적 쉬웠다. 종류와 상관없이 부모 모임은 다른 지지 모임보다 훨씬 찾아 들어가기 쉽다. 남편이 뇌 손상을 입은 시리타(4장 143쪽)는 오프라인에서 지속적으로 함께할 집단을 찾지 못했다. 모든 참석자가 시리타보다 최소 서른 살 이상 나이가 많아 공통점을 발견하기 힘들었다. 내가 아서의 치료사 중 한 명에게 우리 동네 지지 모임이 얼마나 큰 역할을 해주었는지 이야기하자, 그는 영국 태생이 아닌 많은 내담자들이 언어나 문화적 차이 때문에 그런 집단을 찾는 데 어려움을 겪는다고 말했다. 모임에서 공통분모를 찾는 일은 어떤 모임이 있는지 찾아보고 참석할 시간을 내는 것만큼이나 쉽지 않다. 아울러 지지 집단과 함께한다는 건 외출한다는 뜻이기도 한데, 많은 돌봄자들이 집을 비우기 어려워한다. 나 또한 동네에서 나와 비슷한 사람들을 발견하긴 했지만, 싱글맘이 된 이후로는 술집에서 화이트 와인과 스낵을 즐길 여력은 거의 사라졌다.

온라인 커뮤니티 찾기

소셜미디어의 등장은 장애인 집단에 놀라울 정도로 큰 영향을 주었다. 동네에 같은 장애나 어려움을 겪는 사람이 없다는 걸 알았다면, 이제 지역에 상관없이 전 세계를 아우르는 커뮤니티와 교류할 수 있다. 장애인의 온전한 참여를 방해하는 많은 물리적 장벽들이 온라인에서는 사라진다. 휠체어를 타고 갈 수 있는지, 주차는 가능한지, 혹시 탈 수 없는 교통수단으로만 갈 수 있는 곳은 아닌지 걱정할 필요가 없다. 집 밖에 나가느라 소중한 에너지를 다 써버리고 소진될까 봐 걱정하지 않아도 된다. 실시간으로 사람을 만나 소통하는 데 어려움을 겪는 사람도 걱정 없다. 더구나 장애인들에게 좋은 것은 그들을 돌보는 부모, 배우자 혹은 친구들에게도 좋다.

희귀 유전질환을 앓는 아이가 있든 헌팅턴병이나 파킨슨병을 앓는 부모나 배우자가 있든 소셜미디어는 우리가 이전에는 불가능했던 방식으로 서로를 찾을 수 있게 도와준다. 사는 지역 때문에 물리적으로 고립되었거나 돌봄 책임 때문에 외출이 불가능해도 인터넷이 우리의 세상을 열어주었다.

에마 가드너(3장 123쪽)는 인스타그램에서 해시태그로 딸 도티가 가진 희귀병 STXBP1 염색체 결손 질환을 검색했다. 놀랍게도 전 세계에서 수많은 부모들이 같은 병을 가진 자식과 함께하는 삶을 포스팅하고 있었다. 더 좋은 소식은 우연히 그 가운데 누군가가 도티보다 겨우 몇 분 일찍 태어난 딸을 키운다는 사실을 알게 된 것이다. 그들은 오프라인에서 만나기 시작했고, 많은 정보를 공유할 수 있었다. 지금 도티와 그 아이는 같은 학교에 다닌다. 유병률이 9만분의 1에 불과한 희귀 유전질환에서 몹시 보기 드문 사례다.

이처럼 어떤 돌봄자라도 그들이 돌보는 사람과 같은 장애나 질환을 가진 사람들을 소셜미디어에서 찾을 수 있다. 4장에서 제시했듯이, 이는 특히 돌보는 사람이 자신의 요구를 (더 이상) 표현하지 못할 때 어떻게 그를 돌봐야 할지 알 수 있는 좋은 방법이다. 나는 자폐에 대한 지식과 아들을 더 잘 이해할 방법 대부분을 트위터에서 #ActuallyAutistic(현실자폐인)을 검색하며 얻었다. 이 해시태그를 통해 교사나 의료 전문가보다 내 아들의 실제 삶과 경험에 대해 더 많은 것을 알려줄 사람들과 연결될 수 있었다.

내가 대화를 나눈 돌봄자들 가운데 많은 사람들이 정보를 공유하고, 지지를 얻고, 대중의 눈을 피해 맘 놓고 불평하기 위해 비공개 페이스북 그룹을 이용한다. 사람들의 경험이 제각각 다르듯이, 그룹의 질도 천차만별이다. 비공개 그룹은 든든하게 서로를 지지해주지만 모든 소셜미디어가 그렇듯 그룹의 강한 의견에 동의하지 않으면 탈퇴당하거나 다른 사용자들에게 비난의 댓글만 잔뜩 받게 될 수도 있다는 단점이 있다.

어떤 돌봄자들은 다른 사람들에 비해 커뮤니티의 일원이 되기 더 쉽다. 대략적으로 구분하자면, 자폐인, 뇌성마비 장애인, 다운 증후군을 가진 사람들의 경우 그들을 돌보는 부모를 위한 강력한 커뮤니티가 존재한다. 내가 만나본 부모나 배우자를 돌보는 사람들 가운데 특히 이삼십 대가 온라인 커뮤니티가 매우 도움이 된다고 생각했다. 온라인 커뮤니티에서 자신과 유사한 어려움을 겪는 또래를 찾을 수 있기 때문이다. 이 연령대의 돌봄자들은 여행을 다니고, 커리어에 집중하고, 결혼하여 가정을 꾸리는 친구들을 보며 상실감을 느끼기 쉬운데, 또래 돌봄자들이야말로 이러한 감정을 완전히 이해해줄 수 있다.

하지만 모든 장애인이 진단명을 가진 것은 아니어서 돌봄자가 속할 집단이나 커뮤니티를 찾기 어려울 수도 있다. 로라 고드프리의 여덟 살 난 아들 오스카는 종합 진단을 받지 못했다. 다른 많은 아이들처럼 SWAN Syndrome Without A Name으로 알려진 이름 없는 증후군을 갖고 있었다. 시간이 지나면서 발달 지연과 운동상의 문제가 동반되자 오스카는 뇌전증과 자폐 진단을 받게 되었다. 오스카가 자폐 진단을 받았을 때, 로라는 비로소 자신과 비슷한 상황을 겪는 공동체를 찾았다고 느꼈다. 인스타그램은 다른 부모 돌봄자들과의 교류에서 큰 부분을 차지했다. 오스카를 키우는 삶을 공유하자 사람들이 그에게 관심을 보였다. 그는 체인징 플레이스 화장실Changing Places(혼자서 화장실 사용이 어려운 사람들에게 충분한 공간과 장비를 제공하는, 누구나 사용할 수 있는 화장실—옮긴이)의 필요성과 예산 삭감으로 인해 복지 지원이 줄어 쉴 틈 없어진 돌봄자들의 상황 등을 알리고, 더 많은 사람들이 장애를 이해하도록 돕기 위해 이 플랫폼을 사용한다.

로라는 임신 중에 싱글맘이 되었다. 오스카가 태어난 첫해에 그는 아들의 발달이 일반적이지 않다는 걸 알고 방문 간호사와 일반의에게 거듭 상담했지만, 그들은 로라가 별것 아닌 일로 걱정한다고 말했다. 간호사인 로라는 응급실 차트에 '걱정 많은 엄마'라는 칸이 있었던 것을 기억한다. 의료진이 보기에는 아무 이상이 없는데 보호자가 지나치게 불안해할 때 표시하는 항목이었다. 아들의 발달 문제를 아무도 인정해주지 않은 데다가 산후 우울증까지 겹치자 그는 홀로 남겨진 듯했고 엄마로서 자신과 자신의 능력에 회의감이 들었다. 오스카는 시간이 지나도 상체를 일으켜 앉지 못했는데, 의료진은 그제야 로라의 말을 듣더니 소아 발달 전문의에게 가보라고 했다. 오스카의 심각한 발달 지연은 이유를 알 수 없었고, 그는 어디까지 각오해야 하는지 혹은 앞으로 무슨 일이 벌어질지 아무런 설명을 들을 수 없었다. 마침내 간호사들이 장애 아동 서비스에 관한 정보를 주기 시작하자 '아, 이제 내 아이는 장애인인 거구나' 하는 생각이 들었다. 진단이 내려진 순간은 극적이지 않았다. 다만 그와 오스카의 삶이 이제 막 친분을 쌓기 시작한 주변의 아기 엄마들과는 매우 다를 거라는 생각이 서서히 들기 시작했다. 로라가 만든 친목 모임은 싱글맘인 그에게 큰 의미가 있었지만, 더 큰 공동체가 필요하겠다는 생각이 들었다. 다른 모든 사람들의 아이들이 걷고 말하고 배변 훈련을 시작하자, 로라의 육아 경험은 점점 더 그들의 육아와 멀어지는 것처럼 느껴졌다. 바로 그때부터 인스타그램에 개설한 커뮤니티가 그의 삶에서 아주 중요해지기 시작했다.

서른 해 이상 돌봄자로 살다 마침내 찾은 공동체

발레리 브룩스는 딸 제스가 성인이 되면서 전혀 예상치 못하게 제스의 전일 돌봄자가 되었다. 현재 서른세 살인 제스는 자폐인이며 시각장애를 갖고 있다. 중등학교(영국에서 11세에서 16세 또는 18세까지의 학생들이 다니는 학교−옮긴이)를 졸업한 이후 주간 보육 센터와 유급 돌봄자의 도움을 받거나 노인 요양 시설에서 봉사활동을 하는 등 다양한 시도를 했다. 여러 가지 이유로 — 일부는 목적에 맞지 않아서 그리고 어떤 일은 제스가 심하게 불안을 느껴서 — 이 가운데 어느 것도 통하지 않았다. 마침내 발레리는 간호사라는 직업을 포기하고 집에서 제스를 돌보겠다고 결심했다. 처음에는 사랑하는 일을 그만두어야 한다는 사실에 낙담했다. 아이들이 어렸을 때 몇 년간 집에서 아이들을 돌보다가 다시 시작한 직업이었고 또다시 집에 머물기 위해 커리어를 내려놓는 건 계획에 전혀 없던 일이었다. 미래의 재정 사정뿐 아니라 다른 가족들과 친구들이 어떻게 생각할지도 걱정되었다. 하지만 제스의 안녕을 생각하면 발레리가 일을 그만두는 것이 그들에게 주어진 최선의 선택지였다. 그렇게 몇 년간 여러 대안을 시도해본 끝에 발레리는 결국 딸의 전일 돌봄자가 되었다.

그는 블로그를 시작하여 친구들과 가족들에게 모녀가 무엇을 하고 지내는지 공유하기로 했다. 그것은 예상치 못한 삶의 큰 변화를 처리하는 한 가지 방법이기도 했다. 블로그를 시작한 지 얼마 되지 않아 슈퍼마켓에서 누군가 그를 불러 세우더니 블로그를 아주 잘 보고 있다는 말을 전했다. 그는 가족을 위해 가정을 지키는 삶이 어떤 모습일지 오랫동안 전혀 모르고 살았다고 했다. 다른 친구들과 가족들도 같은 말을 하기 시작했다. 발레리의 블로그는 점점 커졌고, 인스타그램 계정도 마찬가지였다. 제스도 인스타그램에 올릴 동영상을 만드는 것을 좋아했다.

발레리는 나와의 통화에서 종일 제스를 돌보고 있지만 그 어느 때보다 지역 공동체와 연결되어 있다고 느끼며 지금처럼 다른 돌봄자들의 지지를 받아본 적이 없는 것 같다고 했다. 제스가 성장하는 오랜 세월 동안 발레리는 자신의 경험을 그 누구와도 공유한 적이 없었다. 모녀는 몇몇 지지 집단에 나가봤지만, 다른 가족들과 친해지지 않아 다시 가지 않게 되었다. 그들이 시도한 여러 프로그램과 학교는 분명 표면적으로는 그들을 지지해주는 것처럼 보였으나 돌이켜보니 지금과 같은 정서적 지지는 전혀 받지 못했다. 온라인 계정에서 시작된 모임은 오프라인과 지역 사회로까지 연결되었다. 발레리는 사랑했던 일에서 은퇴하고 전일 돌봄자가 되어 사회에서 고립될까 두려워했지만 이 일은 전혀 예상하지 못했던 긍정적 방향으로 바뀌었다.

나와 대화를 나눈 많은 돌봄자들이 처음엔 자신이 겪는 일을 감당하기 위해 글을 쓰고 공유할 수단이 필요해 소셜미디어를 시작했다. 그리고 그들 대다수가 온라인 커뮤니티에서 받은 정서적 지지가 삶을 얼마나 긍정적으로 바꿔놓았는지 느끼며 놀랐다. 밤낮없이 접근할 수 있는 공동체를 주머니에 넣고 다니는 셈이었다. 그 가치를 간과하는 경우가 많지만, 공동체는 우리의 안녕에 커다란 변화를 준다.

조 콕스 외로움 위원회는 외로움이 신체 및 정신 건강에 파괴적인 영향을 미친다는 사실을 발견했다. 그들은 외로움이 하루에 담배 열다섯 개비를 피우는 것과 맞먹을 정도로 유해하다고 밝혔다.[93] 온라인이든 오프라인이든 우리를 지지하는 공동체에 속하는 것은 장기적으로 생명을 구하는 일이 될 수도 있다.

인식의 확산

어머니가 헌팅턴병을 앓고 있는 에마 테라노바(5장 166쪽)는 직계 가족 외에 그 누구에게도 어머니의 병을 발설하지 않고 살았다. 하지만 2018년 12월, 어머니가 승낙하자 에마는 '뇌를 위한 캠페인Campaign for My Brain'이라는 비영리 단체를 창설했다. 단체의 목표는 신경질환을 앓는 사람들과 그들을 보살피는 사람들의 삶의 질을 개선하기 위해 신경질환에 대한 인식을 넓히는 것이다. 이 단체는 신경질환 자체에 대한 대중의 관심을 높일 뿐 아니라 돌봄자들이 자신과 그들이 돌보는 사람을 위해 필요한 지원을 받을 수 있도록 돌봄자의 권리를 강화하고자 한다. 에마는 자신이 어린 돌봄자였을 때 어머니의 병을 덜 부끄럽게 여기고 그에 대해 더 터놓고 말할 수 있었더라면 상황이 훨씬 더 감당할 만했을 거라고 말한다. 그와 언니가 어머니에 대해 입을 열기 시작하기까지 오랜 세월이 걸렸다. 그들은 수년 동안 친구들에게 핑계를 대고 진실을 숨겼다. 이제 에마는 어머니의 돌봄자가 된 삶을 당당히 밝히고 있다. 헌팅턴병을 가진 다른 가족들과 교류하고 친구들에게 솔직하게 말할 수 있게 되자 그의 가족에게도 큰 변화가 찾아왔다.

팟캐스트

소셜미디어만 돌봄자들을 한데 불러 모으는 것이 아니었다. 팟캐스트에도 돌봄자 커뮤니티가 모여들고 있다. 메리 수전 매코널(4장 134쪽)은 매주 팟캐스트 '마마 베어Mama Bear'의 도입부에서 청취자들에게 좋아하는 음료를 손에 들고 베란다에 앉아 친구들과 이야기하고 있다고 상상하며 들어달라고 말한다. 메리 수전은 한밤중에 중환자실에서 사경을 헤매는 아이를 걱정하던, 처절하게 외로웠던 때를 생각하며 팟캐스트를 시작했다. 그는 헤드폰을 통해 자신이 걷고 있는 길을 이미 걸어본 사람의 목소리를 들을 수 있다면 어떨까 상상했다.

그 후로 100화가 넘는 에피소드가 나왔고 그는 주기적으로 특정한 메시지를 받는다. 동네에는 자신과 같은 경험을 한 사람이 없지만 이 팟캐스트 덕분에 훨씬 덜 외롭다는 메시지다.

블로그와 소셜미디어 계정이 멋지긴 하지만, 서로의 이야기를 목소리로 직접 듣는 것에는 대단히 강력한 무언가가 있다. 미묘한 느낌을 표현하고 세세한 대화를 나누기에는 '좋아요'와 '공유'의 맥락을 알 수 없는 소셜미디어보다 팟캐스트가 더 좋을 수 있다. '마마 베어' 팟캐스트는 매우 다양한 주제를 다루며, 전 연령대에서 온갖 종류의 장애를 가진 자식을 둔 어머니들의 인터뷰도 소개한다. 메리 수전은 차이에 주목하기보다 우리가 얼마나 서로 비슷한지 보여주는 이야기들을 전하는 데 특별한 재능이 있다.

돌봄자와 돌봄을 받는 사람에게 온라인 커뮤니티가 갖는 중요성

인터넷으로 서로 연결되기 전 오랫동안 고립되었던 커뮤니티의 일원이라면 소셜미디어 때문에 문명이 끝장난다고 염려하는 목소리들이 듣기 힘들 수 있다. 1990년대 어린 돌봄자였던 시절을 돌아보며 나처럼 부모님을 돌봐야 하는 다른 아이들을 알았더라면 내 삶이 어땠을지 궁금해하곤 한다. 내가 혼자가 아니라는 사실을 알았다면 크게 달라졌을까? 내 어머니에겐 상황이 크게 달라졌을 거라고 생각한다. 엄마는 살아계셨다면 오늘날 맷 헤이그Matt Haig나 스칼릿 커티스Scarlett Curtis와 같은 정신 건강 활동가들의 열렬한 지지자가 되었을 것이다. 소셜미디어 덕분에 이제 장애인들은 예전에 누리지 못한 방식으로 공동체에 접근할 수 있으며, 돌봄자들도 마찬가지다. 커뮤니티가 늘어나자 장애인과 그들을 돌보는 사람들이 자신의 이야기를 공유하고, 전통적인 부정적 서사에 도전하고, 제도적 변화를 만들기 위해 힘을 합칠 수 있게 되었다. 온라인 커뮤니티의 장점은 정서적 지지를 훨씬 뛰어넘는다. 온라인 커뮤니티는 법을 고치고 사회에 변화를 일으킬 수도 있다.

장애인들이 대체로 공공장소에 접근하기 어려워서든, 건강 때문에 정기적인 사교 활동을 할 수 없어서든, 사회성이나 소통 능력의 차이로 대면 모임이 어려워서든 그 이유가 무엇이든 간에, 인터넷은 비장애인보다 장애인들에게 훨씬 더 중요하다고 할 수 있다. 많은 돌봄자들도 물리적으로 고립되어 있거나 재정적인 어려움 때문에 정기적으로 외출할 수 없어서 비슷한 어려움을 겪는다.

제임스 헌트의 두 아들은 모두 자폐인이다. 그는 가까이에 사는 전 부인과 함께 두 아들을 키우고 있다. 4년 전 이혼을 결정할 때, 아이들에게 무엇보다 필요한 것은 일대일 돌봄이라고 판단했다. 이제 열한 살인 주드가 동생 토미의 시끄러운 소리와 감정 폭발을 힘들어해 한집에서 두 아이를 모두 안전하게 돌보는 일이 늘 어려웠던 것이다. 그래서 그들은 한 번에 한 아이만 돌보며, 아이들이 엄마 아빠와 모두 시간을 보낼 수 있게 며칠마다 집을 바꿔 방문하도록 했다. 토미와 주드에겐 더없이 좋은 결정이었다. 이제 둘은 덜 불안해하며 양쪽 부모로부터 꼭 필요한 돌봄을 받고 있다.

제임스는 아이들과 오래 떨어져 있지 않아도 되어서 기뻤지만, 휴식 없이 혼자 아이를 돌보는 일은 결국 부정적인 결과를 낳았다. 아이가 힘든 시간을 보내고 있으면 그는 저녁에 집 밖으로 나갈 수가 없었다. 아이들이 심한 불안을 겪을 때는 할머니 할아버지와도 하루 저녁을 보내기 힘들어했다. 두 아이 모두 많은 사람과 함께 있는 시간을 못 견뎌서 주말에 친구들과 어울리기는 대개 불가능했고 혹은 아주 짧은 시간만 가능했다. 이런 사정으로 재택 근무를 하는 제임스는 지난 몇 년간 다른 성인과 충분한 시간을 보내지 못한 채 지냈다. 이는 하나부터 열까지 전적으로 의존하는 누군가를 종일 돌보는 많은 돌봄자들에게 흔한 일이다. 그들이 돌보는 사람이 다른 사람들과 어울릴 수 없다면, 돌봄자도 그럴 수 없다는 뜻이다.

제임스는 블로그를 시작했고, 블로그는 가족 및 친구들과 더불어 다른 부모 돌봄자들과의 연결 고리가 되었다. 그는 고립이 돌봄자들의 상황에서 가장 힘든 것 중 하나라고 말했다. 아들들에겐 사람들과 어울리는 게 매우 고통스러울 수 있다는 걸 알기에 주말에 사람들과 어울리라고 강요하고 싶지 않지만, 때때로 제임스는 무척 외로웠다. 다행히 블로그로 시작한 그의 활동은 소셜미디어에서 큰 커뮤니티와 팟캐스트로 이어졌고 이제는 자폐 아동을 키우는 가족들의 오프라인 모임으로 성장했다.

사이버 폭력

장애인과 만성질환자 그리고 그들을 돌보는 사람들에게 소셜미디어가 주는 혜택이 큰 것은 분명하지만 부작용도 만만치 않다. 2019년 5월 영국의 사회복지 재단 레너드 체셔Leonard Cheshire는

2017년과 2018년 사이 장애인에 대한 온라인 혐오 범죄가 33퍼센트 증가했다고 보고했다.[94] 장애인들이 온라인에서 겪는 학대는 광범위하다. 장애가 외모에 드러나는 경우(특히 아동)에는 사진으로 밈을 만들고 조롱한다. 차라리 죽든지 애초에 태어나지 않는 편이 나았을 거라고 말하거나 '기적의 치료약'을 팔아먹을 먹잇감으로 삼는 일도 있다. 학습장애가 있는 사람들은 착취의 대상이 되고, 장애가 외모에 드러나는 사람들은 외모를 조롱당하고, 장애가 겉으로 드러나지 않는 사람들은 거짓말을 한다거나 장애인일 리 없다는 말을 듣는다.[95] 이런 끔찍한 행동을 열거하자면 끝이 없다. 2019년 1월 의회 사이버 폭력 조사 위원회는 많은 운동가, 사회복지 단체, 장애인 당사자들로부터 우리 사회가 장애를 바라보는 시각이 더 큰 문제이며 사이버 폭력은 이를 보여주는 증상이고 소셜미디어가 이런 폭력을 강화하고 일상화한다는 의견을 전해 들었다. 장애 공동체와 거리가 먼 많은 사람들이 그렇다면 그냥 소셜미디어를 하지 말라고 말한다. 그러나 온라인 활동이 주는 이점은 장애 공동체에 너무나 중요하기 때문에 다른 수단을 얼마든지 쓸 수 있는 사람들이 말하는 것처럼 단순히 '그만둬'버릴 수는 없다.

《지금 당장 당신의 SNS 계정을 삭제해야 할 10가지 이유Ten Arguments for Deleting Your Social Media Accounts Right Now》의 저자인 재런 러니어Jaron Lanier는 문제는 인터넷이 아니라 사업 모델에 기초한

알고리즘이라고 말한다. 알고리즘은 고객에게 이익이 되는 방향으로 우리의 행동을 바꾸려 하며, 고객은 우리가 아니라 우리의 관심을 얻으려는 브랜드들이다. 우리는 상품이다. 러니어는 이러한 시나리오에서 우리는 악플러가 되거나 멍청이가 될 가능성이 크다고 주장한다.[96] 계정을 삭제하는 것은 다른 방식으로 사람들과 어울리고 활동할 수 있는 사람들, 다시 말해 이미 주류 언론에서 자신의 이야기를 보고 들을 수 있는 사람들에게는 적합한 방법일 수도 있다. 그러나 소수집단이거나 사회적으로나 물리적으로 고립된 사람들에게는 소셜미디어가 대단히 강력한 도구여서 부작용과 공격이 있어도 포기할 수 없게 되어버렸다.

직접 교류

소셜미디어가 우리와 유사한 상황에 있는 사람들을 찾고 교류하는 멋진 방법이긴 하지만, 가능하다면 이러한 만남을 오프라인 세상으로 불러오는 것 또한 노력해볼 가치가 있다. 타냐 사바(2장 86쪽)는 장애 아동의 엄마인 동시에 다른 장애 아동 가족들을 돕는 작업치료사이기도 한 독특한 경우였다. 그의 눈에 부모들이 제대로 지지받지 못하면 아이들도 잘 살 수 없다는 것은 분명한 사실이었다. 그는 장애 아동이나 만성질환을 앓는 아동의 엄마들이 서로를 지지할 수 있는 오프라인 모임에 관심이 있을지 알아보려고 페이스북에 포스트를 올렸고, 그 글은 그가 올린 포스트 가운데 가장 많은 조회 수를 기록했다.

그는 다양한 활동들로 계획표를 채우며 첫 모임을 꼼꼼하게 준비했다. 그리고 참석자들이 도착하자 훨씬 더 마법 같은 일이 벌어졌다. 그는 그곳에 모인 여성 모두에게 필요한 것이 바로 교류라는 걸 깨달았다. 타냐가 나서지 않아도 그들은 자연스럽게 연결되었고, 결국 계획했던 주말 활동의 절반은 교류와 대화로 채워졌다. 타냐는 그때 많은 여성들이 처음으로 누군가가 자신을 바라보고 이야기를 들어준다고 느꼈을 거라 내게 말했다. 그들은 그 모임에서 어려운 시간을 보낼 때 떠올렸던 가장 어두운 생각까지도 편안하게 나눌 수 있었다. 모임에 왔을 때 그들은 대부분 몹시 지쳐 있었고 앞으로 어떻게 돌봄을 계속할 수 있을지 걱정하고 있었지만, 함께한 덕분에 기분이 나아졌고 지지받는다고 느끼며 집으로 돌아갔다. 주말 모임에 함께한 여성들은 처음 도착했을 땐 서로 모르는 사이였지만 돌아갈 땐 가까운 친구가 되어 있었고, 모임이 끝나고 한참 지난 후에도 서로 연결되어 지지를 주고받는 사이가 되었다.

대다수의 돌봄자들에게 모임은 꿈도 못 꿀 일이지만, 교류는 누구에게나 필요하다. 앞서 언급한 대로 돌봄자들은 일반 인구보다 외로움을 더 많이 느낀다. 미국에서는 한 장애 아동의 어머니가 같은 지역에 있는 다른 부모 돌봄자들과 사람들을 연결해주는 '늑대와 친구Wolf and Friends'라는 애플리케이션을 시작하기도 했다. 페이스북 그룹, 팟캐스트 그리고 인스타그램 계정은 지역 내 오프라인 만남으로 이어지고, 전화번호 교환과 왓츠앱 비공개 그룹으로까지 이어진다. 하지만 우리에게는 비슷한 상황을 공유하는 사람들 못지않게 주변 친구들과 가족들로 구성된 공동체도 필요하며, 때로는 지원을 받기 위해 비용까지도 지불할 필요가 있다.

도움을 청하는 법을 배우다

나는 어린 돌봄자였기에 이른 나이부터 자신을 챙기는 법을 깨우쳤다. 학교에 입학하고, 혼자서 여행하고, 결국 런던으로 옮겨갈 때까지도 내 일은 내가 알아서 해야 했다. 엄마가 돌아가셨을 때는 물론 몹시 힘들긴 했지만 이미 오래전부터 보살펴주는 사람 없는 상황에 익숙해져 있었다. 혼자 해왔던 시간은 내게 자립심으로 돌아왔다.

손이 많이 가는 아서에 이어 딸아이가 태어나자 그 자립심은 모두 무너져 내렸다. 혼자 힘으로 모든 걸 하고 싶은 마음은 굴뚝같았지만, 더 이상 가능하지 않다는 걸 깨달았다. 친구들과의 관계는 늘 좋았지만 나는 누구에게도 의지하지 않는 데서 자부심을 느껴왔었다. 도와달라는 말을 하는 건 고통스러웠고 그 말을 하는 내가 너무 나약하게 느껴져서 차마 손을 뻗을 수 없었다. 하지만 아서를 위해, 내 결혼 생활이 끝난 후에는 더욱, 도움을 청하는 법을 배워야 했다.

내가 아이들의 아빠와 이혼할 때, 우리는 아서가 당분간 원래 살던 집에 계속 머무는 게 좋겠다고 판단했다. 그래서 전남편이 격주에 한 번씩 우리 집에 와 아이들과 주말을 보내는 동안 나는 외출을 한다. 이 결정은 두 아이 모두에게 잘 맞았고 우리는 아이들이 큰 혼란을 겪을 수도 있었던 시기를 무탈히 살아냈다. 하지만 이 결정 때문에 나는 수년간 격주에 한 번씩 친구들과 함께 지내야 했고, 부탁해야 했고, 집을 떠나 친구들의 공간에 머물러야 했다. 도움을 청하는 건 여전히 힘들었지만 영국에 사는 다른 가족이 없는 데다 아서에게 필요한 일이었으므로 다른 수가 없었다. 그러나 주변 사람들에게 의지하는 법을 배운 건 싱글맘이자 엄마가 없는 엄마가 되어 얻은 가장 이로운 부작용이었다. 사람들에게 의지하며 나는 겸손을 함께 배웠다. 이 귀한 교훈을 깨닫기 위해서는 먼저 현실 앞에 무릎을 꿇어야 했지만 말이다.

유상 돌봄의 장단점

계속 일을 하려면 유상 돌봄은 필수 불가결했지만, 수년간 유상 돌봄 서비스를 이용하며 신뢰할 수 없는 돌봄자들도 꽤 겪었다. 물론 유급 돌봄자들에게 내 가족을 돌보는 일은 직업일 뿐이므로 일 외의 삶이 우선이라는 건 이해할 수 있다. 마음에 드는 돌봄자들이 런던을 떠나거나, 임신을 하거나, 건강이 나빠져 일을 그만둔 적도 있었다. 그저 그런 돌봄자들이 몇 번이고 아파서 못 오겠다고 전화한 일도 있었고, 그중 한 명은 어느 날 갑자기 아무 연락도 없이 사라지기도 했다. 하지만 가장 힘들었던 것은 믿음직해 보였던 새 돌봄자가 2주 만에 그만둔 일이었다. 그는 아서를 감당할 수 없어서 퇴근 후에 매일 밤 울었다고 고백했다. 이 말을 들은 날 밤 나는 부엌 바닥에 주저앉아 엉엉 울었다. 최적의 돌봄자를 구하기 위해 아무리 공들여 계획을 짜고 면접을 본다 해도, 오랜 세월 내가 홀로 해온 일을 누군가는 일주일에 20시간조차 감당할 수 없다는 말을 들으면 망연자실해지고 만다. 이런 일을 겪고 나면 다시는 누구도 믿고 싶지 않아진다.

하지만 매번 다시 마음을 추스르고 힘을 내서 살아가야 했다. 다른 방법은 없기 때문이다. 나에겐 방과 후 클럽이나 주말 활동에 참여할 수도 없고 친구 집에 놀러 갈 수도 없는 아들이 있다. 매일 지역 정부 버스가 데리러 오고 데려다주는 시간에 맞춰 아이의 일정을 정해야 하고, 나에겐 그 시간을 바꿀 권한이 없다. 유급 노동을 하면서 누군가를 돌봐야 하는 사람들에게는 이런 측면이 가장 힘들다.

유급 돌봄자들에게 실망하며 겪은 모든 혼란과 소동 속에서 나는 아주 중요한 무언가를 발견했다. 내 친구들이라면 아무리 바빠도 응급 상황에서 기꺼이 나를 돕고자 나서리라는 점이다. 내가 시내에서 화보 촬영에 붙들려 있는 와중에 유급 돌봄자가 너무 아파서 스쿨버스 도착 시간에 맞춰 아이를 데리러 갈 수 없다고 했을 때, 친구들이 하던 일을 내려놓고 달려와주었다. 천식이 있는 아그네스를 응급실에 데려가야 할 때마다 친구들은 낯선 곳에서 스트레스를 받는 아서를 배려해 자기 아이를 이웃집에 맡기고 우리 집으로 와주었다. 아서에게 손이 많이 가는 터라 나 홀로 두 아이를 데리고 휴가 갈 엄두를 못 내고 있으면, 친구들이 우리와 함께 여행해주기도 했다.

돌봄자에겐 자존심을 버려야 할 때가 많다. 피치 못할 사정으로 어쩔 수 없이 친구들에게 도움을 청했지만 그 덕에 우리는 더 가까워졌다. 내가 친구들을 위해 뭔가 할 수 있을 때 기뻐했던 것처럼 내 친구들도 내게 도움이 될 수 있어서 기쁘다고 말했다. 내가 쌓아 올린 벽이 무너져 내리자, 어떻게든 도움을 청하지 않으려 했던 과거의 내가 도움이 필요해 보이는 다른 사람들을 나약하다고 생각해왔다는 것을 깨달았다. 나를 지키기 위해 만들어낸 내면의 자존심 때문이었다. 엄마는 자주 나를 실망시켰고 나는 실망할 때마다 상처 입지 않기 위해 자존심이라는 벽을 세워야 했다. 하지만 내가 도움을 청하고 다른 사람의 지원을 받아야만 하는 상황에 처하지 않았더라면, 친구들과의 우정이 얼마나 깊은지 진심으로 알지 못했을 것이다. 나와 함께 엄마를 병원에 데려가준 머리사처럼, 런던에 있는 내 친구들은 혼자 숨어 있던 나를 끌어내어 먼지를 털어주고, 자립에 계속 매달렸다면 결코 시도하지 않았을 방식으로 인생에 뛰어들게 해주었다.

도움을 청하는 건 어렵다. 모두가 바쁘고 혼자 힘으로 모든 걸 해내야 칭송받는 문화에선 특히 그렇다. 그러나 우리는 홀로 돌볼 수도 없고, 그래서도 안 된다. 그러므로 돌봄자인 우리는 자립해야만 한다는 생각을 거부해야 한다. 나와 대화했던 많은 돌봄자들이 유급 돌봄자를 고용하기 위한 재정 지원을 받고 있지만, 이것만으로는 모든 문제를 해결할 수 없다. 지원금이 충분하다고 해도 그 돈을 받고 기꺼이 일하겠다는 유능한 돌봄자를 찾을 수 없는 경우가 있고, 최고의 유급 돌봄자를 구했지만 얼마 지나지 않아 이직하는 바람에 새로운 사람을 찾아야 하는 상황이 생기기도 한다. 유급 돌봄자들이 아파서 못 온다고 전화를 하면 그날 해야 할 일이 무엇이든 간에 포기하고 집을 지켜야 한다. 게다가 다른 모든 인력과 마찬가지로, 유급 돌봄자들도 관리가 필요하다. 그들을 교육하고, 급여를 지급하고, 기타 행정 처리를 하는 데도 시간이 들고 할 일이 는다.

많은 돌봄자들에게 유급 돌봄자의 도움이 필요하지만 유급 돌봄자를 고용하면 일과 스트레스가 가중되는 것 또한 사실이다. 유상 돌봄에 의지하는 돌봄자들이 어떤 어려움을 겪는지 그들의 이야기를 통해 알 수 있다. 클레어 코테차는 아들 애넌드를 돌보기 위해 매일 야간 간호사의 도움을 받는데(2장 91쪽), 아침마다 야간 간호사에게서 애넌드를 데려오면서 공식적인 확인 절차를 거치고 다시 애넌드를 등교시키는 간호사에게 데려가 공식적인 확인 절차를 거쳐야 한다. 의료진을 관리하느라 바빠 아침 시간을 다른 아이와 함께 보낼 수 없다는 뜻이다. 루스와 스티브(3장 116쪽)는 스티브의 척추 부상 이후에도 둘이서 꽤 잘 지내왔지만 스티브의 건강이 악화되자 정부로부터 유급 돌봄 지원을 받았다. 하지만 사실 두 사람은 스티브를 위한 유급 돌봄자를 원하지 않았다. 그들은 스티브에게 루스가 필요할 때 루스가 그 곁을 지킬 수 있도록 집안 살림을 도와줄 사람을 원했지만 이런 종류의 지원은 받을 수 없었다.

로라 무어의 아들 윌리엄은 뇌성마비 장애인으로, 사회서비스에서 충분한 시간 동안 유급 돌봄자를 고용할 수 있도록 비용을 지원받고 있다. 하지만 지역에서 훌륭한 돌봄자를 찾을 수 없었다. 로라가 아무리 지원받은 비용으로 유급 돌봄자를 고용하고 싶어도 윌리엄에게 할당된 예산 중 많은 금액이 쓰이지 않고 국고로 환수된다. 많은 돌봄자들이 제때 나타나지 않는 유급 돌봄자들을 찾느라 많은 시간을 들이고 아파서 못 온다는 전화를 받고 급히 대신 돌봐줄 사람을 찾거나, 약속을 지키지 않는 유급 돌봄자 때문에 다른 책임을 포기해야만 한다.

유급 돌봄자의 도움이 꼭 필요한 사람들도 많지만 유급 돌봄에 의존하는 상황은 위험 부담이 크고 너무 많은 것을 노출한다고 느껴지기도 한다. 나와 대화를 나눈 많은 사람들은 할 수만 있다면 차라리 모든 걸 혼자 하고 싶다고 했다. 사회적 돌봄 제도가 10년에 걸친 예산 삭감으로 휘청거리는 현 상황에서는 예산이 충분치 않다. 따라서 말기 질환, 평생 지속되는 난치병과 회복 가능성이 없는 진행성 질환을 앓는 사람까지 포함한 모든 사람들이 사회적 돌봄 수혜자 자격을 계속해서 재심사받아야 한다. 심사 과정은 돌봄이 필요한 사람과 그들 가족 모두의 삶을 낱낱이 들여다보며 극도의 스트레스를 준다. 많은 사람들이 언제든지 빼앗길 수 있는 사회적 돌봄에 의지하느니 홀로 돌보다 소진되고 말 것이다.

돌봄을 받는 사람이 가족 아닌 사람에게 돌봄 받기를 싫어할 때도 상황이 힘들어진다. 많은 돌봄자들이 배우자나 부모가 싫어한다는 이유로 오랫동안 사회적 돌봄 서비스 신청을 미룬다. 때로는 끝내 외부에 도움을 청하기까지 한참 동안 자신을 소진시키는 경우도 있다.

기관에서 나온 유급 돌봄자들은 침대를 오르내리거나 옷을 갈

아입는 등의 대인 서비스를 매일 지원하는데, 일정이 늘 촉박해서 돌봄 받는 사람의 선호와 정서적 욕구를 고려할 여유 없이 서둘러 일을 마쳐야 한다. 이는 최근 몇 년 동안 장애인과 만성질환자, 노인들에게 점점 심각한 문제가 되어왔다. 근로 연령에 속하는 많은 장애인들이 적절한 지원을 받아 수년째 성공적으로 자립 생활을 하던 중에 강제로 자립 생활을 접고 열악한 그룹홈에 입주하게 된 일도 있었다.[97]

유급 돌봄자를 고용할 여력이 되거나 지원을 받는다 해도 그들을 관리하는 일은 상당한 스트레스를 동반한다. 그럼에도 유상 돌봄은 우리에게 전적으로 의지하는 누군가가 있는 상황에서 공동체를 넓히는 데 중요한 역할을 한다. 제스 윌슨(3장 109쪽)은 딸 브룩을 도와줄 네트워크에 직계가족뿐 아니라 유상 돌봄까지 포함해야 한다고 지적한 사람이 다름 아닌 자폐인 친구였다고 말했다. 제스의 친구는 부모만이 장애인 자식의 필요를 채워줄 유일한 사람이라는 믿음이 어쩌면 편협한 생각일지도 모른다고 깨닫게 해주었다. 부모는 영원히 살지 않는다. 부모는 소진되고, 소진되었을 때 돌봄 받는 사람에게 위험한 존재가 될 수도 있다. 제스는 내게 브룩의 지원 네트워크를 확장하는 건 아직 노력 중이라고 인정했지만, 그래도 다른 사람의 도움을 받는 게 이기적인 일이 아니며 오히려 그렇게 할 때 돌봄 받는 사람을 위험에 빠뜨리지 않을 수 있다는 사실을 일깨워준 친구에게 고마워했다.

우리에겐 다양한 공동체가 필요하다

우리의 공동체는 한 가지로만 구성되는 것이 아니다. 우리에게 는 우리가 겪는 일을 이해하고, 함께 경험해왔으며, 우리의 상황 을 비판하거나 '교정'하려 하지 않고 들어줄 친구가 필요하다. 우리는 상황이 허락할 때 나서서 우리를 도와주고 비상사태가 생겼 을 때 연락할 수 있는 가족과 친구가 필요하다. 우리가 좀처럼 '좋 아. 이따 봐' 하고 답하지 못하더라도 잊지 않고 안부를 묻고 불러 내줄 친구가 필요하다. 무엇이 필요한지 끊임없이 말하지 않아도 장애가 있는 우리 가족이 함께 참석할 수 있도록 모임을 조정해줄 친구가 필요하다.

우리와 우리가 돌보는 가족이 환대받고 이해받으며 가치 있다 고 느끼게 해줄 학교와 기관이 필요하다. 먹고, 자고, 돈을 벌고, 재충전할 수 있도록 유상 돌봄의 도움이 필요하다. 우리 대부분은 끝내 더 이상 버틸 수 없게 되면 사랑하는 사람을 대신 보살펴줄 공동체를 필요로 하게 될 것이다. 우리에게는 타인의 도움이 절실 히 필요하다. 오롯이 우리 혼자 힘으로도 '충분'할 거라 기대하는 문화적 환경에서는 인정하기 어렵겠지만, 인간은 애초에 이 모든 걸 혼자 하도록 설계되지 않았다. 우리는 우리를 지지하고, 지켜 주고, 보살펴주는 공동체 속에서 번영하는 종이다.

엄마가 돌아가신 지 20년이 지난 지금도 머리사는 나의 가장 친한 친구다. 무슨 일이 생기면 좋은 일이든 나쁜 일이든 가장 먼저 머리사에게 전화를 건다. 가장 약해져 있고 도움이 절실했던 때에 맺은 우정은 거리가 멀어지고 삶이 바뀌어도 계속되는 것 같다. 시간이 흐르며 나는 유상 돌봄이 제 역할을 하지 못할 때 나를 구해주고, 휴일을 함께 보내자며 불러주고, 틈만 나면 도와주겠다고 나서는 멋진 친구들에게 의지하게 되었다. 친구들을 생각하면 나는 평생 대단한 행운을 누려왔다고 할 수 있다. 하지만 도움이 필요한 상황에 놓이지 않았다면, 내가 모든 걸 혼자 해내며 섬처럼 살아갈 수 있었다면, 나는 이렇게 서로를 든든하게 지지하는 우정이 가능한지 결코 알지 못했을 것이다. 나는 돌봄자가 되어 타인에게 의지하는 법을 배웠고, 그 덕분에 알게 된 모든 사랑에 너무나 감사하다.

9 목적
매일 새로운 하루를 시작할 이유

무슨 일이든 다 이유가 있는 게 아니라, 어떤 처참한 상황에
서도 의미와 목적을 만들어내는 비결이 있을 뿐이다. [98]

_ 캐시 렌첸브링크(Cathy Rentzenbrink), 작가

에마 테라노바(5장 166쪽)는 십 대 시절 간호사가 되어야겠다고 결
심했다. 그때 이미 헌팅턴병 증상을 겪고 있던 어머니를 돌보고
어머니의 권리를 찾기 위해서는 간호사가 되는 것이 가장 좋은 방
법이라고 생각했기 때문이다. 하지만 끔찍한 질식 사건 이후, 에
마는 마음을 바꿨다. 간호사 수련을 받으면 훌륭한 돌봄자가 될
수 있겠지만 응급구조사가 되면 어머니를 살릴 수 있을 것이었다.
그는 후자를 선택했고, 다행히 그에게 아주 잘 맞는 직업이었다.
그는 스물한 살에 이미 정식 응급구조사가 되었고, 나이는 어리지
만 장애와 정신질환을 앓는 삶이 어떤지 동료들보다 훨씬 더 많이

경험한 후였다. 그는 뇌 손상과 신경질환을 앓는 사람들이 겪는 혼란과 좌절을 잘 알고 있었으므로 인내심을 갖고 대처할 수 있었다. 그는 중독 문제가 있거나 중증 정신질환을 앓는 사람들을 두려워하지도, 꺼리지도 않았다.

에마는 출동해보니 별일 아니었을 때 기운이 꺾인다고 하는 동료들이 더러 있다고 말했다. 하지만 에마는 돌봄자가 된다는 게 어떤 건지, 돌봄자가 언제 공포에 빠지는지 안다. 그런 전화는 대부분 사랑하는 사람이 발작을 일으키거나 죽어갈 때 그들 곁에 있는 돌봄자들로부터 온다. 아무리 그 상황을 예상했더라도, 준비가 되어 있더라도, 약과 처치 방법에 관한 안내를 받았더라도, 돌봄자들은 그 시간을 혼자 보내기가 너무나 두렵다. 에마는 돌봄자가 되어 연약한 누군가를 전적으로 책임지는 일이 얼마나 두려운지 알고 있다. 또 상태가 나빠져 필요한 것이 있어도 제대로 말하지 못할 때 어머니가 얼마나 두려워할지 이해하며 마구 달려들어 험악한 말을 쏟아내는 게 어머니의 탓이 아니라는 것도 잘 안다. 응급구조사가 된 덕분에 에마는 어머니의 입장을 옹호하고 필요한 것을 요구할 수 있는 의학 지식을 얻었다. 이제 그는 어머니의 목에 뭔가가 걸렸을 때 차분하게 대처할 수 있으며 떨지 않고 약을 투여할 수 있다는 뜻이다. 그러나 그보다 중요한 것은 에마가 돌봄자여서 응급구조사 일을 훨씬 더 잘할 수 있었다는 점이다.

어느 날 갑자기 돌봄자가 되었든 시간이 지나며 서서히 그 역할을 맡게 되었든 돌봄자라는 역할은 우리의 정체성과 세상과 상호 작용하는 방식을 바꿔놓을 수 있다. 많은 돌봄자들이 돌봄 자체에서 목적의식을 얻지만 이 역할 덕분에 완전히 새로운 목적의식을 발견하는 사람들도 있다. 에마처럼 사랑하는 사람을 보호하려는 바람에서든, 장애인들이 마주하는 엄청난 불평등을 그냥 넘길 수 없어서든, 장시간 다른 사람을 돌보며 집 밖에서 집중할 만한 일을 찾다 보면 자신에게 가장 중요한 것이 무엇인지 깨닫게 되기도 한다.

　일본에는 이렇듯 많은 직업에서 발견되는 목적의식을 한마디로 이르는 용어가 있다. 바로 이키가이ikigai라는 말로, 존재의 이유라는 뜻이다. 홋카이도는 주민들 대부분이 100세 이상 사는 '블루존blue zone' 가운데 하나인데, 이키가이도 장수의 이유로 꼽힌다. 이키가이는 흔히 네 개의 원이 서로 교차하는 벤다이어그램으로 표현된다. 각각의 원은 잘하는 일, 좋아하는 일, 세상이 요구하는 일, 돈을 버는 일을 나타낸다. 이 네 개의 원들이 교차하는 가운데 지점에서 이키가이가 발견된다. 릭 핸슨은 저서 《12가지 행복의 법칙》에서 이와 유사하게 좋아하는 것, 재능 그리고 가치라는 세 가지 면의 교집합을 언급한다.[99] 핸슨은 높은 회복탄력성에 꿈이 얼마나 중요한지 설명하기 위해 이 점을 언급했고, 회복탄력성은 돌봄자로 사는 우리 모두에게도 꼭 필요하다.

권리 옹호 운동을 위해 문밖으로 나오다

내털리 위버는 임신 34주 차에 딸의 얼굴과 손발이 기형이라는 말을 들었다. 확실한 원인을 알 수 없었기에 의사들도 생명에 지장이 있는지, 아기가 무사히 태어날 수 있을지 말해줄 수 없었다. 하지만 소피아는 무사히 태어났고, 여러 차례 수술을 받아야 했지만 퇴원 후 집으로 왔다. 내털리는 소피아의 엄마로 살면서 복잡한 의학적 진단과는 별개로 완전히 다른 무언가에 대처해야 하리라는 사실을 깨달았다. 사람들은 소피아의 얼굴에 드러난 장애를 몹시 불편해했다. 소피아를 데리고 밖에 나가면 어떤 아이들은 손가락질을 했고 더러 비명을 지르는 일도 있었다. 어른들은 소피아를 너무 빤히 쳐다보거나, 보지 않으려고 고개를 휙 돌리거나, 그들을 피하려고 길을 건너 반대편으로 갔다. "가슴이 찢어졌어요. 억장이 무너져요" 하고 내털리가 말했다. 처음에는 친구들과 가족들에게 슬픈 마음을 숨기려 했다. 모르는 사람들의 반응 같은 건 조금도 신경 쓰지 않는 척했다. 하지만 사실 무척 신경이 쓰였다. 한 번 나갔다 오면 마음을 추스르기까지 몇 날 몇 주가 걸렸다. "저는 애를 데리고 고작 식료품점에 가는 데도 큰 용기와 힘을 내야 하고 가서도 눈에 띄지 않을 만한 자리를 찾아야 해요."

내털리는 그래도 계속 소피아를 데리고 나가 다른 아이들과 같은 경험을 하게 해주려고 애썼지만 심한 차별과 혐오를 거듭 맞닥뜨리면서 점점 더 외출하기가 어려워졌다. 그는 자신을 차별하는 거라면 견딜 수 있겠지만 자식이 그런 식으로 거부당하는 모습을 지켜보는 건 마음이 무너져 내린다고 했다. 소피아가 세 살쯤 됐을 때는 근육 경직, 손 사용 능력 퇴화, 불규칙한 호흡과 발작을 보이는 퇴행성 유전질환인 레트증후군뿐만 아니라 면역 체계에도 심각한 문제가 있다는 사실이 밝혀졌다. 이는 소피아가 더 이상 감염의 위험이 큰 공공장소에 갈 수 없다는 뜻이었다. 안면 기형 때문에 입을 완전히 다물 수 없어서 병균에 취약하기 때문이었다. 내털리는 이것이 모녀가 세상을 등지고 살아갈 그럴듯한 변명이었다고 말했다. 이렇게 그들은 외부와 거의 접촉하지 않고 가족끼리 살면서 가능한 최대의 무조건적인 사랑과 칭찬과 즐거움을 소피아에게 쏟아붓겠다고 다짐했다.

소피아가 일곱 살 때 소피아네 가족이 사는 노스캐롤라이나주에서 장애 아동을 위해 민간 보험이 적용되지 않는 영역을 지원해주던 공공 의료보험이 갑자기 사라질 위기에 처했다. 민간 보험은 의료 장비나 휠체어를 지원해주지 않기 때문에 공공 의료보험은 장애 아동의 삶에 절대적으로 중요하다. 기존에 제공받던 서비스의 70퍼센트가 사라질 거라는 걸 알게 된 순간, 내털리는 소피아와 다른 아이들의 공공 의료보험 접근권을 지키기 위해 뭔가 해야 한다고 생각했다. 그는 수년간 꽁꽁 숨겨왔던 그들의 이야기를 언론에 공유하기로 했다. 그리고 다른 부모 돌봄자들과 합심하여

'노스캐롤라이나주의 의료 지원이 필요한 어린이를 위한 권리 옹호 단체Advocates For Medically Fragile Kids NC'를 결성했다. 그들은 6주 만에 서비스 축소를 막는 데 성공했다. 내털리는 닫힌 집에서일지언정 언제나 소피아의 열렬한 옹호자였지만, 이제는 한발 더 나아가 가족 아닌 장애인과 만성질환자들의 권리까지 옹호할 수 있다는 걸 깨달았다.

내털리는 워싱턴 DC까지 날아가 다섯 명의 상원의원 앞에서 열린 기자회견장에서 첫 연설을 했다. 소피아와 내털리의 이야기는 빠르게 퍼져나갔다. 내털리는 장애인들의 공공 의료보험 접근권을 보호하기 위한 싸움에서 영향력 있는 스피커 역할을 맡게 되었다. 그들의 명분을 지지하는 사람들이 늘어갔지만 혐오의 목소리도 커졌다. 이전 경험을 통해 어느 정도 예상한 바가 있었으나, 혐오는 생각지도 못한 수준에까지 이르렀다. 사람들은 내털리에게 소피아는 사회를 좀먹는 존재라며 죽이는 편이 낫다는 둥 막말을 했고, 소피아의 외모에 온갖 욕을 해댔다. 그러나 이번에는 겁먹고 다시 집 안으로 숨어버릴 수 없었다. 공공 의료보험 접근권이 걸린 심각한 위기였기 때문이다. 내털리는 적어도 딸 소피아는 사이버 폭력으로부터 지킬 수 있으리라 생각하고 견디기로 결심했다. 하지만 도가 지나쳤다.

2017년 한 남성이 트위터에 소피아 사진을 올리며 우생학을 주장했다. 그 게시물을 삭제해달라고 트위터에 연락했을 때, 내털리는 트위터에서 장애인을 비하하는 사람을 신고할 방법이 없다는 걸 알게 되었다. 인종, 종교, 성에 근거한 혐오를 조장한다는 이유로는 누군가를 신고할 수 있지만, 장애인을 비하한 사람은 신고할 수 없었다. 장애인들은 소셜미디어에서 가장 심각한 혐오를 마주하는 집단인데도 말이다. 며칠간 온·오프라인 매체에서 대대적으로 선전전을 벌인 끝에, 트위터는 그의 요구를 받아들여 혐오표현hate speech과 조롱을 포함한 장애인 차별을 이유로 게시글을 신고할 수 있도록 했다. 바로 이 지점에서 내털리는 자신의 활동을 공공 의료보험 접근권 문제 너머까지 확장할 필요가 있겠다고 느꼈다. 내털리가 그의 딸과 같은 사람들과 연대하고자 한다면 딸이 공공장소에서 혐오를 마주할 위험 없이 머무를 권리를 주장해야 한다. 그는 목적을 찾았다.

새로운 렌즈로 바라보다

가족을 보살피다 보면 기존에 갖고 있던 직업의 다른 면이 보이기도 한다. 베일라 모리슨은 첫 아이를 출산했을 당시 집을 설계하고 확장하는 건축가로 활동하고 있었다. 하지만 딸 엘리에게 심각한 발달 지연을 일으키는 알 수 없는 유전질환이 나타나면서 일과 돌봄을 동시에 해낼 수 없게 되었다. 엘리는 평생 제한적인 운동 능력과 지적장애를 갖고 살아갈 것이며 계속해서 돌봄이 필요할 거라는 사실이 시간이 갈수록 분명해졌다. 그러자 베일라는 엘리가 집 안 어디든 다닐 수 있도록 집을 대대적으로 개조하기 시작했고, 곧 유니버설 건축과 그를 위한 보조금 신청 정보를 얻기가 매우 힘들다는 사실을 알게 되었다. 이런 일들은 건축가로서 훈련받아온 그에게도 무척 헷갈리고 어려웠다. 그는 블로그를 개설하여 장애인이 편히 살 수 있는 집이 필요하지만 어디서부터 시작해야 할지 알지 못하는 다른 가족들에게 자신의 경험을 소개하고 정보를 공유했다. 오랜 조사 끝에 그는 꽤 확실한 결론에 도달했다. 지속 가능한 건축 디자인에서 대부분 장애인 접근성도 고려하기는 하지만, 인구가 고령화되고 평생에 걸쳐 사람들에게 필요한 것이 바뀌므로 완전히 모두가 접근할 수 있는 유니버설 디자인이 아니라면 지속 가능하다고 볼 수 없을 것이었다. 그는 유니버설 디자인이 소수만을 위한 디자인이 아니라고 말한다. 가장 큰 접근성을 필요로 하는 사람들을 고려해 설계하면, 모두에게 좀 더 접근성이 좋은 환경을 만들 수 있기 때문이다.

베일라는 낡은 집을 재건축할 때 에너지 효율을 고려하듯이, 지금 당장 장애인이 살고 있지 않더라도 유니버설 디자인을 고려해야 한다는 생각을 비롯하여 주거에 관한 여러 이슈에 대해 캠페인을 벌이고 있다. 그는 새롭게 복합 주택을 개발할 경우 평생 주택 표준Lifetime Homes Standard(영국 정부가 최소한의 비용으로 전 생애 주기에 맞춰 개조할 수 있게 주택을 설계하도록 정한 기준. 총 16개 항목을 제시한다—옮긴이)을 준수하도록 의무화하는 캠페인도 벌이고 있다.

베일라는 모든 건축 디자이너에게 거주자의 친구와 가족을 비롯하여 그곳에 접근할 수도 있는 모든 사람의 요구를 고려할 의무가 있다고 생각한다. 또 유아차를 사용하는 시기나 나이가 들어가며 불가피하게 변화하는 필요까지도 고려해야 한다고 생각한다. 그는 유니버설 디자인이란 휠체어 접근성과 보기 흉한 플라스틱 손잡이 이상을 의미한다고 말했다. 장애인들의 가치를 존중하고 공공장소와 사적 공간 어디에서든 장애인들이 환대받는 사회를 만들려면 주류 문화에서 아름답고 흥미로운 유니버설 디자인을 볼 수 있어야 한다. 그는 캠페인과 더불어 블로그와 인스타그램에서 '근사한 유니버설 디자인inclusivechic'이라는 해시태그로 비용이 많이 들지 않으면서도 재미있는 공간 개조의 예를 소개하고 있다. 그의 꿈은 유니버설 디자인이 디자인의 표준이 되는 것이다.

베일라는 체인징 플레이스 화장실 보급을 요구하는 캠페인에 많은 시간을 쏟았다. 특히 다수의 대중이 사용할 신축 건물에 체인징 플레이스 화장실 설치를 의무화해야 한다고 생각한다. 현재 법적으로 규정된 의무는 장애인 화장실 설치뿐이지만 기존의 장애인 화장실을 사용할 수 없는 장애인이 너무나 많다. 예컨대 커다란 전동 휠체어를 사용하며 휠체어에서 내릴 때 돌봄자의 도움이 필요한 사람이나 용변 실수를 해서 씻어야 하는 사람이 있다면 기존의 장애인 화장실은 무용지물이다.

하루를 시작할 이유

인생에 목적과 의미가 필요하다고 주장하는 글은 이미 많다. 누구에게나 아침에 일어나 하루를 시작할 이유가 필요하다. 많은 연구에서 역경을 극복하고 재기할 강력한 이유이자 실패나 일시적 후퇴, 트라우마에서 다시 일어서는 능력의 원천으로 목적의식을 꼽는다.

내털리 위버는 처음에 소피아에게 가능한 한 최고의 엄마이자 돌봄자가 되는 데서 목적을 찾았다. 그리고 딸을 보호하기 위해서만이 아니라 자신의 마음도 지켜야 했기에 집 안으로 숨었다. 하지만 그는 계속 이렇게 세상을 피하면서 살 수만은 없다는 걸 깨달았다. 그에게는 바깥세상의 역경을 마주하게 해줄 더 큰 목적이 필요했다. 그 목적은 점점 더 커졌다. 이제 내털리는 지원 단체 '소피아의 목소리Sophia's Voice'의 창립자가 되었다. 이 단체에서는 장애와 안면 기형을 가진 어린이들에 대한 인식을 높이고 의료비로 많은 빚을 지게 되었거나 꼭 필요한 의료 장비를 구매할 여력이 없는 가족들을 위해 모금 운동을 벌인다. 소피아는 단체의 활동에 큰 영향을 미쳤다. 소피아는 말은 하지 못했지만 다른 방식으로 소통하며 내털리와 함께 단체의 사명과 방향을 이끄는 의사 결정을 내렸다. 모녀는 2019년 5월에 소피아가 사망하기 전까지 함께 이 프로젝트에 매진했다. 내털리는 그 이후에도 딸과 자신의 가치에 맞는 활동을 이어오고 있다.

돌봄자들은 전통적인 직업 세계에서 밀려나는 경우가 많다. 많은 이들이 하루 종일 일하면서 돌봄 책임을 수행할 수 없다고 느낀다. 직장은 대체로 유연하지 못해서, 병원 진료를 위해 자리를 비우거나 돌보는 사람의 상태가 몹시 좋지 않을 때 더러 재택근무를 해야 하는 사정을 봐주지 않는다. 내가 접촉한 돌봄자 중에는 NHS 종사자와 교사였지만 일을 그만두어야 했던 사람들이 많다. 돌봄자들의 개인적인 경험은 NHS와 교육 환경에 큰 보탬이 될 텐데도 이러한 최전방 서비스는 대개 근무 유연성이 가장 떨어지는 일터에 속한다. 무급 돌봄을 혼자 떠맡다시피 하는 장애 아동의 어머니들이 특히 직장 생활을 계속하기 어려워한다. 돌봄뿐만이 아니다. 장애가 있는 아이가 교육을 받도록 하려면 산더미 같은 행정 업무를 처리해야 한다. 긴 시간 아이의 교육권을 주장해야 하고, 여러 차례 재판에 출석하고 상급심에 호소하며 몇 년씩 소요되는 경우도 많다.

내털리 리가 맏딸을 낳았을 때 그는 NHS 소속 조산사로 일하고 있었다. 둘째를 낳고는 집안 살림과 시력을 잃어가는 딸을 돌보면서 더 이상 교대 근무를 할 수 없다는 걸 깨달았다. 그래서 패션 블로그를 시작했다. 일 외에 그가 열정을 갖고 있던 또 다른 분야였다. 몇 년 지나지 않아 많은 팔로워가 생겼고, 교차성 페미니즘과 보디 이미지에 중점을 둔 인플루언서이자 패션 블로거로 시간에 얽매이지 않고 활동하며 돈을 벌 수 있었다. 그의 남편이 시각장애 아동을 위한 왕립 학회RSBC, The Royal Society for Blind Children를 돕기 위해 스리 피크 챌린지Three Peaks challenge(하루 안에 스코틀랜드와 잉글랜드, 웨일스 지방에 있는 영국 3대 봉우리를 모두 등반하는 대회-옮긴이)를 완주하여 2만 5천 파운드를 모금했을 때, RSBC가 내털리에게 홍보 대사가 될 의향이 있는지 물었다. 내털리는 그때까지 자신의 플랫폼에서 딸의 장애를 언급한 적이 별로 없었지만 시각장애인 고용에 관한 통계를 보고는 충격을 받았다. 근로 연령의 성인 시각장애인 중 90퍼센트가 고용주가 노동환경을 조정해주지 않아서 혹은 직접적인 차별 때문에 일자리를 찾지 못했다. 내털리는 홍보 대사가 되어 그들의 이야기를 더 많은 사람들과 나누면 시각장애에 대한 사회적 인식을 바꾸고 일할 기회가 필요한 시각장애인들의 삶에 도움이 될 수 있다는 사실을 깨달았다.

돌보는 사람의 권리를 주장하며 익힌 기술은 직업을 수행하는 데도 큰 도움을 줄 수 있다. 린 패트릭은 자폐인이면서 학습장애가 있는 막내딸이 어린이집에 다니게 되자 간호학 학위를 따기 위해 다시 대학교에 입학했다. 남편 알리가 시간제로 재택근무를 한 덕분에 학교에 다닐 수 있었다. 린은 정신 건강을 전공하여 현재

석사 과정에 재학 중이다. 그는 간호대생으로서 정치 활동에 적극적으로 참여하고 어떤 간호사가 되고 싶은지 고민하는 과정에서 딸 엘라의 영향을 많이 받았다고 말했다.

누군가를 책임지면서 계속 일하기 위해서는 많은 노력과 독창성이 필요하며 때로는 아무리 노력해도 불가능한 일이 있다. 싱글맘인 로라 고드프리(8장 265쪽)는 NHS 간호사로 복직할 수 없었다. 아들 오스카에게 맞는 보육 시설이 없었고, 교대 근무를 하면 일과 시간이 길어지기 때문이다. 그는 복직을 간절히 원하며, 뇌전증, 자폐 스펙트럼, 학습장애가 있는 누군가를 돌본 경험은 그의 업무 환경에서 매우 가치 있는 자산이 될 것이다. NHS는 학습장애 치료에서 실적이 좋지 못한데, 이런 사실을 최근에 와서야 비로소 인정하고 있다(3장 129쪽). 하지만 로라와 같은 사람들이 경직된 교대 근무 때문에 병원에 돌아가고 싶어도 돌아갈 수 없는 현실로 미루어 짐작건대, 이른 시일 안에 NHS가 변화하기를 기대하기는 어려울 것 같다.

앞서 언급한 돌봄자들에게는 공통점이 있다. 그들은 가족 안에서 경험을 얻고 그렇게 얻은 기술과 지식을 타인을 위해 사용했다. 이것이 바로 삶을 뒤흔드는 역경을 딛고 일어나고 통제할 수 없는 상황 속에서 의미와 목적의식을 찾는 방법이다. 에밀리 에스파하니 스미스Emily Esfahani Smith는 저서《어떻게 나답게 살 것인가 The Power of Meaning》에서 현대 사회에 만연한 행복에 대한 집착이 여러 가지 문제를 일으킬 수 있다고 설명한다. 과거와 비교하면 편리한 삶을 살지는 몰라도, 지금 세계의 부국에서는 기록적인 수준의 자살, 우울증, 불안을 겪고 있다. 덴마크와 같은 나라는 역설적으로 행복 지수와 자살률이 모두 높다. 이러한 현상을 대다수가 행복한 나라에서는 불행한 사람이 더 큰 불행을 느끼기 때문이라고 설명하는 이론들도 있지만, 에밀리 에스파하니 스미스는 다른 이유를 찾았다. 행복하다고 느낀다면 아마 편안하고 쉬운 삶을 살고 있을 테지만 그 삶에 의미가 없다면 충만한 삶을 영위하기에는 충분치 않은 것이다.[100] 그는 지난 20여 년 사이 행복 산업이 기하급수적으로 성장했는데도 우리 사회는 어느 때보다 비참하다고 말한다. 사회학자들은 또 다른 역설을 발견했는데, 루스 위프먼 Ruth Wippman도 최근 저서 《행복의 추구 The Pursuit of Happiness》에서 이를 다루고 있다. 바로 행복감을 좇는 것이 우리를 불행하게 한다는 것이다.[101]

긍정심리학은 행복에 대한 연구로 유명하지만, 사실 더 큰 목적은 사람들이 심오하고 충만한 삶을 영위할 방법을 탐구하는 것이다. 긍정심리학의 창시자 마틴 셀리그먼 Martin Seligman은 의미 있는 삶이란 자신의 장점을 활용하여 타인에게 봉사하는 삶이라고 했다. 힘든 상황에 처했을 때, 우리는 종종 스스로도 몰랐던 장점을 발견하고 예전엔 필요로 하지 않았던 새로운 능력을 키워낸다. 그렇게 내털리 위버는 자신감을 갖고 소피아의 권익을 옹호하며 장애 아동 공동체로 자신의 활동을 확장하게 되었고, 베일라는 누구에게나 편리한 주택과 화장실 건설 캠페인에 자신의 건축학 및 건축 규정에 관한 지식을 활용하기 시작했다.

에밀리 에스파하니 스미스는 저서에서 의미 있는 삶에 대한 심리학자들의 발견을 소개한다. 사람들은 세 가지 조건이 충족되었을 때 자신의 삶이 의미 있다고 판단했는데, 첫째로 자신의 삶이 중요하며 더 큰 무언가의 일부라 생각하고, 둘째로 자신의 삶이 이치에 맞는다고 느끼며, 마지막으로 삶을 이끄는 강력한 목적의식이 있었다. 플로리다주립대학교가 실시한 연구에서[102] 의미 있는 삶을 산다고 보고한 사람들은 불안하고 스트레스 받는 순간은 더 많았고 편안함과 즐거움과 같은 긍정적인 감정을 느끼는 순간은 더 적었음에도, 타인과 더 많이 교감한다고 느끼고 자신 외의 존재에게 보탬이 되려 한다는 사실이 밝혀졌다. 가장 흔한 예는 아이를 갖는 것으로, 아이 돌봄은 매일의 행복 수준은 낮추는 반면 전체적인 목적 수준은 더 높이는 것으로 알려져 있다.

2010년에 실시한 한 연구[103]에서 대학생들을 두 집단으로 나누어 한 집단에게는 매일 자신을 위한 쾌락 활동을 하고 다른 집단에게는 의미 있는 활동을 하라고 요청했다. 의미 있는 행동에는 친구를 용서하기, 공부하기, 다른 사람을 도와주기 등이 포함되었다. 학생들이 수행했다고 보고한 쾌락 활동으로는 게임, 쇼핑, 달콤한 음식 먹기가 있었다. 연구 결과 쾌락 집단 학생들은 의미 집단 학생들보다 연구 중에 그리고 연구가 끝난 직후 더 긍정적이고 행복한 감정을 많이 경험했다. 하지만 3개월 후 이런 감정들은 사라졌다. 한편, 3개월 후 의미 집단 학생들은 쾌락 집단 학생들보다 부정적인 기분을 덜 보고했고, 자신의 삶이 의미 있다고 느낀 경우도 더 많았다.

2년 전, 비키는 자폐인인 맏아들 지미와 외출할 때마다 너무 많은 노력을 해야 한다는 사실에 좌절하고 있었다. 그가 침묵의 시간(자폐인들을 위해 조명과 소리 등의 자극을 줄이는 캠페인 – 옮긴이)에 동네의 폭신하고 안전한 놀이터를 방문했을 때, 다른 장애 아동의 어머니로부터 지난주에 열린 자폐인 어린이를 위한 행사에 갔었냐는 질문을 받았다. 하지만 비키는 어디서도 그 행사를 알리는 광고를 보지 못했다. 그는 검색을 시작했고, 곧 장애인과 가족을 위한 행사, 워크숍, 장애 아동 입학 전형, 침묵의 시간 등의 정보를 모아둔 곳이 없다는 걸 알게 됐다. 찾을 수 있는 웹사이트들은 휠체어 접근성을 중점적으로 다루었다. 물론 그 정보도 대단히 중요하지만 그에게 필요한 정보는 아니었다. 외출할 때마다 수없이 검색하는 데 지치고 질려버린 비키는 직접 데이터베이스를 구축해야겠다고 결심했고, 그렇게 '힘든 외출Hard Days Out'이 탄생했다. 영국 전역에 있는 가족들의 도움을 받아 박물관, 미술관, 도심 속 농장, 내셔널 트러스트National Trust(녹지대부터 유적지, 문화 시설, 캠핑 시설까지 영국 전역의 가볼 만한 장소들을 소개하고 회원제로 입장을 관리하는 프로그램-옮긴이) 소개지와 온갖 종류의 여행 그리고 일회성 행사까지 목록을 작성하여 웹사이트에 게재했다. '힘든 외출'의 목적은 어떤 장소가 방문하기에 적합할지 알아보는 과정에서 쓸데없이 추측하고 시간을 들여 조사하는 수고를 덜어주는 것이다.

비키는 대부분의 기관 웹사이트에서 휠체어 접근성과 장애인 주차장 유무만 게재하며 좀 더 복잡한 도움이 필요한 가족 구성원이 있는 사람들에게 꼭 필요한 정보들은 빠뜨리고 있다고 말했다. 그는 조사를 시작하면서 규모가 큰 기관들은 종종 훌륭한 서비스를 제공하지만, 심지어 그들의 소셜미디어 계정에서조차 알리지 않는다는 걸 알게 되었다. 그는 어떤 장소가 무엇을 제공하는지 알려주지도 않으면서 어떻게 장애인 친화적이라고 할 수 있느냐고 물었다. 비키는 어떤 장소를 자신의 가족이 이용할 수 있을지 판단하기 위해 답해야 할 질문들을 생각하기 시작했다. 열린 공간인가, 출입구가 있는가? 줄에 묶이지 않은 개들이 많은가? 돌봄자용 무료 입장권을 받기 위해 신분증과 장애 증명서를 가지고 가야 하는가? 놀이터에 어떤 시설이 있고 하루 중 언제 가장 붐비는가? 직원들은 우리에게 어떤 도움이 필요한지 알고 있고 도와줄 수 있는가? 그가 이런 질문들을 읊는 동안 나도 모르게 고개를 끄덕였다. 장애인이나 만성질환자들이 이 장소를 방문하여 즐거운 경험을 할 수 있을지 가늠하려면 이 모든 질문의 답이 필요하다는 걸 기관들은 깨닫지 못하고 있다.

비키는 웹사이트에 데이터베이스를 구축하면서 이러한 장소들이 정말로 장애인을 비롯한 모든 사람에게 서비스를 제공하려면 그들 가족과 같은 사람들에게 무엇이 필요한지부터 이해해야 한다는 걸 알게 됐다. 그리고 경험 많은 중등학교 교사로서 자신의 직업적 기술을 활용해 장애인 접근성을 적극적으로 개선하고자 하는 기업과 기관들을 대상으로 워크숍을 조직할 수 있겠다고 생각했다. 웹사이트에 리뷰가 많은 것도 중요하지만, 대부분의 장소가 가족들이 여행에서 무엇을 원하고 필요로 하는지 제대로 이해하지 못한다면 아무 소용이 없을 터였다. 이렇게 해서 '힘든 외출'의 모두를 위한 접근성 개선 컨설팅이 시작되었고, 자폐 연구 분야에서 대학원 과정까지 마친 비키는 현재 규모와 상관없이 모든 기관을 대상으로 접근성을 개선하는 방법에 관한 워크숍을 제공하고 있다.

비키는 많은 사람들이 접근성을 높이고 싶어 하면서도 추가 비용을 걱정한다고 말했다. 구식 건물을 체인징 플레이스 화장실로 개조하는 일은 많은 영세사업자들에게 불가능할 수 있다. 하지만 비용을 덜 들이면서 접근성을 크게 높일 수 있는 일도 많다. 비키는 시간제 교사로 일할 때보다 '힘든 외출'을 통해 더 큰 영향력을 발휘한다고 느낀다. 데이터베이스와 컨설팅을 통해 그의 가족과 같은 많은 가족들의 삶에 직접적인 영향을 줄 수 있다. 그리고 타인에게 도움이 되는 건 무척 기분 좋은 일이다.

힘든 경험에서 긍정적이고 목적성 있는 행동을 이끌어낼 수 있을 때, 비로소 그 경험이 제대로 이해되기 시작한다. 그리고 삶을 제대로 이해한다는 건 의미를 찾는 과정에서 중요한 부분을 차지한다. 에밀리 에스파하니 스미스는 의미 있는 삶을 떠받치는 나머지 기둥들 가운데 하나로 스토리텔링을 꼽는다. 우리가 겪어온 것들을 충분히 이해하고 삶의 의미를 재해석하여 우리의 이야기를 써나갈 때, 회복탄력성이 훨씬 더 커진다. 여러 연구에서 트라우마를 글로 쓰면 해당 경험을 처리하고 이해하는 데 도움이 된다고 밝혔듯이, 우리가 우리 자신과 삶을 말할 수 있다면 그 안에서 의미를 발견할 수 있을 것이다. 엄마를 돌봤던 경험은 오랜 세월이 지난 지금, 장애 아동의 엄마로서 내가 어려움에 더 잘 대처할 수 있게 해주었다. 엄마를 다시 만날 수만 있다면 내가 얻은 배움쯤이야 기꺼이 내놓겠지만, 안타깝게도 그럴 수는 없다. 그래서 나는 그 교훈들을 위로금으로 받아들이려 한다. 내가 좀 더 아서의 마음을 잘 알아주는 엄마가 될 수 있기를 바라며.

봉사

돌봄자들이 일에서만 목적의식을 찾는 건 아니다. 돌봄은 때로 매우 힘들지만 많은 이들이 사랑하는 사람을 위해 애쓰며 큰 목적의식을 얻는다. 가끔 억울하고 화가 나거나 슬프기도 하지만, 목적의식 덕분에 계속해나갈 수 있다는 걸 알게 된다. 사랑하는 가족이 죽고 나서 그가 힘든 시간을 보내는 동안 곁에서 보살필 수 있었다는 사실에 강한 자부심을 느끼는 돌봄자들도 있다.

하지만 이 모든 것이 말처럼 쉽게 얻어지지는 않는다. **어떻게 해야** 사랑하는 사람에게 최선의 도움을 줄 수 있을지 알아내는 데 시간이 걸릴 수 있다. 에마와 켈리 테라노바(5장 166쪽)가 십 대 시절 어머니 제니의 헌팅턴병에 대해 들었을 때, 켈리는 대학 입학을 위해 집을 떠났고 돌봄자의 역할은 자연스레 집에 남은 에마의 몫이 되었다. 켈리는 이후 수년간 어머니에게 에마만큼 직접적인 도움을 주지 못했다. 의학적 훈련을 받은 에마가 능숙하게 어머니를 보살피는 데 반해 켈리는 자신감이 없었다. 그는 오랜 세월 어머니를 직접 돌보지 않으려 했다. 제니가 악화되는 걸 가까이에서 볼 용기도 없었고, 왜 그런 병이 찾아왔는지 억울하고 화가 났으며, 어머니의 유전자를 물려받은 자신도 같은 운명을 마주할지 모른다는 생각에 두려웠기 때문이다.

아버지와 여동생이 어머니를 직접 돌보는 동안 켈리는 도움이 될 수 있는 다른 방법을 알아봤다. 그는 효과적인 치료법을 찾는 단체에 거액을 기부하는 대규모 모금 사업을 시작했고 헌팅턴병 환자들과 그들을 돌보는 사람들의 삶의 질을 높이기 위해 친구와 함께 헌팅턴병을 알리는 다큐멘터리를 만들기도 했다.

제니의 병이 악화되자 켈리는 아버지와 여동생을 돕고자 더 적극적으로 나섰다. 하지만 어머니를 직접 돌보는 일은 여전히 매우 두려웠다. 그는 어머니가 따뜻하게 돌봐주었던 어린 시절을 무척 그리워했는데, 아픈 어머니를 직접 돌보는 건 그가 어린 시절의 어머니를 잃었다는 사실을 뼈저리게 느끼게 했다. 상담은 불쑥 찾아오는 분노와 불안이 어머니의 예전 모습을 잃어버린 데 대한 애도임을 이해할 수 있게 도와주었다. 그는 이 사실을 아는 것만으로도 큰 도움이 되었다고 한다.

사랑하는 가족을 돌보는 어려움을 겪는 가족이라면 대부분 가족 구성원들이 각자 다른 역할을 맡게 된다. 켈리는 이렇게 말한다. "저는 종종 가족 안에서 제가 가장 약한 고리라고 느끼고, 엄마를 실망시킨 게 아닌가 걱정돼요. 이런 생각이 드는 날에는 이건 누구의 책임도 아니라고, 우리가 원해서 이렇게 된 게 아니라고 생각하려 애쓰죠." 켈리는 돌봄을 감당할 수 없었던 때에 치료법을 찾고자 인식 개선 운동과 모금 운동을 했던 일이 어머니의 병에서 목적의식을 찾는 자신만의 방법이었다는 사실을 깨달았다.

싱글맘인 그레이스는 열두 살 딸 에이미를 키우고 있다. 에이미는 뇌성마비, 물뇌증, 폐 질환, 발작, 시·청각장애 등을 앓고 있다. 임신 25주 만에 태어난 에이미는 해마다 적어도 한 번 이상 위독한 증상을 겪는다. 그레이스는 에이미가 태어난 지 얼마 안 됐을 때 어떻게든 딸의 건강을 지키려는 절박한 마음에 청결에 집착했다고 털어놨다. 그는 딸의 권리를 찾아주기 위해 열심히 싸우고 딸의 경험을 풍요롭게 해주기 위해 부단히 노력했다. 그 무엇도 그레이스를 막을 수 없었다.

그러던 중 6년 전 그레이스의 건강이 악화되었다. 그는 단지 소진을 겪는 중이라 여기며 조금 더 쉬면 금방 괜찮아질 거라 생각했다. 하지만 몇 개월이 지나도 상태가 좋아지지 않았다. 그의 주치의는 그가 우울한 게 틀림없다고 말했지만 그는 우울하지 않았다. 그레이스는 항상 신체적으로 지쳐 있었고 극심한 허리 통증을 비롯하여 여러 증상에 시달렸다. 그리고 결국 만성 피로 증후군과 갑상선에 영향을 주는 자가 면역 질환, 자궁내막증에 척추 손상이라는 진단을 받았다. 딸을 돌보느라 병을 얻은 것이 분명해 보였고 그레이스는 모든 일을 줄여야 했다. 늘 에이미 곁을 지키며 사람들과 어울리지 못한 터라 그레이스가 아파졌을 때는 이미 많은 친구들과 멀어진 상태였다. 에이미를 돌보면서 가뜩이나 어려웠던 복직은 이제 영영 불가능한 일이 되고 말았다.

그러나 처음에는 인생의 바닥처럼 느껴졌던 그 끔찍한 순간은 그레이스에게 커다란 전환점이 되었다. 그는 어쩔 수 없이 쉬어가야 했다. 삶의 속도를 늦추고, 모든 걸 통제할 수 없다는 걸 인정하면서 조금씩 긴장이 풀리기 시작했다. 에이미가 사경을 헤맬 때마다 그레이스는 오늘이 에이미의 마지막 날이라면 나는 뭘 하고 싶을까 하고 묻게 되었다. 그는 답을 알고 있었다. 그는 에이미에게 세상에서 가장 큰 사랑과 보살핌을 주고 싶었다. 그것이 곧 그레이스의 목적이 되었다.

그레이스는 모녀의 삶을 이해하지 못하는 친구들뿐 아니라 연애도 포기했다. 그는 딸과 함께 인스타그램 활동을 시작하여 다른 사람들보다 신체적으로 제약이 많은 삶이지만 믿기 힘들 정도로 생동감 넘치는 에이미의 모습을 공유했다. 그레이스는 이따금 연례 심사를 위한 서류 작업을 하거나 새로운 의사와 에이미의 진료 기록을 살펴봐야 할 때, 종이에 적힌 것들을 보면 숨이 막힌다고 말했다. "에이미는 살 수 없는 아이였어요." 그레이스는 이렇게 말했다. 에이미는 아주 강하고 언제나 오뚝이처럼 다시 일어나는 아이지만 에이미가 앓는 질병 목록을 보면 살아 있는 것 자체가 기적으로 느껴졌다. 그레이스는 에이미를 볼 때마다 자신이 목적에 충실한 삶을 영위하고 있음을 느낀다고 말했다. 그레이스가 딸을 살렸다. 누구도 에이미가 이렇게 오래 살 수 있다고 생각하지 않았지만 그레이스는 해냈다. 그리고 그레이스에게 더없는 충만감을 선사한 것은 바로 이 행위였다.

그레이스는 자신이 앓는 만성질환에 대해 별로 말하지 않는다. 에이미가 마주한 역경에 대해 늘어놓는 것도 좋아하지 않는다. 그는 자신도 아프기 때문에 딸과 함께하는 얼마 안 되는 시간을 어떻게 보내고 싶은지 들여다볼 수 있다고 말했다. 그리고 그레이스는 그 시간을 힘든 일을 곱씹으며 보내고 싶지 않다. 에이미는 언제라도 발작을 일으키거나 흉부 감염에 걸리거나 뇌에서 단락(피나 체액이 흐를 수 있도록 몸속에 삽입하는 작은 관 – 옮긴이)이 빠질 수 있고 그래서 죽을 수도 있다. 그레이스는 매일 오늘이 에이미의 마지막 날일 수도 있다고 생각하며 그가 에이미를 만나는 순간과 에이미가 세상을 만나는 모든 순간이 가능한 한 최고로 긍정적이기를 바란다. 모녀는 모진 어려움을 겪고 있지만 자신들의 이야기를 돌봄과 감사와 기쁨에 관한 이야기로 써나가기를 선택했다. 사랑하는 사람이 죽음을 앞당기는 질병을 앓을 때 곁에서 보살피는 고통을 겪어보지 않은 사람들에게는 이런 삶을 긍정과 기쁨의 렌즈로 바라보는 게 불가능해 보일 수도 있다. 하지만 다음 장을 펼치면 수많은 돌봄자들이 자신의 삶을 긍정적으로 바라보고 있으며 우리가 그들로부터 많은 것을 배울 수 있음을 알게 될 것이다.

기쁨
우리 눈에 담긴 세상

기쁨은 폭우처럼 오지 않고 가랑비처럼 온다.

_ 샤론 드레이퍼(Sharon Draper), 작가 겸 교육자

내 전화기에는 모두가 좋아하는 오래된 동영상이 하나 있다. 아서는 두 살이고 우리는 친구의 집에 있는데, 이 친구는 매주 우리를 위해 집에 음악가들을 불렀다. 이 무렵 아서는 단체 활동에 참여해본 적이 없었다. 그 무엇도 아서의 관심을 끌지 못했기 때문이었다. 책 읽어주기는 실패였다. 아서는 가장 좋아하는 책을 일대일로 읽어줄 때만 관심을 보였다. 율동을 따라 하거나 다른 아이들이 뭘 하는지 구경하는 일에도 관심이 없었고, 무엇을 권하든 전혀 상관없이 항상 자기 내면의 욕구와 흥미에만 이끌렸다. 나는 개의치 않았다. 한편으론 아이들 놀이를 누가 이끌어야 한다거나 여러 아이들이 같은 활동을 하도록 유도하는 것도 이상하다고 생

각했다. 그래서 아서가 자신만의 놀이를 하도록 놔둬도 괜찮다고 여겼다. 내가 그 음악 수업에 등록한 이유는 첫 수업을 듣고서 그 수업의 **어떤** 면이 아서의 관심을 끌 수 있다고 생각했기 때문이었다. 음악가가 여러 악기를 통해 이야기를 들려주고 아이들이 질문에 답하도록 이끄는 동안 아서는 방 안을 돌아다니며 여기저기 기어오르고 자신만의 뭔가를 했다. 솔직히 음악 수업 자체는 아서의 관심을 전혀 끌지 못했다. 하지만 왕립학교를 졸업한 뛰어난 젊은 음악인들이 추가 수입을 얻고자 주중 아침에 어린아이와 유치원생들을 대상으로 연 수업이었기에 모차르트, 쇼팽 혹은 비발디를 연주하는 시간이 있었다. 아서는 이때를 가장 좋아했다. 빙글빙글 돌면서 춤을 추고 기뻐서 소리를 질렀다. 물론 다른 아이들도 그 시간을 좋아했지만, 동영상 속 아서는 누가 봐도 알 정도로 다른 아이들과는 완전히 다른 흥분과 강렬한 감각을 경험하고 있다. 음악가들이 연주하는 동안 아서는 큰 소리를 내고, 열심히 듣고, 끊임없이 움직인다. 아서는 항상 모든 걸 격렬하게 경험했다. 그래서 멜트다운과 압도감과 불안을 느끼기도 하지만 동시에 겉보기에 작고 시시한 경험에서 말로 다 할 수 없는 기쁨을 느끼기도 하는 것이다.

나는 아서를 보며 우리가 얼마나 기쁨과 즐거움을 계산하려 하는지 알게 되었다. 뭘 하면 즐거울지에 초점을 모으면 미리 준비하고, 돈을 쓰고, 걱정하고, 예측하게 된다. 하지만 이런 행동은 대개 압박감을 불러일으키며 결국 실망으로 이어질 수 있다. 기대한 만큼 즐거웠는지, 바라던 바를 다 이루었는지 생각하게 되는 것이다. 예상대로 행동할 수도, 주변 세상과 상호작용할 수도 없는 아이의 부모가 되면서 나는 내가 기쁨을 발견하는 방식에 의문을 갖게 되었다. 두 아이가 모두 일반적으로 발달했다면 아마 간과했을 질문이다.

수많은 제약 속에서 재미를 찾는 법

우리 가족의 삶은 다른 가족들보다 어떤 면에서 제약이 더 많을 수 있다. 우리 가족이 어떤 활동에 참여하려면 깊이 고민하고 철저하게 계획을 세워야 한다. 다른 가족들은 기분에 따라 즉흥적으로 할 수 있는 일도 우리에겐 많은 수고가 필요하며 그렇게 해도 종종 어려움을 겪는다. 딸이 절실하게 원하는 활동이 아들에겐 전혀 맞지 않는 경우도 있다. 도움이 부족해서가 아니라 아서가 조금도 관심을 갖지 않아서일 때도 많다. 남들도 다 하는 일이니까 우리도 **가족으로서 뭔가를 하기 위해** 아서를 억지로 데려가려 하면 결국 모두가 상처만 받게 된다. 그래서 우리는 모든 일에 질문을 던져야 한다. 할 만한 가치가 있나? 아서가 이걸 해서 뭘 얻을 수 있지? 고생한 만큼 즐겁고 세계가 넓어지는 경험을 할 수 있을까?

내가 상황을 감당할 수 있을까, 지쳐 나가떨어지는 건 아닐까? 혹은 아이들 아빠와 시간을 맞춰 아서와 아그네스를 따로 데리고 다니는 건 어떨까? 어떤 활동을 하기 전에 이 모든 필터를 거친다는 건 우리 가족은 정말로 우리가 원하는 일만 한다는 뜻이다. 우리처럼 많은 노력을 해야 하는 사람들에게는 별 뜻 없이 시도할 여유가 없다.

장애인 가족들은 비장애인 가족에 비해 재정난을 겪을 가능성이 커서 물리적으로 여행이나 휴가 그리고 기타 활동들을 준비하기 어려울 뿐 아니라 비용면에서도 여력이 없는 경우가 많다. 그래서 우리는 이 일이 정말로 필요할지 거듭 물어야 한다. 비용이 많이 드는 활동이라면, 우리가 돌보는 사람이 즐거워할 줄 알면서도 '아니요'라고 답해야 할 때가 많다. 우리가 좀 더 창의적으로 인생의 기쁨과 즐거움을 찾아야 한다는 뜻이다. 그러려면 더 많은 노력이 필요하고 많은 것을 내려놓아야 할 것이다. 하지만 기쁨은 놀랄 만큼 다양한 방식으로 찾아오기에, 우리가 완전히 달리 생각할 수만 있다면 상상 이상의 즐거움을 누릴 수 있다.

소소한 순간들

메리 수전 매코닐(4장 134쪽)은 딸이 심한 발작을 일으켜 오랜만에 앰뷸런스를 타야 했던 날, 어떤 사실을 떠올리게 되었다. 이른 아침에 갑작스럽게 집을 떠나야 했던 그들 가족은 그날 밤늦게야 귀가할 수 있었다. 집에 돌아올 수 있어 감사하긴 했지만 오랫동안 안정적이었던 애비엘라의 상태가 갑자기 나빠지자 부부는 무척 불안했다. 그런 생각을 하며 문을 열고 집 안에 들어섰는데, 반짝이는 전기 촛불이 메리 수전을 반겨주었다. 그제야 어둑어둑해질 무렵에 켜지도록 타이머를 맞춰두었다는 사실이 떠올랐다. 병원에서 온종일 지친 하루를 보내고 돌아온 그들을 위한 포근하고 즐거운 겨울밤이었다. 이날 밤은 자신을 위한 소소한 일만으로도 힘든 날 기쁨을 발견할 수 있다는 사실을 그에게 일깨워주었다. 그는 기쁨을 주는 75가지 소소한 일을 목록으로 만들어 냉장고 문에 붙여두었다. 기분이 저조한 날이든, 단지 삶에 좀 더 많은 즐거움과 활력소가 필요할 때든, 주기적으로 실천하기 위해서였다. 이 목록은 맨발로 잔디밭 걷기처럼 돈이 들지 않는 감각 경험에서부터 '최고의 순간'을 위해 아껴둔 옷 꺼내 입기, 창의적인 방식으로 가구 재배치하기에 이르기까지 다양한 일들로 채워져 있다. 예컨대 이런 식이다. 언젠가 부엌에 소파를 두고서 아주 재미있어했던 그들은 이제 거실 탁자에서 식사를 하고 대신 부엌에 느긋하게 앉아 쉴 수 있는 공간을 마련했다.

우리를 기쁘게 하는 일이 무엇일지 생각할 때 크게 축하할 일, 해외에서 보내는 휴가, 아이가 특정 발달 과업을 달성한 순간 같은 대단한 일만 떠올리기 쉽다. 그런데 우리 중에는 이런 일을 기대할 수 없는 사람이 많고 심지어 이런 일들 때문에 괴로워하기도 한다. 하지만 큰일이라는 건 많은 소소한 순간들이 모여 이루어진 것에 다름 아니다. 우리가 정말로 추구하는 것이 무엇인지 들여다보면, 우리가 찾는 즐거움과 기쁨에 가닿을 가능성이 훨씬 더 커진다. 좋아하는 노래 듣기, 부엌에서 춤추기, 맛있는 음식 먹기, 좋은 커피 마시기, 시간을 내서 편히 앉아 책 읽기, 좋아하는 옷 입기와 같은 소소한 일들을 하루에 촘촘히 끼워 넣어보면 애쓰지 않고도 큰 기쁨을 느낄 수 있다. 결국 인생이란 이런 소소한 순간의 날들이 쌓여 이루어진 것이니까.

함께할 시간이 얼마 남지 않았을 때

에이미 쿠퍼와 그 가족은 지난 몇 년간 다양한 방법으로 크고 작은 모험들을 시도해왔다. 에이미의 딸 로사가 생후 10개월이었을 때, 모든 것을 바꿔버릴 진단을 받았다. 발달이 늦된 줄은 알았지만 카나반병이라는 진단은 아이에게 살날이 얼마 남지 않았다는 의미였다. 카나반병은 유전성 희귀 신경질환으로, 초기 성인기까지 살아남은 사람도 있긴 하지만 병을 앓는 사람들의 평균 기대수명이 4세에서 7세 정도밖에 되지 않는다. 에이미와 남편 개러스는 가족이 함께 보낼 길지 않은 시간을 기쁨과 즐거움으로 채우고 싶었다. 그래서 안전하고 재미있게 더 넓은 세상을 볼 수 있도록 캠핑용 밴을 샀고 로사와 동생 이선을 데리고 이탈리아, 스코틀랜드 그리고 프랑스를 여행했다. 시간이 갈수록 로사에게 더 많은 의학적 처치가 필요할 것을 알았기에 그들은 할 수 있을 때 최대한 여행하고자 했다. 캠핑용 밴은 로사에게 익숙하고 편안한 공간이다. 밴을 타면 필요할 때마다 멈춰서 로사에게 튜브로 음식을 먹이고 기저귀를 갈 수 있다. 그러다 둘러볼 만한 편안한 장소에 도착하면 가까운 친구나 가족들 집에 잠시 머무르기도 하고 작은 오두막을 빌리기도 한다.

로사는 이제 열한 살이고 처음 들은 것보다 오래 살고 있다. 여행은 조금 더 힘들어졌다. 로사가 여행에서 돌아와 회복하는 시간이 점점 길어지면서 가족들은 이제 집 근처에서 더 오래 머문다. 그들이 사는 콘월에는 한두 시간이면 갈 수 있는 멋진 곳이 많다. 집에 머물기로 한 결정이 많은 것을 편안하게 해주었고 그렇다고 재미가 덜한 것도 아니었다. "선택지가 많은 것도 약간은 스트레스가 있지 않겠어요?" 에이미는 이렇게 말하곤 한다. 그들은 할 수 없는 많은 일보다 아직 할 수 있는 일들을 바라보기로 했다. 그리고 할 수 있는 일을 최대한 누리고 있다. 할 수 있는 일을 최대한 즐기는 것이야말로 에이미의 가족 모두가 가진 특별한 재능이다. 그들은 필요하다면 여행이나 집에서 영화 보기, 심지어 부부가 아이들을 돌보려고 집에서 운영하는 도자기 사업까지, 모든 것을 포기할 마음의 준비를 하고 있다. 가족으로서 그들이 하는 모든 일은 허락된 마지막 순간까지 로사와 함께하는 삶을 만끽하기 위한 것이다.

아이들이 자라면서 부부는 이선만 데리고 더 많은 것을 하기 시작했다. 에이미와 개러스는 로사가 남동생이 하는 것들을 늘 하고 싶어 하는 게 아니며, 이선도 마찬가지라는 걸 깨달았다. 개러스는 이선을 데리고 주말에 서핑을 다니기 시작했고, 에이미는 로사와 함께 좋아하는 합창단에 다닌다. 지난해에 그들은 처음으로 로사 없이 축제에 다녀왔는데, 그 주말 동안 로사는 집에서 쉬었다. 에이미는 로사가 어떻게 느낄지 걱정했지만 결과적으로 모두가 근사하고 자유로운 주말을 보낼 수 있었다. 로사는 집에서 좋은 시간을 보냈고, 에이미와 개러스는 이선에게 오롯이 집중하며 돌봄 책임을 잠시 내려놓고 주말 내내 축제를 즐겼다. 에이미는 가족 모두가 함께하는 시간을 가능한 한 많이 갖고 싶지만, 그것이 항상 아이들을 위한 최선은 아니라는 걸 인정할 때가 됐다고 말했다.

여행

나는 평생 돌아다니며 산 터라 내 아이들의 인생에 여행이 별로 없으리라는 사실에 적응하기가 쉽지 않았다. 어렸을 때는 아버지의 일 때문에 전 세계를 돌아다녔고 성인이 된 후에도 여러 나라에서 일하며 지냈다. 물론 아서를 임신했을 때는 기꺼이 여행을 자제했지만, 아들이 비행기 탑승을 힘들어해서 오스트레일리아에 사는 가족들도 보러 가지 못할 줄은 상상도 할 수 없었다. 나는 가족과 동떨어져 살고 내 아이들은 엄마가 태어난 곳에 대해 아무것도 모른다. 한밤중에 이런 생각이 엄습해와 덜컥 겁이 나기도 했다. 떨쳐낼 수 없는 엄청난 무게에 짓눌려 갇힌 느낌이었다. 하지만 내가 잃어버릴까 두려워하는 것은 정확히 무엇인가? 나는 고향에 있는 가족과 옛 친구들을 만나는 것 외에 우리가 여행에서 무엇을 얻을 수 있는지 알아내야겠다고 생각했다. 그러면 그걸 다른 방식으로 얻을 수 있을 테니까. 나는 좋았던 여행 경험들을 떠올렸다. 즐거웠던 여행에는 항상 손에 꼽히는 몇 가지가 있었다. 모험, 발견, 사랑하는 사람들과 함께한 시간이 있었고 역설적으로 들릴지 모르지만 매일 비슷한 일상에서 벗어나 쉴 수 있는 동시에 새로운 전통과 의식이 만들어졌다. 나는 이것들을 우리 가족의 삶에 불러들일 창의적이고 이례적인 방식을 찾아내기로 했다.

장애인 가족들이 집을 떠나는 건 여러 가지 이유에서 몹시 힘들다. 장애인이 방문할 수 있는 적절한 장소를 찾는 데는 적지 않은 비용이 든다. 특히 근무 시간을 줄여야 하거나 아예 일을 포기해야 해서 이미 재정난을 겪고 있다면 결코 무시 못 할 부담이 된다. 유급 돌봄자에게 의지하는 가족의 경우, 여행에서는 유급 돌봄자의 도움을 받을 수 없으므로 훨씬 더 지치고 스트레스를 받게 된다. 거기에 돌봄을 받는 사람이 익숙한 공간을 떠나면서 느끼는 스트레스와 막상 도착했더니 접근성에 문제가 있을 위험, 낯선 환경에서 발생할지 모를 알 수 없는 변수까지, 모든 것을 대비하고 계획할 생각을 하면 여행은 애초에 불가능한 일이 아닌가 싶다. 하지만 여행과 휴가는 우리가 서로 교감을 나누는 시간이자 학교와 치료, 일에서 놓여날 기회이기도 하다. 새로운 것을 경험할 기회 말이다. 그렇다면 어떻게 떠나지 않고도 모험과 교감을 얻을 수 있을까? 약간의 창의력만 발휘하면 일상 속에서도 모험을 발견할 수 있다.

몇 년 전 어느 여름, 나는 일을 잠시 쉬고 있었고 도움을 받을 수도 없고 모아둔 돈도 부족해서 우리 가족은 휴가를 떠날 수 없는 상황이었다. 7주나 되는 방학을 목전에 두고도 우리는 아무 계획이 없었다. 처음엔 좌절하고 우울했지만 나는 우리 셋이 애초에 여행을 통해 얻고 싶어 하는 게 무엇인지 생각해보려 애썼다. 바로 모험이었다. 우리에겐 모험이 필요했다. 그래서 나는 뭔가 묘수를 내는 일에 착수했다.

나는 서부 웨일스로 여행 갔을 때 아서가 캠프파이어를 굉장히 좋아했던 걸 떠올리고는 우리 집 정원에 둘 철제 화덕을 샀다. 그러고는 정원 담장 너머로 동네 사람들을 불러 함께 캠프파이어를 했다. 동네 아이들은 마치 여행이라도 온 것처럼 마시멜로 꼬치를 굽고 저녁 내내 우리 집 정원을 뛰어다녔다. 폴란드에서 온 한 이웃은 전통 방식으로 화덕에 주철 솥을 걸고 어린 시절 먹던 베이컨, 감자, 비트가 들어간 캠핑 음식을 만들어주었다. 아서는 화덕에서 나는 불과 연기에 사로잡혔다. 그러다 혼자 쉬고 싶어지면 집으로 들어가 한동안 아이패드를 봤고 다시 준비가 되면 사람들이 있는 곳으로 돌아왔다. 아서가 언제든 편안하고 안전한 집으로 돌아갈 수 있으니, 나도 마음 편히 야외 활동과 캠프파이어를 즐기며 친구들과 함께할 수 있었다. 사위가 어두워지고 불씨가 잦아들자, 나는 그날 우리가 지난 여행 때처럼 즐거워했다는 걸 깨달았다. 여행처럼 힘들여 준비하지 않았는데도 말이다. 친구들, 좋은 음식과 마실 것, 야외 활동과 캠프파이어면 충분했다. 가끔은 어딘가로 떠나보는 게 중요할 때도 있지만, 조금만 창의력을 발휘하면 집에서도 할 수 있는 일이 많다는 걸 알 수 있었다.

그해 여름, 우리는 해먹을 샀고, 그건 내가 내린 최고의 결정 중 하나였다. 우리 셋은 해먹 안에서 서로에게 바싹 달라붙어 낄낄거렸다. 아서는 혼자 해먹에 누워 그네를 탔고, 아그네스는 친구들과 끼어 들어가 게임을 했다. 나는 애들을 재운 후 와인 한 잔을 들고 조용히 숨어 들어가 태양이 사그라지는 걸 지켜봤다. 해먹과 거치대를 사는 데 든 100파운드로 우리 가족은 휴가비보다 훨씬 저렴하게 그해 여름과 그 이후까지 한없는 즐거움을 누릴 수 있었다.

집을 떠나지 않고서도 모험과 휴가 기분을 즐길 방법은 많다. 에이미 쿠퍼의 가족은 집에서 심야 상영회를 연다. 프로젝터를 설치한 다음, 거실 바닥에 푹신하고 커다란 매트리스를 깔고 온 가족이 함께 누워 영화를 본다. 안전하기만 하면 텐트를 쳐도 좋다. 집 근처를 여행하고 돌아와 부엌 바닥에 앉아 소풍을 이어가거나 뒷마당에서 늦은 저녁 석양을 바라보며 휴가 기분을 즐길 수도 있다. 돈을 약간 더 써서 음식으로 특별함을 더하거나, 평소에는 엄두도 못 내던 비싼 포장 음식을 주문해도 좋다(그래도 여행 가는 것보다 저렴하다!). 좀 더 기분을 내고 싶다면 집 청소 서비스를 예약하여 천장부터 바닥까지 단장하고 침대 시트를 교체해 호텔 같은 룸서비스를 누릴 수 있다. 힘들게 집을 떠나지 않고서도 말이다. 꽃을 사다 침실을 장식해도 좋다.

하지만 여행의 가능성을 타진해보는 건 내게 여전히 중요했다. 그래서 약간 생각을 달리하고 기대치를 조정해야 했다. 처음에 기대했던 것과 많이 달라졌을지는 몰라도, 우리는 모험을 할 수 있었다. 고작 며칠 밖에서 자고 오는 정도지만 아서에게는 그 정도가 좋은 것 같았다. 게다가 우리의 여행이 짧은 며칠로 끝난다는 건 비용이 덜 들어 1년에 여러 번 떠날 수 있다는 뜻이었다. 횟수가 중요하다. 드문드문 세 차례 짧은 여행을 다녀온 해에는 아서가 꽤 적응하고 마음을 열어서 집을 떠난다는 생각에 신나하기도 했다. 아서는 아기였을 때 이후로 지금까지 사흘 이상 집을 떠나본 적이 없다. 하지만 그 기간은 앞으로 우리가 어떤 시도를 해볼지, 또 아서에게 필요한 게 어떻게 달라질지에 따라 바뀔지도 모른다.

나는 언젠가 내 아들이 좋아할지도 모르는 흥미로운 여행 아이디어를 가지고 있다. 아서도 나처럼 기차 침대칸을 좋아할지 궁금하다. 이층 침대가 놓인 개별 객실에서 가져온 음식을 꺼내 먹으며 노는 여행도 우리 가족이 시도해볼 만할 것 같다. 그럴 수만 있다면 우리가 얼마나 많은 해변을 구경할 수 있을까. 유럽의 따뜻한 바다와 맛있는 젤라토, 아서가 좋아하는 워터파크의 미끄럼틀도 떠오른다. 하지만 지금으로선 영국의 해변과 강변, 안락한 오두막, 야외 캠프파이어, 친구들과의 캠핑 정도에 만족해야 한다. 아서가 자유롭게 뛰놀고, 옷을 더럽히고, 강에 돌을 던지고 놀다가도 힘들 땐 아이패드를 가지고 혼자만의 시간을 보낼 수 있는 장소에 가면 된다. 우리가 물리적 접근성에 대해 걱정하지 않고 머물 수 있는 곳으로는 많은 선택지가 있다. 다만 안전하면서도 아서의 관심을 끌 수 있는 곳은 어디일까가 언제나 우리의 문제였다. 그래서 우리는 아서가 별로 흥미로워하지 않는 도시와 시내에서 벗어나 물가와 자연을 주로 찾았다. 친구들과 휴가를 보내면 내가 다른 일을 해야 해서 아서에게서 잠시 눈을 돌려야 할 때 친구들이 아서를 지켜본다. 집에서 아서는 비교적 안전하지만, 미지의 환경에 노출되어 있을 땐 아서를 안전하게 지키기 위해 촉각을 더 곤두세워야 한다. 우리의 여행이 짧을 수밖에 없는 또 다른 이유다. 일정이 더 길어지면 경계를 유지하기도 힘들어져서 안전하고 편안하고 익숙한 환경으로 돌아가길 간절히 바라게 된다.

자유

저서 《조이풀Joyful》에서 잉그리드 페텔 리Ingrid Fetell Lee는 즐거움의 다양한 측면을 드러내며 즐거움이라는 감정과 우리가 즐거움을 느끼게 만드는 세계 간의 관계를 설명한다. 저자는 자연과 황야에 대한 우리의 관심을 자유의 심미적 측면이라고 부른다. 저자는 열린 공간과 자연 세계에 대한 인간의 심오한 욕망이 제약에서 벗어나고 싶은 열망에 뿌리를 두고 있다고 보았다. 저자는 또한 "즐거움은 자유로울 때 생겨난다"[104]고 썼다. 아서는 분명 자연속에서 훨씬 더 자유롭다. 집에서, 교실 안에서, 도시에서 일상을 영위할 때 아서는 따라야 할 규범과 질서에 어느 정도 순응해야한다. 집에서는 내가 감당할 수 있는 한 하고 싶은 대로 하게 두어서 아서는 틈만 나면 벽에 물을 뿌리고 마루 타일 틈새마다 밀가루를 바르곤 하지만 그래도 실내나 정원 울타리 안에서는 제약이있다. 우리에겐 이웃이 있고, 그들이 아무리 너그럽다 해도 이 물건 저 물건 끊임없이 울타리 밖으로 던지는 걸 좋아할 리 없기 때문이다. 그러나 아무것도 없는 황야나 너른 해변에 가면, 아무런 제약 없이 두 팔을 하늘 높이 뻗어 모래를 흩뿌리며 흩날리는 모래가 만드는 풍경을 즐기고, 파도를 향해 목청껏 소리 지르고, 여기저기 빙글빙글 돌아다닐 수 있다. 자연은 아서가 원하는 무수한 감각 자극을 제공한다. 바람과 파도와 모래, 돌, 똑똑 떨어지는 샘물과 쏟아지는 폭포, 진흙을 찌르고 놀 막대기, 흔들리는 나무, 속삭이는 봄바람이 있다. 자유는, 자연 안에 있다.

시골 오두막에서는 흙발도 더러운 손가락도 신경 쓸 필요가 없다. 아서가 원하는 대로 세상을 만끽할 수 있는 편안한 공간이다. 우리는 야외에 있는 공간을 빌리기도 하는데, 다른 사람들과 멀리 떨어진 곳에서는 아서가 소리를 지르는 걸 막지 않아도 되고 군중 속에서 아서를 잃어버릴까 봐 걱정하지 않아도 된다.

이런 야생의 자연이 나를 부르기도 하지만, 우리는 집 가까이에서도 자연을 즐길 수 있다. 런던 남부에 위치한 우리 동네에는 다행히 나무가 많고, 수풀이 우거진 빅토리아 양식의 묘지들이 있고, 공원과 숲이 있다. 심지어 우리 집의 작고 황폐한 정원에서도 해먹과 화덕의 도움으로 자연미를 느낄 수 있다. 이웃의 크고 울창한 사과나무와 우리 집에 있는 작고 어린 나무도 사람들이 즐겨 찾는다. 아서는 오래된 홈통 몇 개, 시멘트 트레이와 호스로 한 구석에 마련한 물놀이 공간을 강 못지않게 좋아한다. 작은 공원 하나만으로도 우리의 정신적·정서적 안녕에 긍정적인 영향을 줄 수 있다. 연구에 따르면, 녹지가 많은 지역에 사는 사람들이 그렇지 않은 지역에 사는 사람들보다 불안과 우울을 덜 느끼고 스트레스를 유발하는 사건이 발생했을 때 더 큰 회복탄력성을 보인다.[105] 아울러 알츠하이머병 환자 연구에서도 정원에 나가는 행동이 알츠하이머병에 흔히 동반되는 호전적인 감정 분출을 줄여주는 것으로 나타났다.[106] 이는 내게 전혀 놀랍지 않다. 현대 도시 생활 속에서는 아서가 원하는 방식으로 세상과 상호작용할 수 없지만 자연 속에서 아서는 자유롭게 움직이고 자신의 욕구를 표현할 수 있다. 나는 아서가 산과 강, 바다에서 어떻게 달라지는지 안다. 잉그리드 페텔 리가 말한 것처럼, "자연 속에서는 그런 제약으로부터 일시적이나마 자유를 얻는다. 자연 속에서는 누구든 이 세상을 온전히 자유롭게 경험할 수 있다."

하지만 즐거움을 자연 세계에서만 찾을 수 있는 건 아니다. 사실 즐거움은 **찾아야 하는** 것만도 아니다. 우리는 즐거움을 키울 수도, 만들 수도, 음미할 수도 있다. 그리고 서로 간의 관계 속에만 있는 것이 아니라 심미의 세계에도 있다. 잉그리드 페텔 리의 책을 읽으면서 아서가 감각 세계를 얼마나 자연스럽게 접하고 있는지 그리고 그 세계에서 얼마나 쉽게 즐거움을 느끼는지 다시금 생각하게 되었다. 풍선과 구름처럼 떠다니는 물체부터 수증기를 머금은 표면에 생기는 무지개, 밝은 색깔의 벽, 작은 방울 한 움큼, 반복적이고 조화로운 패턴까지. 아서는 조금만 관심을 기울이면 삶 곳곳에서 찾을 수 있는 무수한 즐거움을 매일 내게 보여준다. 로라 고드프리의 아들 오스카는 자폐인이며 진단명 없는 유전질환을 앓고 있다(8장 265쪽). 로라는 오스카가 그를 둘러싼 세상을 훨씬 더 자세히 바라보게 한다고 말한다. 감각 세계의 즐거움에 빠져든 오스카를 볼 때면, 로라는 종종 멈춰 서서 방금 지나친 곳을 다시 바라보게 된다. 나는 아서의 눈에 비친 세상이 어떨지 자주 궁금하다. 아서가 천진하게 기뻐하며 섬세한 손길로 물방울을 흩뿌리는 모습을 보며, 어쩌면 아서의 눈에는 세상을 제대로 볼 줄 모르는 다른 사람들이 미친 것처럼 보이지 않을까 상상할 따름이다.

아서가 나온 동영상들을 보면 아서가 대다수의 사람들보다 물리적 세상에 더 많은 관심을 쏟는다는 걸 분명히 알 수 있다. 아서는 두 사람이 하나의 물체나 활동에 함께 집중하는 것을 뜻하는 공동 주의shared attention를 힘들어하지만, 대신 늘 **내가** 어디에 관심을 두는지 질문하게 한다. 아서는 책을 읽히거나 장난감을 갖고 놀게 하려는 내 노력을 무시해버리지만, 가만히 아서를 들여다보면 그 아이가 세상에서 찾아낸 대화나 장난감 자동차보다 더 흥미로운 무언가를 볼 수 있었다.

아서의 어휘는 수년간 서서히 늘었지만 여전히 자신이 말하고자 하는 것을 내게 이해시킬 만큼 충분한 정보를 주지 못한다. 하지만 그 와중에 색깔을 묘사하는 언어는 꽤 다채로워져서 이제는 원하는 게 있을 때 그 색깔을 말해주곤 한다. 용에 관한 책은 '노란 색 책'이라 말하고, 아이패드는 파란색 케이스를 짚어 '파란 아이 패드'로 묘사하며, 위피 씨의 밴에서 파는 아서가 좋아하는 아이 스크림은 '하얀색 아이스크림'이라고 부른다. 아서는 알록달록한 알 초콜릿을 색깔별로 분류해서 순서대로 먹는데, 먹기 전에 색깔 을 하나하나 불러준다. 초콜릿을 색깔별로 나누고 색이름을 불러 주는 일은 초콜릿 못지않게 큰 즐거움을 준다.

축하

메리 수전이 평화와 기쁨을 주는 것들을 목록으로 만들었듯이, 나 도 나만의 목록을 마음속에 만들었고, 계속 작성 중이다. 이 목록 은 점점 중요해졌는데, 참고할 만한 게 없으면 스스로 만들어내야 하기 때문이다. 내가 만든 목록은 여행 대신 집에 머물면서 모험 을 즐길 때도 중요했다. 하지만 기념일에 관해서도 중요했다. 많 은 다른 장애인 가정처럼, 우리는 모두가 참여할 수 있게 약간 다 른 방식으로 기념일을 축하해야 한다. 우리는 내 가족들이 사는 오스트레일리아에서 크리스마스를 보낸 적이 한 번도 없으며, 아 마 앞으로도 그럴 수 없을 것이다. 나는 이 사실을 받아들여야만 한다. 그래서 할 수 없는 일을 계속 생각하는 대신, 우리가 할 수 있는 일을 생각해야 했다. 나는 함께 축하할 가족이 없다는 사실을 받아들이고 우리를 위한 즐거운 연휴 파티를 열기로 했다. 크리스마스 계획을 완전히 처음부터 다시 세워 우리 가족을 위한 새로운 전통을 만든 것이다. 우리는 해마다 동네 친구들을 집으로 초대하여 크리스마스 파티를 연다. 집에서라면 내가 아서를 훨씬 잘 돌볼 수 있으며, 아서도 내 곁에 있을 수만 있다면 많은 사람들이 집에 놀러 오는 걸 좋아한다. 지난 2년간은 크리스마스에 다른 싱글맘들도 초대하여 그들의 아이들이 북적이는 크리스마스를 즐기도록 했다. 복잡한 장소는 아서에게 스트레스가 되거나 혹은 아서를 지켜보느라 내게 스트레스를 줄 수 있어서 늘 그런 곳에 갈 순 없지만, 그렇다면 집에서 우리만의 파티를 만들면 된다. 우리는 집에서 모든 것을 우리의 필요에 맞게 바꿀 수 있다.

크리스마스에 진짜 나무로 된 트리를 집 안에 두면 아서가 가장 기뻐한다. 하지만 아서는 자주 이 트리를 넘어뜨리고, 잡아당기고, 때론 내던져 트리가 방을 가로질러 쓰러진다. 우리는 하루에 다섯 번 정도 트리를 일으켜 세우고 그때마다 다시 꾸민다. 그래도 펠트와 나무로 만들어진 장식품은 부서지지 않고 다만 하루가 좀 더 정신없이 지나갈 뿐이다. 우리가 여기저기 흩뿌려진 솔잎과 기우뚱한 나무를 기꺼이 받아들이는 한, 우리 가족의 크리스마스는 다른 집 못지않게 즐겁다. 산타에게 보내는 편지나 특별한 선물에 대한 기대는 없다. 가끔 내가 선물을 잘 고른 덕에 아서가 무척 기뻐해서 이튿날까지 다른 선물은 열어보지도 않을 때도 있다. 내가 선택을 잘못해서 동전 초콜릿과 양말에 든 풍선을 제외하곤 완전히 무시당할 때도 있다. 선물은 우리 집 크리스마스에서 중요한 게 아니라는 뜻이다. 하지만 크리스마스와 전통 그리고 다른 축하 파티는 중요하다. 물론 다른 집과 조금 다른 방식이긴 하지만 크리스마스는 한 해를 마무리하는 행사이며, 계절이 지나가는 걸 알려주고, 우리 모두를 한 가족으로 묶어준다.

여러 사람이 모여 즐기는 불꽃놀이 행사는 아서에게 매우 힘들다. 사람도 너무 많고 시작할 때까지 아주 오래 기다려야 한다. 하지만 아서는 불꽃놀이 자체는 무척 좋아해서 우리는 해마다 정원에서 우리만의 불꽃놀이를 즐긴다. 머리 위로 빨간색, 녹색, 황금색 폭죽을 터뜨릴 때면 아서는 귀마개를 하고 "쏴, 쏴, 쏴!" 하고 외쳐댄다. 뒷마당 불꽃놀이가 불법인 나라에서 자란 사람으로서 나 역시 즐겁지 않을 수 없다. 부활절에는 여동생이 조금만 도와주면 아서도 달걀 찾기에 참여할 수 있다. 아그네스는 정원을 다니며 예쁘게 색칠한 작은 달걀을 찾아 아서에게 어디에 달걀이 숨겨져 있는지 알려준다. 간혹 아서가 달걀 찾기를 싫어하면 아그네스가 모두 찾아다 아서의 바구니에 넣어주기도 한다. 생일에 거창한 파티를 하진 않지만 아서가 가장 즐거워하는 재미 요소는 빼놓지 않고 챙긴다. 케이크, 세 번에 걸쳐 불 초, 온 방 안을 날아다니는 풍선들. 몇 가지 선물도 준비하는데, 관심을 받을 때도 있고 못

받을 때도 있다.

저서에서 잉그리드 페텔 리는 인간은 왜 그토록 무언가를 축하하고자 하는지 묻는다. 순전히 이성적으로 바라보면 축하하는 에너지와 자원의 낭비로 볼 수 있으며 인간의 생존에는 별로 필요하지 않다. 분명, 우리가 돌보는 사람이 기념일을 챙기는 데 너무 스트레스를 받거나 함께하기 어려워서 과거에 익숙했던 방식으로 축하하기 힘든 사람들은 아예 포기할 수도 있을 것이다. 하지만 축하는 문화와 시대를 막론하고 보편적인 인류사의 한 면이다. 결혼이든, 새 생명의 탄생이든, 추수든, 한 해의 마무리든 아니면 종교기념일이든 축하 행사는 우리를 하나 되게 하고 다 함께 열광적인 즐거움을 느끼게 한다. 꼭 다른 사람들이 하는 방식대로 축하행사를 꾸릴 필요는 없다. 물론 그러자면 우리가 상상했던 방식을 내려놓아야 할 수도 있고 기대를 놓아버리는 건 쉬운 일은 아니다. 그러나 부모 중 한 사람이 더 이상 번잡한 생일 파티를 할 수 없어서 조용한 파티를 계획하든, 아이가 좋아한다는 이유로 나이보다 한참 어린 아이용 장난감을 사주든, 조절하고 바꾸는 건 포기가 아니다. 그것은 당신 앞에 있는 모든 걸 온 힘으로 받아들이고 주어진 상황에서 최선의 결과를 낸다는 뜻이다.

아름다움이 주는 즐거움

손이 많이 가는 사람들을 돌보면서 사회적 돌봄 서비스를 확보할 수 있을지 또는 내야 할 돈을 어떻게 감당할지 걱정하느라 여념이 없을 때, 소소한 즐거움과 기쁨을 놓치기 쉽다. 하지만 시간이 쌓여 작은 것들이 모이면 큰 긍정적 정서를 이룬다.

아일베 킨과 이지 킨은 사람들이 대체로 신경 쓰지 않았던 분야에 즐거움을 선사하는 자매다. 이지는 척추이분증 환자로, 평생 휠체어를 사용해야 한다. 아일베가 디자인 학교에서 공부할 때 그는 이지의 휠체어를 아름답게 꾸며줄 제품을 만들어야겠다는 생각을 했다. 이지는 항상 휠체어가 자신에게 자유를 준다고 생각해왔는데, 휠체어들이 대체로 재미없는 모양새여서 자신의 개성이나 휠체어가 자신에게 어떤 의미인지 전혀 나타내지 못한다고 느꼈다. 아일베는 이지의 외향적인 성격을 반영하고자 바퀴 커버를 밝게 채색했다. 이지는 휠체어를 밝은색으로 꾸미고 나서 사람들과 좀 더 긍정적인 대화를 하게 되고 외출할 때 자신감이 생기는 걸 느꼈다. 그들이 만든 긍정적인 변화를 확인하자 그들은 세계 곳곳의 아티스트, 디자이너, 브랜드와 협업하기 시작했다. 자선 모금을 하고 대규모 컬렉션을 제작했다. 이지 휠스Izzy Wheels는 아일랜드에서 열린 여러 디자인 대회에서 수상했고, 자매 모두 2018년《포브스Forbes》가 선정한 서른 살 이하 30인 명단에 올랐다.

아일베는 이지 휠스가 탄생한 이면에 휠체어에 관한 부정적인 생각에 도전하고 사용자들이 개성을 표현할 수 있게 하자는 사명 감이 있었다고 말한다. 밝은 기하학적 패턴부터 식물 이미지와 사람, 고래, 말, 도넛 모양의 디자인까지. 즐거움을 주는 제품들을 카미유 왈랄라Camille Walala, 미레이아 루이스Mireia Ruiz, 보딜 제인Bodil Jane 등의 아티스트와 협업하여 만든다. 킨 자매는 바비 인형과도 협업하여 휠체어를 탄 바비 인형을 출시하기도 했다. 휠체어 자체는 비싸지만 비교적 저렴한 이지 휠 커버만으로도 휠체어의 외관 전체를 완전히 다르게 꾸밀 수 있다.

이지는 이지 휠스가 전하는 메시지가 곧 권리 강화라고 말한다. 이지 휠스는 휠체어를 기능적인 장비를 넘어 사용자의 스타일 감각에 통합되는 요소로 만든다. 이지는 어린 시절 TV에서 휠체어를 볼 때마다 항상 슬픈 이야기가 나왔고, 이 의료 장비와 긍정적으로 관계 맺는 사람은 전혀 볼 수 없었다고 말한다. 그는 "장애가 아닌 사람을 보라'는 메시지가 늘 거슬렸어요. 당신은 제 휠체어를 볼 수 있고 그건 잘못이 아니에요. 휠체어를 봤다고 해서 잘못한 건 아니죠"[107] 하고 말한다. 이 브랜드의 홍보 슬로건은 '뛸 수 없다면 눈에 띄어라If you can't stand up, stand out'이다.

아름다운 이동 수단부터 보조 기기, 밝은색 옷, 방금 딴 꽃, 자연광이 가득한 집과 밝게 칠한 벽에 이르기까지 아름다움은 우리를 즐겁게 하고 기분을 고양시킨다. 흔히 그 중요성을 간과하곤 하지만 이런 소소한 것들이 합쳐져 우리가 세상을 경험하는 방식에 큰 영향을 줄 수 있다. 꼭 큰돈을 들이고 밖에 나가야 하는 건 아니다. 때론 이미 우리 주변에 있는 것들에 주목하고 시간을 들여 음미하는 것이 더 중요할 수도 있다. 아서가 새 떼가 일정한 패턴으로 방향을 돌려 급강하하는 모습이나 물방울이 유리 위에 마법 같은 패턴을 만드는 모습을 즐거워하며 내게 보여주듯이 말이다. 물론 아서로서는 단지 알아봐주길 기다리며 그곳에 존재하는 것들을 알아보고 가리키는 것뿐일 테지만.

주의를 기울이다

진화 과정에서 인간에게 유리한 역할을 해온 것 중 하나는 강력한 부정 편향이다. 이는 똑같은 강도일 때, 부정적인 성격을 지닌 것이 중립적이거나 긍정적인 것보다 우리의 심리 상태에 더 큰 영향을 준다는 뜻이다. 부정 편향은 힘들었던 일일수록 쉽게 상기시킴으로써 우리를 위험으로부터 안전하게 보호해주지만, 그 때문에 애쓰지 않으면 세상이 시련과 불평등과 슬픔으로만 가득 찬 곳이라는 생각에 빠질 수도 있다. 그러나 조금만 주의를 기울이면 얼마나 많은 기쁨이 우리 주변에 있는지 깨달을 수 있다. 우리를 기쁘게 하는 것들을 찾아 주목하다 보면 우리 뇌에 그러한 것들을 발견하고 주의를 집중하는 경로가 더 많이 생긴다. 조금만 훈련하면 누구나 즐거움을 잘 찾아낼 수 있다.

즐거움을 음미하는 일도 마찬가지다. 누구나 할 줄 알지만 해야 한다고 상기할 필요가 더러 있다. 즐거움을 천천히 만끽하다 보면 세상엔 좋은 일도 있다는 사실을 떠올리게 되고 고갈되었다고 느낄 때 에너지를 회복할 수 있다. 예컨대 아침에 그날의 첫 홍차 한 잔을 서둘러 마셔버리는 대신, 온기와 맛과 향을, 아니 솔직히 말하자면 첫 카페인을 음미하는 데 몇 초만 더 투자하면 큰 즐거움을 느낄 수 있다. 꼭 음식만을 말하는 게 아니다. 수지 리딩(6장 191쪽)은 신생아를 키우면서 아버지를 돌보았을 때, 일부러 해 질 녘에 맞추어 아기를 데리고 해변을 거닐며 가능한 한 오랫동안 석양이 지는 모습을 음미했다. 그는 시간과 마음을 들이면 더 큰 즐거움을 더 오래 느낄 수 있다고 설명한다. 누군가에게는 좋아하는 음악을 음미하거나 집을 나설 때 앞마당에 있는 꽃나무를 즐기는 것일 수도 있다. 즐거웠던 지난 순간들을 떠올리며 과거를 음미할 수도 있고, 휴가처럼 간절히 기다리는 일을 마음속에 그려봄으로써 미래를 음미할 수도 있다. 대수롭지 않게 들릴지 모르지만 즐거움을 음미하는 것은 우리의 기분에 강력한 영향을 준다.

기쁨을 만끽하다

에이미 쿠퍼(10장 317쪽)는 서른아홉 살에 어린 시절부터 꿈꿔온 일을 할 기회를 얻었다. 그는 공중그네 수업을 듣기 시작했다. 더는 서커스단을 따라 도망치고 싶지 않았지만, 지난 몇 년간 서커스단에서 공연을 해왔다. 서커스는 즐거움이 가득한 장소다. 반짝이는 의상, 입이 떡 벌어지는 공중 곡예, 음악과 볼거리에 어린아이 때로 돌아간 것처럼 놀라워하게 된다. 에이미의 아이들도 엄마의 공연을 봤다. 비록 로사가 말소리를 자주 내진 않지만, 에이미는 공중그네를 탈 때 로사가 내는 즐거운 소리를 들을 수 있다고 했다. 서커스는 에이미에게 커다란 기쁨의 원천이며, 가족 전체에게도 즐거움을 준다. 에이미는 로사가 오래 살지 못할 거라는 말을 들었기 때문에 그들이 그토록 많은 것을 해낼 수 있었다고 확신한다. 딸의 병은 그들 삶에 물리적인 제약을 주었으나, 이 가족은 병으로 인해 다른 방식으로 자신들의 세상을 개척할 수 있었고 매 순간 최선을 다해 살았으며 손 닿는 곳에서 더없는 기쁨을 발견할 수 있었다.

　내가 여러 가족들과 만나면서 반복적으로 들은 이야기는 제약이 즐거움과 삶에 대한 열정을 줄이기는커녕 오히려 그 반대라는 것이었다. 에이미와 마찬가지로, 내털리 위버의 딸 소피아(9장 291쪽)도 시한부 판정을 받았고, 안면 기형에 대한 차별과 면역결핍 때문에 그들이 함께 세상을 경험하는 방식에 많은 제약이 따른다. 그럼에도 내털리는 누릴 수 있는 모든 기쁨을 극대화하기로 했다. 그는 소피아의 인생은 짧을 것이고 그나마 대부분을 집 안에서 보내겠지만, 그 삶을 사랑과 재미와 기쁨으로 가득 차게 만들겠노라고 자신과 약속했다. 그는 소피아가 세상에 머물다 간 10년 반 동안 이 약속을 지켰다는 사실을 자랑스러워한다.

우리가 사랑하고 돌보는 사람이 질병으로 오래 살지 못하리라는 말을 들으면 우리에게 주어진 삶을 최대한 만끽해야 한다는 생각이 번뜩 들지만, 그것만이 삶의 즐거움을 누릴 유일한 방법은 아니다. 잉그리드 페텔 리가 《조이풀》에서 일깨워준 대로, 즐거움을 얻으려는 우리의 욕구는 삶에 대한 욕구다. 즐거움, 놀이, 마법 같은 느낌이나 축하가 없다면 우리는 살아남을 수는 있겠지만 풍요롭게 지내지 못한다. 우리는 기쁨이 삶의 핵심임을 알고 그것에 주목하고 그것을 만들고 음미해야 한다. 이지의 휠체어처럼, 기쁨은 타인을 향해 쏟아져 대화를 불러일으킨다. 전염성이 있어 확산된다. 아서가 공원에서 놀고 있을 때 어린 아기들이 아서를 졸졸 따라다니는 것처럼 말이다. 아서가 모래를 미끄럼틀 아래로 흘려보내며 모래가 만드는 패턴을 보고 좋아서 팔을 흔들면 아기들은 늘 아서가 무얼 보고 즐거워하는지 궁금해하곤 한다.

하지만 기쁨은 다른 감정과 섞여 나타날 때도 있다. 특히 우리에게 끝이 정해져 있다는 걸 알거나 그 자리에 없는 누군가를 떠올릴 때 그렇다. 딸을 데리고 미술관이나 동물원에 가면, 딸과 함께 있어서 그리고 딸이 세상과 교감하는 방식을 지켜보느라 즐겁지만, 마음속 저편에 누군가가 빠졌다는 느낌이 든다. 이성적으로야 아서가 미술관 관람보다 캠프에 가거나 집에서 베이비시터와 함께 있는 걸 더 좋아하는 줄 알지만, 엄마로서 나는 마치 둘로 나뉜 것처럼 즐거운 한편 약간의 슬픔을 느낀다. 그것은 아서가 다른 동네에 있는 특수학교에 다니기 시작했을 때 느꼈던 것과 유사한 감정이다. 훌륭한 교사들이 있는 좋은 학교이고, 아서와 나 모두에게 큰 기쁨을 주는 곳이지만 아서는 아그네스와 함께 동네 학교에 다니는 걸 포기해야 했고 매일 학교 문 앞에서 내가 데리러 오기를 기다려야 한다. 수년 전에는 이 슬픔 섞인 기쁨에 겁먹기도 했지만, 나는 이 삶을 온전히 받아들이기 위해 삶을 채색하는 모든 감정을 제대로 마주하고 그대로 받아들여야 한다는 것을 배웠다. 에이미는 로사가 언제까지 곁에 있을지 모르고 이 점이 그들이 내리는 모든 선택과 결정에 영향을 주지만, 그래도 에이미는 삶을 겁내지 않는다. 에이미는 그들이 가진 것이 유한하다는 사실을 잘 알고 있기 때문에 기쁨을 위해 모든 걸 쏟아붓는다.

나오며

우리는 시험에 통과하거나 문제를 극복하는 게 핵심이라고 생각하지만 사실 힘든 일은 해결되지 않는다. 힘든 일은 한꺼번에 몰려와 우리를 무너뜨린다. 그러고 나서 또다시 몰려와 또 무너뜨린다. 산다는 건 원래 그렇다. 치유란 이 모든 것이 벌어질 여지를 남겨두는 데서 시작된다. 애도, 안도, 비참함 그리고 기쁨을 위한 여지를 남겨두어야 한다. [108]

_ 페마 초드론(Pema Chodron), **작가 겸 불교 법사**

이 책을 집필하며 돌봄자들을 만나고 나의 두 가지 서로 다른 경험을 돌아보는 과정에서 분명해진 것이 하나 있다. 어떤 사람들은 결코 돌봄자의 역할을 떠맡고 싶지 않을지도 모르지만, 그 속을 들여다보면 많은 돌봄자들이 전혀 그렇게 느끼지 않는다. 돌봄자의 일상은 몹시 고되겠지만 사랑하는 누군가를 돌보는 책임은 목적의식과 자부심을 주고, 그들이 유능하며 스스로 알고 있던 것보다 더 큰 역량을 갖췄다는 큰 깨달음을 준다.

그렇다고 돌봄자들에게 더 많은 지원이 필요하지 않다는 말이 아니다. 그들은 고립감을 덜 느끼길 원하고, 더 많은 휴식이 절실히 필요하고, 앞으로 지금과 같은 수준의 돌봄을 제공하기 힘들수도 있다는 두려움에 사로잡혀 있는 게 사실이다. 게다가 영국에서 70만 명에 달하는 어린 돌봄자들이 해마다 금액으로 환산했을 때 약 1만 2천 파운드에 달하는 돌봄을 제공하고 있다는 문제도 있다.[109] 돌봄은 어린 돌봄자들이 아닌 사회서비스가 제공해야 하는데 말이다.

많은 돌봄자들이 죽을 때까지 사랑하는 사람을 돌볼 것이다. 나와 내가 만난 많은 부모 돌봄자들처럼 전혀 다른 종류의 두려움을 마주한 사람들도 있다. 먼 미래에 언젠가 우리가 죽으면 다른 누군가가 내 자식을 돌봐야 한다는 사실을 아는 데서 비롯된 두려움이다. 이것은 깊은 두려움이다. 이 사실을 입 밖에 낼 때면 가장 침착한 부모마저 공포로 얼어붙고 만다. 부모가 모두 죽으면 누가 장애가 있는 자식을 돌볼 것인가 하는 질문에 답할 방법이 없기 때문이다. 이 불확실성을 안고 사는 법을 배우는 게 아마도 우리가 할 수 있는 최선일 것이다. 한 번에 한 걸음씩 내딛고, 한 번에 한 가지 이정표를 옮겨가면 된다. 나는 향후 몇 년 이상의 먼 미래에 대해 오래 생각하지 않는다. 아서가 세 살에 막 자폐 진단을 받았을 때 나는 말 못 하는 열 살 자폐 아동을 어떻게 돌봐야 할지 알지 못했다. 이제 나는 내가 배울 수 있고, 새로운 해법을 찾을 것이고, 손이 많이 가는 내 아들에게 적응할 수 있다는 걸 안다. 나는 미래가 어떤 모습이라 해도 계속해서 잘 적응할 것이며, 큰 문제에 대한 해법들은 때가 되면 나타나기 마련이라고 믿어야 한다.

돌봄자들을 보살피는 건 사회라는 집단으로서 우리가 가진 책임이다. 사랑하는 사람을 위해 온갖 노력을 다하지만 막상 자신은 아무것도 받지 못한 채 고갈되고, 돌봄이 유발하는 어려움을 외면하는 문화에 지쳐 쓰러지는 일이 개인의 문제로 남겨져선 안 된다. 생애 말기 둘라 애나 라이언스가 말한 것처럼, 돌봄을 받는 사람들이 최상층에 있고, 바로 그 밑에 돌봄자가 위치하며, 그 아래로 그들을 지원하는 사람들이 존재하는 돌봄의 피라미드를 구축해야 한다.

질병, 노화, 장애와 사망은 우리가 거의 통제할 수 없는 삶의 일부이다. 하지만 이 첨단 의학의 시대에 우리는 이 모든 것을 통제할 수 있을 거란 생각에 빠져든다. 우리는 뭐든 고칠 수 있는 것처럼 굴고, 우리에게 벌어지는 일을 통제할 수 있는 것처럼 생각하고 행동한다. 돌봄의 일부는 그 통제를 놓아버리는 데 있다. '이걸 어떻게 고치지?' 하고 자문하는 대신, '어떻게 대응할 수 있을까?' 하고 물어야 한다. 나아가 '어떻게 하면 이 상황에서 최선의 결과를 낼 수 있을까?' 하고 묻는 용기도 가질 수 있어야 한다.

우리가 돌봄자 역할에서 관점을 얻고 마음을 확장시키고 감사함을 느끼긴 하지만, 그것을 위해 언제나 우리의 역할에 대해 좋은 감정만 가지려 애쓸 필요는 없다. 다른 사람을 돌보는 행위는 굉장히 많은 역설을 드러낼 수 있다. 사랑이 깊은 만큼 외로움도 클 수 있다. 막중한 책임감과 함께 전에 알지 못했던 커다란 충만함을 느낄 수도 있다. 비통함과 끝없는 다정함이 한데 뒤엉킬 수도 있다. 상실로 마음이 찢어지는 고통을 느끼면서도 소소한 것들에서 기쁨을 느낄 수 있다. 이러한 것들이 모두 동시에 진실일 수 있다.

내 딸 아그네스는 지금 내가 십 대 시절에 걸었던 행로와 유사한 길을 걷고 있다. 바로 어린 돌봄자의 길이다. 물론 우리 둘의 상황이 매우 다르고 아그네스는 제 오빠를 혼자서 돌보진 않지만, 아그네스는 자신의 삶을 아서의 요구에 맞춰 조정하고 적응해야 한다. 아그네스는 아주 어릴 적부터 또래의 다른 아이들보다 더 기다리고, 더 참고, 더 양보해야 했다. 아서의 폭력적인 멜트다운이 진행되는 동안 식탁 밑에 숨어 저녁을 먹어야 했고, 놀이터에서 놀기를 포기해야 했고, 엄마가 오빠의 잠자리를 먼저 봐주도록 양보해야 했고, 상급학교에 진학하거나 삶에 변화를 겪어 내가 챙겨야 할 때마다 항상 오빠 뒷전으로 밀렸다. 내가 인정하고 싶지 않아도 아그네스는 자주 내가 절망하며 우는 모습을 지켜봤고, 나는 그런 순간 아그네스가 걱정된다. 장애인 오빠의 동생이라 걱정되는 것이 아니라, 너무 무리하고 너무 지쳐 있고 모든 일을 감당할 수 있을지 경계에 선 엄마를 가져서 걱정이 된다.

하지만 나의 경험을 되돌아보면, 엄마의 상황이 달랐더라면 얼마나 좋았을까 생각하면서도 나는 그토록 힘든 날들에 내가 배운 것을 후회한다고 말할 수 없다. 그런 경험이 없었다면 지금처럼 해낼 수 없었을 것이고 내 아이들에게 필요한 부모가 될 용기도 없었을 것이다. 나는 아그네스가 이미 오빠의 영향을 가장 긍정적인 방식으로 받고 있다는 걸 안다. 공원에서 만난 새 친구들에게 자폐를 설명하는 아그네스의 목소리에서 들을 수 있고, 제 오빠의 접근권이 침해당했다고 여길 때마다 장애에 대해 설명하면서 어떻게 이럴 수 있느냐고 당당히 말하는 태도에서 알 수 있다. 아그네스는 자신이 항상 두 번째라는 걸 어쩔 수 없이 받아들인 게 아니라, 동등하다는 게 같다는 의미가 아니며 우리가 필요한 걸 각자 얻는 것이라는 의미를 나이에 비해 잘 이해하고 있다. 아울러 우리 집 안에서 우리 모두가 동등하다는 것도 안다.

돌봄자로서 포기하고 도망가고 싶다는 생각이 간절히 들 때, 스스로에게 쉬어야 할 때라는 걸 알려줘야 한다. 걱정이 되면 무엇을 걱정하는지 정확히 파악해야 한다. 화가 나면 비판받지 않고 감정을 공유하고 표현할 수 있는 공간이 있어야 한다. 무엇보다 우리는 우리에게 필요한 도움을 청해야 한다. 우리가 그토록 잘 닦아온 옹호의 기술을 우리 자신을 위해서도 사용해야 한다는 걸 기억해야 한다. 우리에게 기꺼이 이런 도움을 제공해줄 공동체를 주변에 꾸려야 한다. 공동체는 가족과 친구, 동료 돌봄자와 전문가들까지 포함할 수 있다. 또한 세상을 모두에게 좀 더 수용적이고 접근 가능한 곳으로 만들려는 노력을 지지해줄 좀 더 광범위한 공동체도 필요하다. 우리의 이야기를 공유하는 것은 우리에게 절실하게 필요한 공동체를 만들 한 가지 방법이다. 돌봄이 사랑에 빠지거나, 아이가 생기거나, 사랑하는 사람을 묻는 일처럼 삶의 일환이라는 것을 일깨워주는 이야기들을 공유해야 한다. 우리는 우리의 이야기를 통해 혼자가 아님을 기억할 것이다.

감사의 말

우선 가장 먼저 자신의 경험을 내게 공유해준 인터뷰 대상자 한 분 한 분께 감사 인사를 전한다. 대부분 나에 대해 전혀 아는 게 없는 상태에서 내가 보낸 이메일에 답해주었다. 나를 믿고 이야기를 공유하기로 한 결정에 대해 앞으로도 영원히 감사할 것이다. 이 책에서 언급한 이야기들 가운데 어떤 이야기들은 사실 굉장히 길고 광범위하여 인물별로 책 한 권을 써도 될 정도였다. 이 책에 포함된 이야기들은 그들의 풍부하고 다채로운 삶의 아주 작은 일면에 불과하다. 어떤 경우엔 지나가는 말로 언급하는 데 그쳤더라도 나눈 모든 대화가 내게 개인적으로 큰 영향을 주었고, 이 책에서 무엇에 집중해야 할지 결정하는 데에도 영향을 주었다. 각 대화가 열어준 세계와 관점을 앞으로도 항상 소중히 간직할 것이다. 여러분 한 명 한 명 덕분에 이 책을 집필하는 과정이 대단히 즐거웠다. 내 친구 루시 로저스에게 특별한 감사를 전한다. 와인 한 잔을 두고 그와 나눈 힘든 일에 대한 대화가 이 프로젝트의 발단이 되었다.

이 책을 집필하기 시작하면서 내가 개인적으로 매우 흠모하는 많은 여성들로부터 큰 지지를 받았다. 애니 리다웃, 젠 캐링턴, 도린 왈튼, 애나 화이트하우스, 미셸 케인, 나타샤 룬은 응원이든, 초고 읽기든, 격려든 각자의 방식으로 이 책이 세상에 나오는 데 도움을 주었다.

나의 에이전트 애비게일 버그스트롬에게도 큰 감사를 전한다. 그는 돌봄이라는 주제에 대해 논하기 시작한 순간부터 이 주제의 중요성뿐만 아니라 비장애인인 내가 장애에 대한 글을 쓰는 어려움까지 온전히 이해해주었다. 애비게일은 감동적인 이야기들에 집중하면서 동시에 출판계를 다채로운 목소리로 채우겠다는 바람을 멋지게 결합시켰다. 그는 이 책을 집필하는 과정에서 등불이자 훌륭한 동반자였다. 메건 스타운튼도 마찬가지였다. 그는 항상 빠른 답장과 스스럼없는 미소를 주었고, 내가 답이 필요할 때 늘 정답을 갖고 있었다. 애비게일과 메건 모두 훌륭한 아이디어 테스터 역할을 해주었고, 이 책에 대해 각자 고유하고 소중한 의견을 제시해주었다.

정확히 내가 써야 한다고 느낄 때 쓸 수 있는 자유를 허락한 편집자 해나 블랙에게도 큰 감사를 전한다. 질문이 생길 때면 언제나 곁에서 답을 주었지만, 내가 최선의 답이라고 느낀다 해도 계속 의문을 가질 수 있는 여지를 남겨주었다. 그 덕분에 나는 자신감을 갖고 일을 마칠 수 있었다. 처음부터 끝까지 즐거웠다.

아울러 이 일을 맡은 코로넷 출판사의 팀원 모두에게 감사한다. 훌륭한 교정을 해준 샐리 서머스에게 감사한다. 샐리의 관점과 전문성이 가장 반가웠다. 에리카 콜조넌, 제니 플랫 그리고 헬렌 플러드에게도 고마움을 전한다. 사회가 봉쇄되고 책을 제작하고, 홍보하고, 판매하는 방식이 완전히 바뀌면서 전례 없는 변화를 겪었지만 모두 묵묵히 잘 대처하는 용맹한 모습을 보여주었다. 이들의 노고에 진심으로 감사하며, 이 책과 이 책이 도움을 줄 사람들에게 비전을 제시한 것도 감사하다.

장애에 대한 나의 공부에 절대적으로 중요한 역할을 한 작가, 연사, 활동가들에게도 감사의 마음을 전한다. 또한 그들의 지식 덕분에 나는 더 좋은 페미니스트, 엄마, 인간이 되었다. 아래의 인물들도 트위터, 팟캐스트, 책, 인스타그램, TED 연설, 언론 등을 통해 내가 장애를 이해하는 데 매우 중요한 관점을 더해주었다. 이들의 책을 사고, 팟캐스트를 듣고, 당신의 행사에 작가나 연사로 초대하길 바란다. 칼리 핀들레이, 나오키 히가시다, 키 브라운, 에밀리 라도, 바브 렌튼바흐, 제니 모리스, 엘리자 헐, 앨리스 웡, 셰인 버코, 댄 화이트, 크리스타 홀먼스, 믹 스칼릿, 서맨사 렌크, 사라 깁스, 샐리 다비, 프랜시스 라이언, 애밋 파텔, 에이미 캐버너, 슈네 버크, 니나 테임 그리고 고인이 된 스텔라 영. 에마 파울러에게도 특별한 감사를 전한다. 그와의 인스타그램 대화는 항상 즐거움이자 인생의 자양강장제였다. 아울러 키런 로즈에게도 특별한

348

고마움을 전한다. 내가 탐색하고 싶은 많은 아이디어들을 하나로 요약한 독특한 관점들을 제시해주었고, 이 프로젝트에 준 도움에 늘 감사할 것이다. 나를 믿고 아이디어들을 세상에 내놓는 데 도움을 주어서 감사하다.

내가 마감을 맞추기 위해 출사를 포기했을 때 햇 마골리스가 보여준 인내와 이해에 감사한다. 수없이 나와 차를 마시고 즐거운 말벗이 되어준 루스와 앤드루에게도 고마움을 전한다. 또 기댈 가족이 없는 나를 항상 격려하고 지원해준 모든 동네 친구들에게 감사한다. 적어도 한 번씩 나를 구출해준 니코, 클레어, 모니카, 알렉스, 트레이시, 샌드라, 해리엇, 피오나, 헬렌, 니나, 벨리아, 질 그리고 에이사에게 감사한다. 아울러 아서와 아그네스를 지원해준 하레쉬 파텔에게 고마움을 전한다.

어머니에 대한 글을 쓰겠다는 나의 결정을 지지하고 내가 원하는 대로 쓸 자유를 준 아버지 사이먼과 오빠 애쉬와 핍에게 감사한다. 이것은 당신들의 이야기이기도 하며, 나는 우리 각자가 다른 경험을 가졌다는 걸 안다. 모두 진심으로 사랑한다. 가까이에 살면 얼마나 좋을까.

머리사는 가장 친한 친구이자 내 평생의 사랑이다. 머리사가 없었다면 나는 어떻게 됐을까? 우리가 오래전 대학에서 서로를 알아본 것에 영원히 감사할 것이다. 우리의 우정을 조금이나마 세상에 공유하는 걸 허락해줘서 고맙다.

이 사람이 없었다면 이 책이 집필될 수 없었을 것이다. 바로 훌륭한 베이비시터 줄리다. 내 아이들을 돌봐주고 우리 가족을 도와준 모든 것에 대해 그리고 사랑으로 일에 임하는 태도에 대해 진심으로 감사한다. 줄리는 벼랑 끝에 몰린 나를 숱하게 구했으며, 그가 없었다면 나는 지금과 같은 엄마가 될 수 없었을 것이다.

아울러 내게 이 세상에는 편안함보다 사랑을 택하는, 더 어려운 길을 택하는 것을 두려워하지 않는 사람들이 있다는 걸 보여준 루아이리에게 고마움을 전한다. 우리가 함께한 소중한 순간은 짧았고 나는 그 시간 대부분을 이 책을 집필하는 데 쏟아부었지만, 루아이리는 내게 격려와 지지만을 보여주었다. 진심으로 사랑한다.

참고 문헌

Daring Greatly, Brené Brown, Penguin Life, 2015. [(2012년판) 안진이 옮김, 《마음 가면》, 더퀘스트, 2016.]

The Gifts of Imperfection, Brené Brown, Hazelden Publishing, 2018. [(2010년판) 서현정 옮김, 《나는 불완전한 나를 사랑한다》, 가나출판사, 2019.]

Grief Works, Julia Samuel, Penguin Life, 2018.

Being Mortal, Atul Gawande, Profile Books, 2015. [김희정 옮김, 《어떻게 죽을 것인가》, 부키, 2015.]

NeuroTribes, Steve Silberman, Allen & Unwin, 2015. [강병철 옮김, 《뉴로트라이브》, 알마, 2018.]

The Conscious Caregiver, Linda Abbit, Adams Media, 2017.

The Mindful Path to Self-Compassion, Christopher Germer, Guilford Press, 2009.

The Mindful Self-Compassion Workbook, Kristin Neff, Christopher Germer, Guilford Press, 2018.

Teaching the Mindful Self-Compassion Program, Kristin Neff, Christopher Germer, Guilford Press, 2019.

Pride Against Prejudice, Jenny Morris, The Women's Press, 1991.

Crippled, Frances Ryan, Verso Books, 2019.

Laughing at My Nightmare, Shane Burcaw, Square Fish, 2016.

Strangers Assume My Girlfriend is My Nurse, Shane Burcaw, First Second, 2019.

The Self-Care Revolution, Suzy Reading, Aster, 2017.

A Burst of Light and Other Essays, Audre Lorde, Dover Publications, 2017.

The How of Happiness, Sonja Lyubomirsky, Piatkus, 2010.

Stumbling on Happiness, Daniel Gilbert, Harper Perennial, 2007. [(2006년판) 최인철, 김미정, 서은국 옮김, 《행복에 걸려 비틀거리다》, 김영사, 2006.]

Burnout, Emily Nagoski and Amelia Nagoski, Vermillion, 2019.

The Power of Meaning, Emily Esfahani Smith, Rider, 2017. [김경영 옮김,《어떻게 나답게 살 것인가》, 알에이치코리아(RHK), 2019.]

Resilient, Rick Hanson, Rider, 2018. [홍경탁 옮김,《12가지 행복의 법칙》, 위너스북, 2019.]

Not What I Expected, Rita Eichenstein, Perigee Books, 2015.

A Manual For Heartache, Cathy Rentzenbrink, Picador, 2017.

The Pursuit of Happiness, Ruth Whippman, Windmill Books, 2016.

Diversify, June Sarpong, HQ, 2019.

How to Do Nothing, Jenny Odell, Melville House Publishing, 2019. [김하현 옮김,《아무것도 하지 않는 법》, 필로우, 2021.]

Joyful, Ingrid Fetell Lee, Rider, 2018. [서영조 옮김,《조이풀》, 한국경제신문, 2019.]

Neurodiversity, Barb Rentenbach and Lois Prislovsky, 2016.

The School of Life: An Emotional Education, Alain de Botton, Hamish Hamilton, 2019.

Why We Sleep, Matthew Walker, Penguin, 2018. [(2017년판) 이한음 옮김,《우리는 왜 잠을 자야 할까》, 열린책들, 2019.]

With the End in Mind, Kathryn Mannix, William Collins, 2019. [홍지영 옮김,《내일 아침에는 눈을 뜰 수 없겠지만》, 사계절, 2020.]

Invisible Women, Caroline Criado Perez, Chatto & Windus, 2019. [황가한 옮김,《보이지 않는 여자들》, 웅진지식하우스, 2020.]

미주

1   https://www.scope.org.uk/news-and-stories/coronavirus-bill/

2   Carers UK *State of Caring* report 2019, page 2. http://www.carersuk.org/images/News__campaigns/CUK_State_of_Caring_2019_Report.pdf

3   Papworth Trust, Disability Facts and Figures, 2018.

4   https://www.carersuk.org/images/News__campaigns/The_world_Shrinks_Final.pdf

5   https://www.carersuk.org/news-and-campaigns/press-releases/facts-and-figures

6   Disability Rights, June 2013, Risk of major disability poverty rise, (Online). https://www.disabilityrightsuk.org/news/2013/june/risk-major-disability-poverty-rise

7   Papworth Trust, Disability Fact and Figures, 2018.

8   https://www.mckinsey.com/~/media/mckinsey/industries/public%20and%20social%20sector/our%20insights/how%20advancing%20womens%20equality%20can%20add%2012%20trillion%20to%20global%20growth/mgi%20power%20of%20parity_executive%20summary_september%202015.pdf

9   Carers UK, Facts About Carers, 2019. https://www.carersuk.org/images/Facts_about_Carers_2019.pdf

10 위 보고서.

11 GP Patient Survey, 2018.

12 Carers UK *State of Caring* report, 2019.

13 위 보고서.

14 Carers UK *State of Caring* report, 2019, Frances Ryan, Crippled, Verso Books, 2019에서 인용.

15 Carers UK *State of Caring* report, 2019.

16 https://www.caregiver.org/caregiver-statistics-health-technology and-caregiving-resources

17 Carers UK *State of Caring* report, 2019.

18 https://www.caregiver.org/caregiver-statistics-demographics

19 https://www.carersuk.org/news-and-campaigns/news/unpaid carers-save-the-uk-132-billion-a-year-the-cost-of-a-second-nhs

20 https://catapult.co/stories/what-the-world-gets-wrong-about-my-quadriplegic-husband-and-me

21 Brene Brown, *Daring Greatly*, Penguin Life, 2015. [(2012년판) 안진이 옮김, 《마음가면》, 더퀘스트, 2016.]

22 Alain De Botton, *The School of Life: An Emotional Education*, Hamish Hamilton, 2019.

23 Brene Brown, *The Gifts of Imperfection*, Hazelden Publishing, 2018. [(2010년판) 서현정 옮김, 《나는 불완전한 나를 사랑한다》, 가나출판사, 2019.]

24 위의 책.

25 https://www.theguardian.com/society/2019/jun/26/social-care funding-crisis-putting-tens-of-thousands-at-risk

26 Brene Brown, *Daring Greatly*, Penguin Life, 2015. [(2012년판) 안진이 옮김, 《마음가면》, 더퀘스트, 2016.]

27 https://adiaryofamom.com/faqs/

28 Barb Rentenbach and Lois Prislovsky, *Neurodiversity*, 2016.

29 https://www.gov.uk/definition-of-disability-under-equality-act-2010

30 https://catapult.co/stories/what-the-world-gets-wrong-about-my-quadriplegic-husband-and-me

31 Jenny Morris, *Pride Against Prejudice*, The Women's Press, 1991.

32 http://suburbanautistics.blogspot.com/2017/10/grief-isnt-natural-its-product-of.html

33 Barb Rentenbach and Lois Prislovsky, *Neurodiversity*, 2016.

34 Shane Burcaw, *Strangers Assume My Girlfriend is My Nurse*, First Second, 2019.

35 Stella Young Ted Talk. https://www.youtube.com/watch?v=8K9Gg164Bsw

36 Papworth Trust, Disability Facts and Figures, 2018.

37 위 보고서.

38 LeDeR Annual Report, 2018. https://www.bristol.ac.uk/media-library/sites/sps/leder/LeDeR_Annual_Report_2018%20published%20May%202019.pdf

39 Shane Burcaw, *Strangers Assume My Girlfriend is My Nurse*, First Second, 2019.

40 Cheryl Strayed, Brave Enough, Atlantic Books, 2015. [우진하 옮김, 《그래, 지금까지 잘 왔다》, 부키, 2018.]

41 Rita Eichenstein, *Not What I Expected*, Perigree Books, 2015.

42 http://www.autreat.com/dont_mourn.html

43 https://www.merriam-webster.com/dictionary/grief

44 Rita Eichenstein, *Not What I Expected*, Perigree Books, 2015.

45 Daniel Gilbert, *Stumbling on Happiness*, Harper Perennial, 2007. [(2006년판) 최인철, 김미정, 서은국 옮김, 《행복에 걸려 비틀거리다》, 김영사, 2006.]

46 Sonja Lyubomirsky, *The How of Happiness*, Piatkus, 2010.

47 Medvec V.H. et al (1995), 'When less is more: counterfactual thinking and satisfaction among Olympic medalists', *Journal of Personality and Social Psychology, 69(4) 603-10 PMID*

48 Solnick, S.J., & Hemenway, D. (1998), 'Is more always better?: A survey on positional concerns', *Journal of Economic Behavior & Organization, 37(3), 373-383.*

49 Koo, M. Algoe, S.B., Wilson, T.D., Gilbert, D.T. (2008), 'It's a wonderful life: mentally subtracting positive events improves people's affective states, contrary to their affective forecasts', *Journal of Personality and Social Psychology, 95(5), 1217.*

50 Rick Hanson, *Resilient*, Rider, 2018. [홍경탁 옮김, 《12가지 행복의 법칙》, 위너스북, 2019.]

51 Emmons, R.A. and McCullough, M.E. (2003), 'Counting blessings vs burdens:

an experimental investigation of gratitude and subjective wellbeing in daily life', *Journal of Personality and Social Psychology, 84, 365-376.*

52 Emily and Amelia Nogoski, *Burnout*, Vermilion, 2019.

53 Sonja Lyubomirsky, *The How of Happiness*, Piatkus, 2010.

54 Tedeschi, R.G., Park, C.L. and Calhoun, L.G. (Eds). 'Post traumatic growth: Positive changes in the aftermath of crisis', Lawrence Erlbaum Associates Publishers, 1998.

55 Sonja Lyubomirsky, *The How of Happiness*, Piatkus, 2010.

56 Julia Samuel, *Grief Works*, Penguin Life, 2018.

57 L.R. Knost

58 https://thebaffler.com/latest/laurie-penny-self-care

59 Audre Lorde, *A Burst of Light*, Dover Publications, 2017.

60 Carers UK *State of Caring* report, 2019.

61 Papworth Trust, Disability Facts and Figures, 2018.

62 https://www.ons.gov.uk/employmentandlabourmarket/peopleinwork/earning sandworkinghours/articles/womenshoul-dertheresponsibilityofunpaidwork/2016 11-10

63 Emily and Amelia Nogoski, *Burnout*, Vermilion, 2019.

64 Matthew Walker, *Why We Sleep*, Penguin, 2018. [(2017년판) 이한음 옮김,《우리는 왜 잠을 자야 할까》, 열린책들, 2019.]

65 Emily and Amelia Nogoski, *Burnout*, Vermilion, 2019.

66 Green, K.M., B.J. Anderson et al. (2003), 'Warm Partner Contact Is Related to Lower Cardiovascular Reactivity,' *Behavioural Medicine 29 123-130.*

67 https://www.helpguide.org/articles/mental-health/laughter-is-the-best-medicine.htm

68 https://www.ncbi.nlm.nih.gov/pmc/articles/PMC4035568/

69 Suzy Reading, *The Self-Care Revolution*, Aster, 2017.

70 https://www.health.harvard.edu/healthbeat/writing-about emotions-may-ease

-stress-and-trauma

71 Neff, K. D. (2003). Self-compassion: An Alternative conceptualisation of a healthy attitude toward oneself. *Self and Identity*, *2*, *85-102*.

72 Neff, K. (2003), 'Development and Validation of a Scale to Measure Self-Compassion,' *Self and Identity*, *2; 223-250*.

73 Fresnics, A. and Borders, A. (2016), 'Angry Rumination Mediates the Unique Associations Between Self-Compassion and Anger and Aggression', *Mindfulness 8(3), 554-564*.

74 Diedrich, A., Burger, J., Kirchner, M., Berking, M. (2016), 'Adaptive emotion regulation mediates the relationship between self-compassion and depression in individuals with unipolar depression', *Psychology and Psychotherapy; Theory, Research and Practice, 90(3) 247-263*.

75 Hollis-Walker & Colosimo (K. (2011). Mindfulness, Self compassion and happiness in non-meditators: A theoretical and empirical examination. *Personality and Individual Differences, 50, 222-227*.

76 Dr. K. Neff and Dr. C. Germer, *The Mindful Self-Compassion Workbook*, Guilford Press, 2018.

77 위의 책.

78 Sirois, F.M (2014). 'Procrastination and Stress: Exploring the role of self-compassion,' *Self and Identity, 13(2), 128-145*.

79 Patzak, A., Kollmayer, M. & Schober, B. (2017) 'Buffering imposter feelings with kindness; The mediating role of self-compassion between gender-role orientation and the imposter phenomenon,' *Frontiers in Psychology, 8, 1289*.

80 Neff, K. D., Hsieh, Y. & Dejitterat, K. (2005). 'Self-compassion, achievement goals and coping with academic failure,' *Self and Identity, 4, 263-287*.

81 Neely, M. E., Schallert, D. L., Mohammad, S. S., Roberts, R. M., & Chen, Y. (2009). 'Self-Kindness when facing stress: The role of self-compassion, goal regulation, and support in college students' wellbeing,' *Motivation and Emotion,*

33, 88-97.

82 Breines, J. G., & Chen, S. (2012). 'Self-compassion increases self-improvement motivation,' *Personality and Social Psychology Bulletin, 38(9), 1133-1143.*

83 Duckworth, A. (2016) Grit: The power of passion and perseverance. Simon & Schuster.

84 Neff, K. D. & Beretvas, S. N. (2013), 'The role of self-compassion in romantic relationships,' *Self and Identity, 12(1), 78-98.*

85 Lloyd, J., Meurs, J., Patterson, T. G., & Marczak, M. (2018). 'Self-compassion, coping strategies, and caregiver burden in caregivers of people with dementia,' *Clinical Gerontologist, 42(1), 47-59.*

86 Neff, K. D., & Faso D. J. (2014). 'Self-compassion and wellbeing in parents of children with autism,' *Mindfulness, 6(4), 938-947.*

87 Dr. K. Neff and Dr. C. Germer, *The Mindful Self-Compassion Workbook*, Guilford Press, 2018.

88 Wagner, D. Schneider, D. J. Carter, S.R. & White T. L. (1987), 'Paradoxical effects of thought suppression', *Journal of Personality and Social Psychology 53(1), 5-13.*

89 Dr. K. Neff and Dr. C. Germer, *The Mindful Self-Compassion Workbook*, Guilford Press, 2018.

90 www.self-compassion.org

91 Sylvia Plath, *The Bell Jar*, Faber & Faber, 2005. [(1963년판) 공경희 옮김, 《벨자》, 마음산책, 2013.]

92 https://www.carersuk.org/images/News__campaigns/The_ world_Shrinks_Final.pdf

93 위 보고서.

94 https://www.leonardcheshire.org/about-us/press-and-media/press-releases/online-disability-hate-crimes-soar-33

95 https://publications.parliament.uk/pa/cm201719/cmselect/cmpetitions/759/75905.htm#_idTextAnchor015

96   Jaron Lanier, *Ten Arguments For Deleting Your Social Media Account Right Now*, Bodley Head, 2018. [신동숙 옮김,《지금 당장 당신의 SNS 계정을 삭제해야 할 10가지 이유》, 글항아리, 2019.]

97   Dr. Frances Ryan, *Crippled*, Verso Books, 2019.

98   Cathy Rentzenbrink, *A Manual for Heartache*, Picador, 2017.

99   Rick Hanson, *Resilient*, Rider, 2018. [홍경탁 옮김,《12가지 행복의 법칙》, 위너스북, 2019.]

100 Emily Esfahani Smith, *The Power of Meaning*, Rider, 2017. [김경영 옮김,《어떻게 나답게 살 것인가》, 알에이치코리아(RHK), 2019.]

101 Ruth Whippman, *The Pursuit of Happiness*, Windmill Books, 2016.

102 Baumeister, R.F., Vohs, K.D., Aaker, J.L., Garbinksy, E.N. (2013), 'Some key differences between a happy life and a meaningful life', *The Journal of Positive Psychology 8, no. 6; 505-516.*

103 Huta, V., Ryan, R.M. (2010), 'Pursuing pleasure or virtue: the differential and overlapping well-being benefits of hedonic and eudaimonic motives', *The Journal of Happiness Studies 11, no. 6.*

104 Ingrid Fetell Lee, *Joyful*, Rider, 2018. [서영조 옮김,《조이풀》, 한국경제신문, 2019.]

105 Van den Berg A.E. et al (2010), 'Green Space as a buffer between stressful life events and health', *Social Science and Medicine 70(8); 1203-1210.*

106 Kuo F.E., Sullivan W.C. (2001), 'Aggression and violence in the inner city: Effects of Environment via Mental Fatigue', *Environment and Behaviour 33(4): 543-571.*

107 https://www.thesun.ie/fabulous/4192438/irish-woman-changing-perceptions-disabilities/

108 Pema Chodron, *When Things Fall Apart*, Element Books, 2007.

109 www.theguardian.com/commentisfree/2020/feb/27/child-labour-boris-johnson-migration-policies

우리는 모두 돌보는 사람입니다

초판 1쇄 인쇄 2021년 12월 7일 **초판 1쇄 발행** 2021년 12월 15일

지은이 페니 윈서
옮긴이 이현
펴낸이 이승현

편집2 본부장 박태근
스토리 독자 팀장 김소연
책임 편집 이은정
공동 편집 곽선희 김해지 최지인
디자인 윤정아

펴낸곳 ㈜위즈덤하우스 **출판등록** 2000년 5월 23일 제13-1071호
주소 서울특별시 마포구 양화로 19 합정오피스빌딩 17층
전화 02) 2179-5600 **홈페이지** www.wisdomhouse.co.kr

ISBN 979-11-6812-120-1 03330